刘红庆 著

沈从文家事

山西出版传媒集团
北岳文艺出版社
·太原·

图书在版编目（CIP）数据

沈从文家事 / 刘红庆著. — 太原：北岳文艺出版社，2020.5

ISBN 978-7-5378-6181-6

Ⅰ.①沈… Ⅱ.①刘… Ⅲ.①沈从文（1902-1988）—传记 Ⅳ.①K825.6

中国版本图书馆CIP数据核字（2020）第057262号

沈从文家事
刘红庆 著

//

策划
续小强

责任编辑
庞咏平

装帧设计
礼孩书衣坊

印装监制
郭 勇

出版发行：山西出版传媒集团·北岳文艺出版社
地址：山西省太原市并州南路57号　邮编：030012
电话：0351-5628696（发行部）　0351-5628688（总编室）
传真：0351-5628680
网址：http://www.bywy.com　E - mail：bywycbs@163.com
经销商：新华书店
印刷装订：山西新华印业有限公司

开本：787×1092　1/16
字数：400千字　印张：26
版次：2020年5月第1版
印次：2020年5月太原第1次印刷
书号：ISBN 978-7-5378-6181-6
定价：98.80元

本书版权为本社独家所有，未经本社同意不得转载、摘编或复制

文字外的从文，细节里的大师

（代序）

红庆兄漂流北京已十多年，其间我们虽然只见过一两面，但时有电话联系，我也非常关注他的写作情况，他已出版过十几本书，成绩最著的是人物传记，他在这方面的成绩，比我们职业作家、学者的工作毫不逊色。他这本关于沈从文的书，虽然不是严格意义上的传记，也不是学院里的高头讲章，但我以为是近年沈从文研究领域的一个重要贡献，不仅有新材料，更有观察作家的新角度。中国现代文学研究，现在面临很大的困境，因为这个学科涉及相当多的中国现代政治生活，而目前相关档案的解密程度极低，严重影响了学科的发展。公开的史料虽然也还有相当开阔的空间，但浮躁的学风和急功近利的学术制度很难让学院里的人安静下来，倒常常是学院外的学者能给我们这个学科吹来新的空气。我想红庆兄这本关于沈从文的书，可能成为中国现代文学研究中的一本重要著作，因为这是沈从文的家事，过去虽有涉及，但本书最为全面也最细致。

红庆兄是我三十多年前在山西榆次晋中师专读书时的朋友，我在英文专业，他在中文专业，比我稍晚来到学校，我们在学校里即时相过从。对他的才华，我很早就有认识，只是当时的环境，在相当大程度上限制了他的发展，让他进入文化界的时间推迟了很久。

我近年写文章，常提到胡适晚年的一个感想，他曾和朋友说过，差学校也出好学生，当然他这个话主要是对文科学生说的。胡适一生，有个最大的优点，就是他能平等待人，特别是学历极低而在某些方面显示了才能的人，胡适一向极为尊敬。如果就学历而言，中国现代学者中，恐怕没有什么人能赶得上胡适了。他是第二批庚款留美学生，虽然没有在清华读书而直接放洋，但论校史渊源，说胡适是清华出身也不为过。他从美国留学回来，一到北京大学就当教授，虽然他的博士学位问题后来稍有争议，但当时没有人怀疑胡适的本领。胡适在北京大学由文学院院长一直到北大校长，最后光世界知名大学的荣誉博士就有三十几个，但胡适晚年还能讲这个话，就不光是道理，而是一个人的胸襟了。这个境界在胡适一生中，还不光是一个经验和品德的问题，而且体现相当高的人生智慧。1937年7月，胡适在庐山谈话会上讲话，为国家在抗战期间的高等教育出谋划策，他讲了四个意见，其中有一个意见就是国家一定要尊重同等学力。胡适给出的理由一是可以救济天才，二是可以防止造假。沈从文如果不是遇到胡适这样境界的人，以后的发展会受很大影响。无学历的人提倡尊重同等学力，常会被认为是为自己的出身找借口，而像胡适这样要啥有啥的人来讲尊重同等学力，就最有说服力，可惜不是有这样地位的人都有这样的境界，这需要极大的自信和从容。

红庆兄在晋中师专读书的时候，最喜欢文学。我当时在校刊做编辑，时常收到他的来稿，散文、小说、诗歌等都有，我感觉他在文学方面极有才华，时常向当时主管校刊的王志华老师推荐。当时我已有调到山西省作家协会工作的意向，我极力向王老师推荐，让红庆兄毕业的时候，留他当校刊编辑，而王志华老师也竭尽全力，可惜后来因为红庆兄的体育不及格，此事未能成功，为红庆兄的人生留下了诸多遗憾。这几年红庆兄努力为晋中师专做了许多事，学校还聘请他当了兼职教授。我想起沈从文当年报考燕京大学，一问三不知，后来连报名费都退了。过了两年，燕京大学要请沈从文去教书，沈从文倒不好意思答应了。

红庆兄的长处是文字感觉好，长于叙述和描写，无论多么枯燥的生活，到了他笔下总能有声有色，这个本领可能是天生的，我在学校时就和王志华老师多次说过，刘红庆真会写。我至今不怀疑这个判断，红庆兄的文字不仅简洁而且还有表现力，有感情，有美感，他写的书，无论偏重理论还是侧重生活，都非常好读。夸大一点说，这一特点，倒还真是和沈从文先生有点相似，他所以喜欢沈从文，可能潜意识中也有此种感觉。

我在山西太原的时候，隔一段时间，总去常风先生家聊天，比较多的是谈周作人先生、钱锺书先生，但也有几次说到沈从文先生。常先生20世纪30年代初与沈从文相识，友谊一直保持到沈从文去世。沈从文先生长常风先生八岁，沈从文先生小学没有毕业，而常风先生是清华大学西洋文学系出身，但我记得，常先生只要一提起沈从文先生，言语中充满敬意。他常说，沈先生了不起，他不但是小说家，更是文艺理论家和评论家，你要多看他的中国现代作家论，还有《废邮存底》中的文章。沈从文先生去世以后，常先生有一篇怀念文章《留在我心中的记忆》，平静地叙述了他一生与沈从文先生的交往，在纪念沈从文先生的文章中，这篇很让人感动。常先生说："我一直认为不论什么人，只要认真仔细阅读沈从文的小说，研究比较一下他的用字遣词和造句、表现方法以及篇章的结构，总会认识这位小说家确实是在写作中不断学习着，试验着用最恰当的字，尝试各种句子的结构、篇章的组织，他总在寻求最完美的艺术表现。他的每篇作品都确实就是一篇新的'习作'。在这点上我一向认为沈从文先生是中国现代作家中少有的风格作家。"

常先生每和我提到沈从文先生，常是叹息，对于他不写小说，常先生口中总是一句话：太可惜，太可惜。现在想来，常先生的叹息声中，是对一个天才命运的无奈，更是对一个时代没有让一个天才作家继续写下去的感慨。沈从文先生的命运很让人想起一个时代。沈从文先生是一个从湘西来的"乡下人"，初来北京时，他连标点符号都不会用，但他是一个天才作家，很少人有他那样对于中国文字的感觉，他写得太好了。那个时代是适于天才生长的，特别是文学天才。沈从文先生没有上过学，但那时的文坛并没有因为他只有小学文化程度而看轻他。一个有趣的事实是，最看重沈从文先生的恰恰是那些留学欧美的学生，这体现出那个时代的大气。

1980年，沈从文先生在美国哥伦比亚大学的一个演讲中说，有些伟大的批评家，半个世纪以来，一个两个在文坛上都消灭了，"我自己却才开始比较顺利掌握住了文字，初步进入新的试探领域"。沈从文自信的不是他比别人更有思想，比别人更有勇气，而是自己"掌握住了文字"。对一个作家来说，还有比这更重要的吗？

红庆兄非要我在本书出版前写几句话，我想到了红庆兄的经历，也想到了沈从文先生的经历，也想到了自己的经历。人生苦短，我们在自己的人生路上寻找各自走的路，红庆兄找到了自己的路，而且有勇气坚持下去，他有过困苦的时候，但今天更多收获的是写作带来的快乐。热爱文字，热爱文学，这是红庆兄成功的基点。

谢 泳

2012年3月24日于厦门

目录

缘起·恍惚是与沈从文的一个约定　　001

第一辑　童年说趣

1　一家人四种话，还不包括黑话·爸爸妈妈被窝里最暖和　　012
2　沈从文夸女孩子用"俏啵啵"·家里有禁书，不禁看　　016
3　父亲在孩子面前"炫耀"自己勇敢　　019
4　父亲在家里自嘲当年"狼狈相"　　024
5　父亲的蹭饭经历，我们当故事来听　　026
6　父亲模拟母亲的口琴声像是吹军号　　030
7　小时候故意把昆曲唱得滑稽些　　032
8　父亲的警告语是"耳朵"·弟弟比哥哥受表扬的机会多　　034

第二辑　亲戚说情

1　新发现的世系沈家历史可上溯到二十余代　　040
2　"凤鸣岐山"或者"岐山回凤凰"都昭示着吉祥　　044
3　三位曾祖母之谜·真正的曾祖母，给了沈家苗族身份　　046
4　骁勇的爷爷谋刺袁世凯没有成功　　050

5	或热心文化，或置身行伍，文伯伯和武叔叔	054
6	拜黄永玉为师学艺准备考美院·可能得罪了表哥黄永玉	065
7	父系是"湘军"中坚，母系是"淮军"领袖	069
8	外公的文化情怀与外婆的奢华嫁妆	072
9	三个姨妈都嫁了名人·很多的舅舅都有出息	075
10	九如巷永远牵挂着张家的孩子	088

第三辑　昆明说云

1	沈从文写信给四岁的长子曲线劝妻·张兆和下决心南行	096
2	两台"消化机"在无限艰难的社会里成长	104
3	父亲用欣赏风景保护孩子们对世界的美好印记	108
4	北门街·午觉总是睡不着，一睡就睡过头·"咯嘣"	112
5	躲空袭·看两架飞机在滇池上空较量	117
6	龙街名流冰心、费孝通·曹安和在弹难听的古琴	123
7	跟着父亲与巴金远足，遭遇敌机在附近投下的炸弹	129
8	在桃源恩光小学·小土狗"科布多"	135
9	父亲到乡下来带来快乐，瞎编故事哄孩子玩	139
10	得意地看到敌机被打退·与美国"飞虎队"联欢	145
11	云南那段时光值得怀念，怀念里头包含着复杂的内容	150

第四辑　居京说颠

1	达子营28号："洞房"·《边城》诞生地·儿子孕育地	156
2	中老胡同32号院，北大教授最后的自由生活	161
3	最西北角的一长条·末端住了四姨，吸引来了四姨父	168

4	弟弟写《我的晚娘》获爸爸夸奖·邻居"胡三爷"的悲剧	172
5	辜负了诨名"沈狐狸"·聚会·出书·怀念，几十万块钱修个自行车	177
6	父亲离开北大，母亲决定离开中老胡同，入住交道口的大头条	183
7	在拥挤的东堂子胡同，一度不好意思回家，回家也就是干活	189
8	运动一个又一个·给家里引来灾祸·家越来越小了	195
9	从咸宁干校到丹江口干校，父亲渴望回北京搞《服饰研究》	198
10	两个老人分住两处，像牛郎织女一样跑来跑去	210
11	"右派"沈龙朱三十七岁才结了婚，婚后家里条件更加难堪了	215
12	从前门东大街到崇文门东大街，房子越来越好，人却不能工作了	222

第五辑　物事说确

1	巴金帮爸爸给妈妈选了一套"定情物"	232
2	爸爸很早就开始玩照相机，但他很少能进入画面	235
3	家里两辆自行车，日本的，匈牙利的，都骑坏了	241
4	弟弟用自己制造的第一辆车，支援抗美援朝	245
5	崇尚交响乐，爸爸分期付款买唱机，我和弟弟买唱片	250
6	父亲书信留下完全是"专案组"的功劳	257
7	酿米酒·做布鞋·织毛背心·妈妈蒸的开花馒头很漂亮	260
8	爸爸的画与字·爸爸不太愿意让妈妈看他的稿件	263
9	《沈从文全集》里的一千五百封书信	268
10	爸爸的两个老师·三位伯乐郁达夫、徐志摩、杨振声	274
11	郭沫若很值得同情，爸爸对丁玲是很尊重的	283
12	爸爸最欣赏汪曾祺·忘年交王㐨·《沈从文晚年口述》	289
13	流鼻血·高血压·心脏病·临别对夫人说"对不起"	294

第六辑　鸿沟说裂

1. 1949年春，父亲的惶恐招致他自杀了一次　304
2. 父亲不争气·政治还不好懂？表示拥护就是革命了！　312
3. 父亲的硬与软·我完全没有因为父亲的原因而产生压力　316
4. 父亲去世，母亲和弟弟反省，我慢慢理解了父亲　320
5. 我和弟弟只是生物性地延续了父亲的生命　324
6. 遗憾，《沈从文全集》没有让母亲看到　327
7. 国内沈从文研究·不同意吉首大学搞沈从文博物馆　331

第七辑　"右派"说悟

1. 和家里划清界限，自己却成了"右派"　340
2. 压力大，不回家，父亲叫我回去，请人来为我减压　342
3. 二十年当钳工，二十年靠边站，最后恢复党籍，成了老党员　345
4. 创办月季花公司·给国防科工委领导写汇报材料难极了　348
5. 月季花火起来·冰心、邓颖超、钱学森等都来赏花　354
6. 没有抓住机会，月季花公司没能壮大　357
7. "高级工程师"只是挂了个名儿，假的　360
8. 让《水》继续流下去·授权父亲作品也很无奈　363

第八辑　凤凰说真

1. 六十多岁第一次回凤凰，是看墓地来的　380
2. 原则·为墓地扩容的冲动始终存在，今天或未来　384

3	你到凤凰看到的不是沈从文的凤凰	389
4	不让乱建，凤凰原县委书记拂袖而去	391
5	边城，不是爸爸的边城·墓地，其实没有墓地	393

主要参考书目　　　　　　　　　　　　　　　　397
写在书后　　　　　　　　　　　　　　　　　　398
再版后记　　　　　　　　　　　　　　　　　　400

1935年,沈从文夫妇在苏州。

缘起

恍惚是与沈从文的一个约定

1934年11月20日，沈从文苦追张兆和获得爱情后结出了第一个胜利果实——儿子出生了！这一年，沈从文三十二岁，距离他离开湘西已经过去了十一年的时间。胡适是在沈从文张兆和的婚姻中发挥了大作用的，所以得孩子两天后，沈从文写信告诉了胡适：

> 兆和已于廿日上午四时零五分得了一个男孩子，住妇婴医院中，母子均平安无恙，足释系念……家中一个老用人，兆和小时即为她照料长大，现在听说兆和又得生小孩子，因此特从合肥赶来，预备又来照料"小姐"的"少爷"。见小孩子落了地，一切平安，特别高兴，悄悄要大司务买了朱红，且说"得送红蛋！"为了让这个老保姆快乐一些，所以当真就买了些蛋送人。

沈从文给这个新降生的儿子取名"龙朱"，这是他的一篇小说（《龙朱》）的标题，也是这篇小说塑造的主要人物的名字。在小说中，沈从文这样描写道：

胡适（20世纪30年代）。（沈龙朱 绘）

沈从文（1935年）。（沈龙朱 绘）

白耳族苗人中出美男子，仿佛是那地方的父母全会参预过雕塑阿波罗神的工作，因此把美的模型留给儿子了。族长儿子龙朱年十七岁，为美男子中之美男子。这个人，美丽强壮像狮子，温和谦驯如小羊。是人中模型。是权威。是力。是光。种种比譬全是为了他的美。其他的德行则与美一样，得天比平常人都多。

创作《龙朱》是在1929年，距离儿子出生还有五年时间，因此沈从文不一定想到这个名字是将来儿子的名字，但字里行间，沈从文对自己塑造的形象充满了爱意。那一年，他二十七岁，虽然早已经可以做父亲了，但是，他才刚刚准备认识他未来的妻子张兆和。

2011年夏天，沈龙朱坐在北京城南的家中接受我的采访时，距离沈从文写信向胡适报喜，岁月正好流逝了七十七个年头。这时候，沈从文和他的妻子已经回到湘西凤凰的泥土中，成了泥土中永远的一分子，依托着那里灵性的山，滋养着那里灵性的水。

儿子沈龙朱出生的1934年，对沈从文整个人生来说是至关重要的。沈龙朱说:"1933年爸爸妈妈结婚,1934年初爸爸便一个人回了湘西。他回去,是因为奶奶病了,他回去看望奶奶。爸爸离开后没几天,奶奶就去世了。爸爸把大量的时间花在了路上,在凤凰家里只待了几天,然后马上又回来了。回来以后,大概才有我这个'结果'。"

1934年沈从文从凤凰回到新婚妻子身边以后,《湘行散记》就酝酿出来了,《边城》也慢慢出来了。沈龙朱说:"20年代,爸爸有些乱七八糟的怪怪的东西,实际上是在探索。对他来说,是撞吧,撞这个墙,再撞那个墙。这个过程既是实践的过程,同时也解决了吃饭问题。解决吃饭问题,是首要的问题,要解决肚子问题。"

我是从学生时代就开始阅读沈从文,并沿着沈从文的文字,一步步走近了沈从文的家人。1988年参加工作后的第一个寒假,正月,我怀揣三百块钱,从太行山来到北京。我知道,我景仰的沈从文就生活在这个城市。我只身到琉璃厂的中国书店,请售货员取出了香港出版的《中国古代服饰研究》,定价"一千多块钱",太贵了,我买不起。带着遗憾,我回了山里。半年后,我到北京师范大学进修,沈从文已经走完了自己的生命历程。我记得,我是在太行山里读到沈从文去世的消息的,很遗憾自己半年前到北京,没有勇气去崇文门拜访他。也正因为这一过失,我便无缘与他见面了。而我,一直把他作为自己最亲近的人,装在心里,他是我人生的依靠。

十年后的1998年,我已经在北京流浪一年多。那年5月,我在一家著名的报社做编辑。在沈从文辞世十周年前夕,我采写了长篇报道《沈从文十年祭》,画家黄永玉、学者钱理群、凌宇、李辉都接受了我的采访,并畅谈了沈从文的价值。稿子上版前,我去沈从文旧居取照片,张兆和躲了起来,她的孙女沈红接待了我,不仅给了我几张照片,而且说了一些话。多方支持下,我的版很顺利地做完了,但是报社领导对大篇幅报道沈从文有顾虑,要求换稿。我恳请钱理群、乐黛云、严家炎等北大名家向领导阐释这样的报道不会有政治问题,并且把标题改为《追思沈从文》,领导开恩放行。

报纸出来后,我去沈家还照片送报纸,只有张兆和在,我听她说了一些很亲切的话。

几年后，记不清因为什么事情，我去马神庙拜访沈从文、张兆和的次子沈虎雏。一进门，他的桌上摊着刊登有《追思沈从文》报道的那张报纸。从这个文章说起，我们说了很多的话。

又是几年过去了，《沈从文全集》出版，虎雏介绍我找龙朱。我从龙朱手里买到了这部庞大的著作，是龙朱骑着自行车给我送到办公室的。

又过了若干年。我在北京参与策划昆曲演出，邀请龙朱、虎雏来。他们都没有来，说是把机会给懂得昆曲的人吧，自己实在不懂昆曲，白白浪费了这样的机会。

我一直没有机会去湘西，但是却有不少的机会去苏州。在苏州，我拜访了九如巷——张兆和的祖居。这里也是沈从文当年苦追张兆和的一站。张兆和的弟弟张寰和留守故家，房契上写着十姐弟的名字。张寰和向我讲述了九如巷和三姐三姐夫的往事。

在为数不多的与沈从文家人接触的过程中，我发现，沈家人、张家人，都平和而可亲，克己而谦让。

沈虎雏说："父亲把自己的意见留在了书信中，而书信中被批评的那些人，没有机会反驳，这在某种程度上说是不公平的。"

在接受我采访的那段日子里，沈龙朱骑车在街上被人撞了，流了血。他的第一反应是："撞我的人有事没事？"等知道对方并无大碍，他对人家说："那我不管你了，我自个去医院包扎一下。"车已经被撞坏了，他只得拖着坏了的自行车走了。

我从沈家人、张家人身上，看自己的不足，看时下社会令人痛心处。他们家族传承的"温和的美""自省的美""贫寒中高贵的美"，怎么就成了越来越稀缺的东西？

我一直做着沈从文精神的鼓吹者，以致我的朋友多知道我的这个癖好。记得北师大学教育的舍友郑国庆说："你不到我们宿舍，谁知道沈从文是干什么的！"中文系的同学都知道，但他们并不喜欢沈从文。我1989年3月30日的日记中记述了我和他们的不同：

晚上去找徐江、桑克，结果在伊沙的宿舍全碰上了。他们仨正海侃些口若悬河的话题，关于诗的创作、朗诵……

他们不喜欢沈从文，说沈从文压根该杀，过分美化农村，过分强调境界。由此推及所有的民族文化都应该被打倒，要全盘吸收西方的东西。桑克说民族的东西你是抛弃不了的，不学就有的，所以要向西方学习。伊沙说沈从文的水平很低，局限于一种对家乡的本能的眷念和由此而来的对故乡的美化，仅仅有道德的一层，远不如知青作家认识中国农村之深刻。

我不知道，二十年后，他们是否还持当年的观点，但我觉得这种观点是主流意识、先锋意识里对沈从文的误读。他们不了解沈从文，不了解传统，可能他们非常了解西方，并有可能写出超越西方的诗歌作品。不过，那时的我并不怎么能读懂他们，后来看到他们的作品就感觉非常亲切，但能够感动我、让我心动的，还是下面这样的文字：

我就是个不想明白道理却永远为现象所倾心的人。我看一切，却并不把那个社会价值搀加进去，估定我的爱憎。我不愿问价钱多少来为百物作一个好坏批评，却愿意考查它在我官觉上使我愉快不愉快的分量。我永远不厌倦的是"看"一切。宇宙万汇在运动中，在静止中，在我印象里，我都能抓定它的最美丽与最调和的风度；但我的爱好显然都不能同一般目的相合。我不明白一切同人类生活相联结时的美恶，换句话说，就是我不大能领会伦理的美。接近人生时，我永远是个艺术家的感情，却绝不是所谓道德君子的感情……

这些话是我在那一时期读《从文自传》时摘抄下来的。我相信下面的这些话对我放弃原有的工作到北京来，起了不小的作用：

不同版本的《从文自传》。

> ……大家就是那么各人守住在自己一份生活上，甘心尽日月把各人拖到坟墓里去吗？可并不这样。我们各人都知道行将有一个机会要来的，机会来时我们会改造自己变更自己的，会尽我们的一分气力去好好作一个人的。应死的倒下，腐了烂了，让他完事。可以活的，就照分上派定的忧乐活下去。
>
> ……
>
> 尽管向更远处走去，向一个生疏世界走去，把自己生命押上去，赌一注看看，看看我自己来支配一下自己，比让命运来处置得更合理一点呢还是更糟糕一点？若好，一切有办法，一切今天不能解决的明天可望解决，那我赢了；若不好，向一个陌生地方跑去，我终于有一时节肚子瘪瘪的倒在人家空房下阴沟边，那我输了。

《从文自传》是对我影响巨大的一本书，虽然篇幅很小。那时候我有一个强烈的冲动，因为《从文自传》只写到他的二十二岁。所以，我希望用自己的笔，写出和沈从文一样漂亮的文字，来讲述他二十二岁以后的故事，为《从文自传·续》。为此，我更加用心找沈从文的故事。遗憾的是，这个工作一直没有能够真正执行下来。

在不同时期不同城市的不同书店，我买过不同版本的《从文自传》送给年轻的朋友，只是不知道他们读出了我的感觉没有。当时，随着年龄的增长，《从文自传》便像一个童年的歌谣；而他的物质文化史著述，更让人领悟他人格与思想的分量。

沈从文对民族文化中美的发现，深受五四时代优秀知识分子的影响。梁思成向往古建，杨荫浏向往古曲，沈从文向往古玩。他们的向往，不是等待转手升值，而是梳理其中的美好与规律向世界呈现。

2011年初夏，朋友老愚君约我编几本沈从文的书。我说出了自己多年前的一个愿望：听沈从文的儿子讲讲沈门往事。老愚君不仅答应了，而且不断地催促我。这样，2011年我一边重新阅读沈从文的书，陆续编出了《沈从文妙语录》、"沈从文人生与社会思想散文集"《中国人的病》、"沈从文文化艺术思想散文集"《古人的胡子》,一边抽时间与沈龙朱散漫地谈天。

听沈龙朱聊往事是一件愉快的事情。他说的故事,有的是我知道的,有的是隐约知道的,还有更多的细节是我从来不知道的。细节,呈现出一个更微观的沈从文,这是我和老愚君的约定,恍惚也是命该如此的一个与沈从文的约定。关于沈从文的书已经很多,我希望这是不同的一本,是渴望了解沈从文的人都想获得的一本。也许,这里没有什么思想启示与人生励志的内容,我也不能靠这样一本缺少技术含量、学术规范的书去获取博士学位文凭,但我真诚地在聆听沈从文儿子的讲述,并从中聆听沈从文的足音,聆听沈从文的心跳……

他的足音和心跳都属于过去,但是,慢慢听来,又仿佛属于今天,属于未来!

2011年10月25日

龙朱、虎雏和母亲张兆和在北平（1938年）。

第一辑

童年说趣

SHEN CONGWEN JIASHI

1 一家人四种话，还不包括黑话·爸爸妈妈被窝里最暖和

在我看来，沈龙朱愈老愈与父亲模样接近。他说自己的脸没有父亲的脸宽；而性格上，他这样说："我和父亲的性格完全不一样的。我说话哇啦哇啦的。他不这么说话，老是细声细气的。还一直坚持用湘西话，本性不改。"

沈龙朱想不明白，为什么父亲二十来岁就离开了家乡，却一直放弃不了家乡话；而从小生长在合肥的张兆和，居然能听懂沈从文在说些什么。我问："张兆和听沈从文的话没有障碍吗？"沈龙朱说："嗯，那倒是，甚至于我们小时候还要她翻译。"

沈龙朱说："我爸爸的湖南腔改不了，我妈妈的安徽腔改不了，这两个人都没有改。你看我妈妈，苏州上中学，上海上大学，结果仍是安徽腔，他们家里都是安徽腔。"

1934年沈龙朱出生，1937年弟弟沈虎雏出生，这样就有了沈从文的四口之家。在那样艰苦的年代，吃饭是第一重要的事情。尤其是有了两个孩子之后，张罗家用成了顶头疼的一件事。1936年12月9日，沈从文致信大哥沈云麓说："我们这里一切都好，小龙朱精神尤好，终日大嚷大闹，天气极

寒，唯彼依然想在屋外寒气中玩……小龙朱每早就必需吃一个大馒头，半磅牛奶，一个鸡子，两片饼干，有时且得饶几调羹稀饭，三片咸萝卜，总拢算来，数量也就大有可观了。中时候他吃一大碗半稀不干的饭，下午啃一个大梨，晚上又是一大碗稀饭，真可说是一橡皮口袋，人小空心大！"1937年7月3日，他在给大哥沈云麓的信中又说："小孩子大小都好，身体健康，脾气正常。小的虽落地不过一月，手脚神气都如二月孩子。头发极黑，手脚极白，额门宽而高，声音壮大。只是食量太大，因此吃其母奶以外尚得补充奶粉二次，方能过瘾安睡。"

就在这样的一种情形下，孩子们长大了。沈从文说湘西话，张兆和说合肥话，沈龙朱说北京话，小儿子学说话的时候全家待在昆明，于是沈虎雏首先学会了昆明话。结果是，一家四口的日常用语是四种方言：湘西话、合肥话、北京话、昆明话。沈龙朱虽然年纪不大，但是身在昆明却以出生在北平为荣，愿意说北京话。

合肥话，属于北方方言中的江淮方言，俗称下江官话。下江官话主要流行在长江中下游，包括安徽、江苏、江西部分沿江地区。而湘西话，属于楚语、湘方言。云南话又是怎样一个特点呢？没有在那里生活过的我，很难想象。

这四种方言在一起怎样交流？我设想了一下，将来有机会从这四个地方请四个人来表演，看他们怎样有趣地交流，重新呈现一下沈家当年的情景。

孩子们渐渐懂事了，在国乱流离中，沈从文和张兆和要说一些成年人的话题，也许是政治，也许是家庭生计，也许是他俩的青春往事，反正不希望两个小孩知道。于是，他俩"发明"了黑话。

沈龙朱说："爸爸妈妈两个有时候要说秘密话，说悄悄话，不想让我们听见。"我问："说湘西话？"沈龙朱说："不是湘西话，是黑话。"我继续追问："黑话是什么地方的话呢？"

沈龙朱说："实际上就是湘西话加一点土著的词在里头。比如，他说：'罗果里给老小龙……'，我可以听懂一点——'小龙'。"小龙，显然是在说沈龙朱。沈龙朱说："肯定是说我呢，然后就叽里咕噜说些别的东西，就听不懂了。"

我问："你们听不懂爸爸妈妈的话？"

龙朱说："听得懂。如果故意不让听就听不懂了，那是黑话呀。"

"父母在哪儿说黑话？"

"也在床上呀。"

独独属于沈从文与张兆和之间的"黑话"，随着其中一个的离世，这种语言的存在就丧失了意义。随着两个人的离世，这种"黑话"就永远消失了。

与沈从文、张兆和生活了很长时间的孙女沈红能听懂"黑话"吗？沈龙朱说："沈红也不会，也不可能听懂，沈红就很少听见这个东西了。黑话都是我和弟弟小时候，在云南，住在一个屋里头，睡在一张床上，一家人挤窝在一张床上头……"

沈龙朱比弟弟虎雏大三岁。他说："我们俩小时候好极了。在外头淘气当然也有了，但在家里头淘气，主要是我们两个人。"

童年时代，爸爸妈妈睡一张床，龙朱和弟弟睡一张床。早晨，孩子们很早就醒了，却并不起床。两个小孩子就听见爸爸妈妈在说悄悄话。有时候，沈从文也会在这个时候给孩子们讲故事。早晨醒了，在被窝里听父亲讲故事是很有意思的事情。

如果父亲不讲，孩子们自己也会找乐趣。沈龙朱说："有时候，只有我跟弟弟两个人，就瞎编故事，胡编。说的是做梦。今天说梦吧，就说自己的梦，梦可以编得一塌糊涂。钻到地心底下去啊，或者我们把叫地心砖的东西放在车上，我们就可以到任何地方去，火里可以钻，最硬的岩石也能钻过去啊，想象里的这些东西。"一直到沈龙朱上了初中，弟弟已读小学，他俩还要在床上说上半天。

沈龙朱回忆说："有时候，天冷，四个人便挤在一张大床上头，睡在两头。我们俩在一头咕噜咕噜说，他们俩在另一头咕噜咕噜说。很多这样的时候，当年的床是很小的。在云南的时候，像冬天，干脆就在爸爸妈妈被窝里，爸爸妈妈的被窝里最暖和了。你想，小孩自己的脚半天焐不过来。钻到

沈从文一家。

———

爸爸妈妈的被窝里,'啊,舒服极了'。我们小时候都是那样的。我和小虎本来是睡在小床上的,他们俩睡另外一个房子,弄不好我们两个人就都钻过去了。小虎跟我还是蛮好的。"

2 沈从文夸女孩子用"俏啵啵"·家里有禁书，不禁看

1924年11月20日，未满二十二岁的沈从文，在北京前门外的公寓中陷入了青春期的苦闷。他用自己的笔，记录下了他的心迹：

> 我病了，我确是有病！……我不能得到一夜安安稳稳睡过；总是醒上四五次；有时开起两只眼睛过一夜。别人用亲热态度问我：你是什么病，起什么病态？我总是支吾其词，不爽爽快快地说一声：性的不道德——手淫！……在每次强烈的伤心刺激以后，我的病便发作了。照例兴奋后的疲惫，又拿流不尽竭的热泪来忏悔，啊！啊！五尺之躯，已是这般消磨了！

渴望异性的温柔，渴望姑娘的红唇一夜长吻。沈从文这样的文字并不少。沈龙朱说："他不会太隐晦，他接触过谁，什么都写出来。"沈从文成家之后，当然不会与孩子们说自己的青春往事。沈龙朱说："爸爸没有说，他不可能说：'我还想着那些事。'当然他不会这么说了。但作为故事，他可能会说：'呦，很漂亮啊！'当时他不会用'漂亮'这种词，就说'俏啵

闯进北平的乡下人。（沈龙朱 绘）

啵的'。湖南话里，就是'俏'的意思，意思是说女孩子怎么窈窕、苗条，或者是很乖这种意思。"

刚到北京不久，沈从文的作品中出现了大量的两性话题。沈龙朱猜测，父亲可能觉得只有这些东西好写。

沈从文读弗洛伊德的书，尤其是到了云南以后，读得很多。关于这一点，有专门研究沈从文作品中弗洛伊德思想的文章。沈龙朱说："这方面他肯定是，因为他读的书非常杂。"

我问："在你青少年时代，父亲给你说弗洛伊德这些事吗？"

沈龙朱说："没有说，但家里有这方面的书。我们不太懂，对弗洛伊德也不太有兴趣。"

我问："那你上中学、上大学以后呢？"

沈龙朱说："上中学时好像忙不过来，没有顾及这个事。有些心理上的变化，青春期的变化，但是我不会往书里去钻，研究研究这是什么原因，不会考虑这个。我肯定会注意别的女孩子，谁跟谁好了，同学里谁跟谁好了，就注意这些，不会去找原因。"

我问："父亲也不和你交流？"

沈龙朱说："不，一般不交流这方面的，没有交流过。"

"但是他不拒绝你们看闲书。"

"对，家里就有。像以前应该说是禁书的一些东西也有。《西厢记》有，《金瓶梅》有，但我也没太看进去。因为一看，啊，还不就西门庆那点事嘛，《水浒》里早都看过了，不太有兴趣。有些类似的欧洲的一些书籍，比如《肉与死》，讲的就是埃及亚历山大港的妓女的故事：妓院、妓女，还有性庙里头的一些事。这些家里都有，他就那么搁着，而且也不禁止我们看。"

3 父亲在孩子面前"炫耀"自己勇敢

沈龙朱更多地从父亲那里了解到了辛亥革命。沈龙朱说:"父亲愿意讲辛亥革命。辛亥革命的时候,父亲已经懂事了。"

1911年,沈从文九岁。那年发生在武昌的起义,是湘西人直接参与了的。而在地方上,沈从文的父亲沈宗嗣响应武昌起义,参与了地方上的义举。沈从文后来在《从文自传》中这样写道:

> 这一夜中城里城外发生的事我全不清楚。等到我照常醒来时,只见全家中早已起身,各个人皆脸儿白白的,在那里悄悄地说些什么。大家问我昨夜听到什么没有,我只是摇头。我家中似乎少了几个人,数了一下,几个叔叔全不见了,男的只我爸爸一个人,坐在正屋他那唯一专用的太师椅上,低下头来一句话不说。我记起了杀仗的事情,我问他:
>
> "爸爸,爸爸,你究竟杀过仗了没有?"
>
> "小东西,莫乱说,夜来我们杀败了!全军人马覆灭,死了上千人!"

……爸爸便问我："小东西，怕不怕人头，不怕就同我出去。"

"不怕，我想看看！"

于是我就在道尹衙门口平地上看到了一大堆肮脏血污人头。还有衙门口鹿角上、辕门上，也无处不是人头……

革命算已失败了，杀戮还只是刚在开始。城防军把防务布置周密妥当后，就分头派兵下苗乡去捉人，捉来的人只问问一句两句话，就牵出城外去砍掉……

这愚蠢残酷的杀戮继续了约一个月，才渐渐减少下来。或者因为天气既很严冷，不必担心到它的腐烂，埋不及时就不埋，或者又因为还另外有一种示众意思，河滩的尸首总常常躺下四五百。

少年沈从文。

沈龙朱说："辛亥革命杀人杀得太多了，城里的绅士们，包括祖父这代人参与辛亥革命起义，而且还跟四乡的苗乡的人共同联合起来。结果起义失败了。这些人不吭声了，老老实实地待着不出面了。那些当官的就到苗乡去抓人，抓了就杀，所以他小时候看的杀人太多了。辛亥以后，他看得最多。当然，后来的一些地方军阀，跟土匪之间杀来杀去的。这些他看得也很多。他跟我们讲就是他自己如何勇敢，就好像人头还去踢一脚什么的。很胆大。"除了看杀人、踢尸体、夜里被绑在树上看围猎老虎的勇敢，再给孩子们讲的，就是他的逃学了。

沈从文曾经在《从文自传》中写到了他的逃学经历：

> 我有了外面的自由，对于家中的爱护反觉处处受了牵制，因此家中人疏忽了我的生活时，反而似乎使我方便了一些。领导我逃出学塾，尽我到日光下去认识这大千世界微妙的光，稀奇的色，以及万汇百物的动静，这人是我一个张姓表哥。他开始带我到他家中橘柚园中去玩，到各处山上去玩，到各种野孩子堆里去玩，到水边去玩。他教我说谎，用一种谎话对付家中，又用另一种谎话对付学塾，引诱我跟他各处跑去。即或不逃学，学塾为了担心学童下河洗澡，每度中午散学时，照例必在每人手心中用朱笔写一大字，我们尚依然能够一手高举，把身体泡到河水中玩个半天，这方法也亏那表哥想出的。我感情流动而不凝固，一派清波给予我的影响实在不小。我幼小时较美丽的生活，大部分都与水不能分离。我的学校可以说是在水边的。我认识美，学会思索，水对我有极大的关系。我最初与水接近，便是那荒唐表哥领带的。
>
> 现在说来，我在作孩子的时代，原本也不是个全不知自重的小孩子。我并不愚蠢。当时在一班表兄弟中和弟兄中，似乎只有我那个哥哥比我聪明，我却比其他一切孩子解事。但自从那表哥教会我逃学后，我便成为毫不自重的人了。在各样教训各样方法管束下，我不欢喜读书的性情，从塾师方面，从家庭方面，从亲戚方面，莫不对于我感觉得无多希望。我的长处到那时只是种种的说谎。我非从学塾逃到外面空气下不可，逃学过后又得逃避处罚，我最先所学，同时拿来致用的，也就是根据各种经验来制作各种谎话。我的心总得为一种新鲜声音，新鲜颜色，新鲜气味而跳。我得认识本人生活以外的生活。我的智慧应当从直接生活上得来，却不需从一本好书一句好话上学来。似乎就只这样一个原因，我在学塾中，逃学

纪录点数，在当时便比任何一人都高。

离开私塾转入新式小学时，我学的总是学校以外的，到我出外自食其力时，我又不曾在我职务上学好过什么。二十年后我"不安于当前事务，却倾心于现世光色，对于一切成例与观念皆十分怀疑，却常常为人生远景而凝眸"，这分性格的形成，便应当溯源于小时在私塾中的逃学习惯。

自从逃学成为习惯后，我除了想方设法逃学，什么也不再关心。

有时天气坏一点，不便出城上山里去玩，逃了学没有什么去处，我就一个人走到城外庙里去，那些庙里总常常有人在殿前廊下绞绳子，织竹簟，做香，我就看他们做事。有人下棋，我看下棋。有人打拳，我看打拳。甚至于相骂，我也看着，看他们如何骂来骂去，如何结果。因为自己既逃学，走到的地方必不能有熟人，所到的必是较远的庙里。到了那里，既无一个熟人，因此什么事皆只好用耳朵去听，眼睛去看，直到看无可看听无可听时，我便应当设计打量我怎么回家去的方法了。

我问沈龙朱："逃学的事说得多，逃学有那么多的好处。你和弟弟也说：'那我们也逃学得了！'"

沈龙朱说："我们不逃学。从来不逃学。"

"那你可以问问：'爸爸，我也想逃学。'"

沈龙朱说："没有，我们一次也没逃过学，也不知道为什么，没逃过学。"

凤凰的土地庙，少年沈从文逃学时藏书包的地方。

4 父亲在家里自嘲当年"狼狈相"

沈从文从湘西初来北京时，很是艰难。他那样的水平，小学毕业，且文字也未见得非常出色。在云南的时候，他在家里和孩子们说起从前时，很有一些自嘲的精神。沈龙朱记得，父亲文字成绩之差，在家里是被当作笑话来讲给孩子们听的。

孙伏园当年很有名，主持《晨报》的副刊。沈从文向人家投稿，给副刊投了很多稿子。据说，孙伏园在朋友面前把沈从文的稿子粘成一长条，并展示给人看，然后说："你看，这文章真是一团糟，一塌糊涂！"

说罢，孙伏园把沈从文的投稿扔到纸篓里去了。

沈龙朱说："这是很刺激人的一件事，是吧？但我们小时候，父亲是当作笑话说给我们听的，把自己的狼狈，当笑话来看。"

我问："孙伏园是当着沈从文的面吗？"

沈龙朱说："没有，没有当面，但后来传得一塌糊涂。爸爸自己也说，正是这件事促使他发奋写作，努力学，吸收好多东西，各种方法都去试验，写了一篇又一篇，写了一篇又一篇，东试一下，西闯一下。爸爸对孙伏园并没有怨恨。我后来想，这个故事确实反映出爸爸经历过艰难困苦后，知道自己该怎么走,我是这样理解他的。"

后来,沈从文和孙伏园没有太多联系。沈龙朱说:"其实孙伏园是很重要的一个人物。他当年开创性地把报纸的副刊办成文艺的园地,培养了大量的人才。当年,鲁迅的、冰心的,很多重要的早期作家的作品,都在《晨报》副刊上刊登过。可能爸爸也是看到了这一点,觉得可以往那儿投稿。他应该知道自己的水平是不够的,但他愿意尝试,而且努力去学,去改,不行了再改,改了再送。当然,也是生活所迫,他也需要为吃的、穿的考虑。他从陈渠珍那儿拿了二十七块大洋,但没几天就用完了。他老是欠着房费(尽管房子很小很小,是装煤用的),欠着小饭铺的饭钱……"

5 父亲的蹭饭经历，我们当故事来听

初到北京的沈从文，经历过一段极端艰难与低沉的生活。到沈龙朱出生，家里的景况已经有了改善。刚刚经历过的那段不堪回首的岁月，沈从文一五一十地讲来，充溢成沈龙朱童年的故事。

沈龙朱说："父亲当年来北京的时候，才二十岁。在北京，父亲结识了很多朋友。父亲去看望这些朋友，主要目的，或者大多数情况下，都是为了蹭饭去的。比如说，农业大学的学生是公费的，而且还有实验田，收获下萝卜、大白菜，学生们分了吃。所以父亲常常到农大去蹭饭。在农大有个父亲的表弟，叫黄村生，也是从湘西来的，比父亲来得早。"

黄村生是沈从文三舅父的第二个孩子，年纪比沈从文小两三岁。起初，黄村生过继给了沈从文的五舅父，后来又随沈从文的八舅父到厦门读书。集美中学毕业后，他考入北京的农业大学。黄村生到北京的第二年，沈从文也来了。

沈从文到北京的第二天，就拿着事先准备的一个通信地址，找到西城区的一条胡同，在28号门牌上拍打。开门的是他的姐夫田真逸。

姐夫惊诧之余，问："为什么到北京来？"

黄村生（右），更早就来到北京的表弟。

沈从文老实地回答："在军队里混不是办法，要来读读书。"

姐夫哈哈大笑，姐姐听到了，也哈哈大笑起来。

沈龙朱告诉我："20世纪20年代，我的大姑妈嫁给了田真逸。大姑父大学毕业时，爸爸刚到，由此得到了一点周济。后来，大姑父在北京找不到工作，就走了。"

本来，姐姐是支撑沈从文到北京来的重要支柱，但仅仅三四天，姐夫姐姐走了，留给沈从文的只有三十块钱和一些被盖杂物。

于是，沈从文找到他的第二根重要支柱——表弟黄村生。

沈从文在未尽稿《回忆黄村生》中这样记述黄村生帮助他在北京安顿的细节：

> 年龄虽比我小，神气却比我老成懂事得多。星期天入城时，穿了身灰色羽纱洋服，到打磨厂一小客店来看我。一问每天房租得六毛大洋钱，即刻就要我结了账，陪我带了那份简单行李，同去杨梅竹斜街酉西会馆，和管事的另一远房表亲金老表商量，就西厢房占了个小小房间落了脚。还向门房说好，一月花一元钱，每天供应热水。又为问明白了附近包伙食小饭店，一月六元每天送来一菜一汤伙食两顿……

沈从文也到罗道庄的农业大学去找黄村生，并且会在那里住下来。那里又是什么情形？《回忆黄村生》这样描述：

> 同房住了六个人，全是小同乡，另一房间，也住了六人，全是大同乡。吃大锅饭不分彼此，什么酸的，辣的，腊肉、菌子油都有，全是从家乡寄来的。住处总经常有人进城，所以总有空床位可住，只带把牙刷就够了。

沈龙朱说："有和沈从文一起从湘西出来的年轻人，承受不了都市生活的压力,回去了,但回去不久就死掉了。而在大革命的时候,有些在北京的朋友在武汉,或者是在上海,被国民党杀掉了。也有死在老家的。在大革命时期,1927年,他的这些朋友,特别是农大的一些朋友,不止一个被国民党杀掉了。后来回去的,有些就参加各种组织,不止一个。所以,爸爸的态度就是不参加组织。他可能看得太多了。"

在童年时代,作为故事,沈龙朱听到很多父亲闯京城的往事。其实,沈龙朱并不很在意这些事。他说:"我们不会太在意,但是印象非常深。"

6 父亲模拟母亲的口琴声像是吹军号

　　沈从文少年顽劣故事和青春往事，沈龙朱都是在成长过程中陆续听来、读来的。沈龙朱说："父亲的这些故事，以及后来生活中的一些事情，我听的机会很多。父亲是当成故事给我们说的。甚至当年追妈妈时的一些情况，他也都当作笑话给我们说。"

　　张兆和从来不说自己的恋爱故事，并且在家里话也不多。沈龙朱说："妈妈训我们时话才多。"不训孩子们的时候，张兆和不太说话。

　　在云南乡下，沈从文给孩子讲了这样的故事。他说，在中国公学的时候，看到一个黑黑的、短头发的，吹着口琴，在操场里呱噔呱噔呱噔走。那个吹的是什么呢？是"滴啊律嗒滴，滴啊啦哒嗒"。

　　张兆和听沈从文给孩子们吹牛，就反驳说："这调子完全是你当兵时记得的军歌，我怎么会吹那个呢？"

　　沈从文不理太太，依旧向孩子们吹牛说："她走到头了，呱……把这个头发一甩，呱……要算神气嘞（湖南话说，才神气嘞），呱，一转身，继续'滴啊律嗒滴，滴啊律哒嗒'……"

　　沈龙朱说："爸爸用这样的方式逗我们，给我们讲这些事情。"

大学时代的张兆和（1929年）。

事实上，张兆和没吹过那样的调子。沈龙朱说："她可能是在操场上吹过口琴，让爸爸看见了，但绝对不会是这个'滴啊律嗒滴，滴啊律哒嗒'，你看我还记着这个调子。其实是他当兵时大兵的那个调子，所以妈妈一下子就听出来了，说根本就是瞎编的。"

7 小时候故意把昆曲唱得滑稽些

沈龙朱的外公张吉友是个昆曲迷,张家孩子们多少都受到昆曲文化的熏陶。四姐妹中,张兆和是最不热衷学习昆曲的一个,但多少也学了点。

沈龙朱回忆说:"妈妈教过我们昆曲,包括在云南的时候。在云南没有什么玩的,妈妈就给我们唱。我不懂,觉得不好听,为什么一个字要拖那么长的音?很长时间才念出那么一个字来?何必呢?——这是孩子的想法。我没喜欢过昆曲,或者说没真正喜欢过。说到昆曲的这些优点,我和弟弟都是带点讽刺挖苦地说的。"

只要张兆和带点韵地哼唱昆曲:"嗯——,嗯——,嗯嗯嗯——"小龙朱就会在心里窃笑:"声音非要这么板吗?唱歌为什么一定这么不爽快?"

沈龙朱记得,母亲教他和弟弟唱过一小段《思凡》。六十多年过去了,他认真想,还能哼出调来。说着,他唱开了:"夜深沉,独自卧,起来时,独自坐。有谁人,孤凄似我……什么什么……,词是什么……最后是:但愿生下一个小孩儿,却不快活煞我……"

沈龙朱说:"我学是学,但拿它当作开玩笑来唱的,故意弄得女声一样。昆曲一定要:(唱)咿呀……嗯——。我就故意强化这种地方,开玩笑。"

在战争年代，在远离昆曲故乡的昆明，虽然昆曲昆明都姓"昆"，但沈龙朱还是没有体悟出昆曲的美妙来。他故意把优美的昆曲弄得滑稽一些。唱归唱，唱的时候就刻意渲染昆曲的"娘"劲，男孩子这样弄，艺术也便成了笑话。

8 父亲的警告语是"耳朵"· 弟弟比哥哥受表扬的机会多

"耳朵!"

这是沈从文警告淘气的儿子最严重的话,意思是:"你没有听见在叫你吗?小心你的耳朵!"如果孩子们不及时纠正错误,他们就会被拧耳朵。但是沈龙朱记得,父亲虽然喊过这样的话,却从来没有拧过一次耳朵。

沈从文从来不揍孩子,不喜欢武力。调皮得很厉害的时候,是张兆和掌家法揍他们。沈龙朱说:"妈妈揪耳朵,那时我们调皮得太厉害了。揪耳朵。父亲就只一句:'耳朵。'他会说这么一句话,相当于威胁。"

整个童年、少年时代,如果和弟弟沈虎雏发生矛盾,受批评的一定是沈龙朱自己。他说:"如果我俩打架,我惹了他,那一定说我,我受责罚,我大嘛,我要让着他嘛。为什么欺负他呀?这是一定的。一定是爸爸妈妈同时来批评我。"

我问:"小时候,你欺负不欺负弟弟?"

沈龙朱说:"当然,互相告状、欺负,到时候被揪耳朵,都有。"

因为战乱,两个儿子还很小的时候,1937年8月12日,沈从文不得不丢下家人,悄悄离开沦陷了的北平,但两个孩子始终是他的牵挂。在1937年

9月9日张兆和致沈从文的信中,作为母亲的张兆和报告了孩子的情况:"小龙瘦而精神,问及爸爸时,总说'爸爸到上海替我买大汽车,买可可糖。'虎雏十分壮健,驯白爱人……"不久之后,沈从文给大哥沈云麓写信也说到这件事:"孩子无知,日望爸爸从上海买糖回,可笑亦可怜。"

又过了几日,张兆和致信沈从文说:

> 小龙本来早就嚷着要睡觉,后来听到月饼二字,忽然精神抖擞,唱歌、跳舞、操操、亲热人、做小脚走路,样样都来。供完兔二爷,尝了一点点月饼,也就心满意足,临去睡时,还对着剩下的月饼告诉人:明天吃……小龙即能自己吃饭,用银勺,坐着吃,吃时极认真,绝不东走西跑,吃的东西与我们相同,所多者牛奶、黄油、馒头、毛豆每天必食而已。小弟弟尤其可喜,整日整夜的睡,自己的奶已足够他吃,已有一个月不添奶粉了。现在的小脸、两腿、两胳膊具见丰满圆润,醒时有人招他玩便咯咯大笑,人走了便自言自语玩手。乖极了,一点也不麻烦人,我现在是真欢喜他。龙的相片是你带他到公园照的。龙早已不吃橘子,北京今年白梨鸭梨都丰收,因无出路,特别便宜,现在就给龙吃梨。小弟是什么养人补品都不吃,长得胖得很……龙画的毛三爷寄你看看。他告诉我,那是手,那是耳朵、眼睛、鼻子、嘴,甚而至于毛三爷的三根毛都画出来了,小龙的进步真惊人。

10月5日,张兆和在给丈夫的信中写道:

> 小龙仍然瘦,精神可好。鱼肝油不是这非常时期的必需品,饮食间注意点就行了。小虎越发长得可爱,有小拜拜的样子。小龙太懂事,像个小大人,聪明但不如小虎好玩。

到了岁末,张兆和于北平给路途中的沈从文写道:

十二点,我起来给小弟弟吃一遍奶,吃完奶又把他身底下湿片换了。小东西像是懂得舒服似的,睁大了一双黑眼憨憨的笑,过后又把一只大拇指插进口中,吃吃唔唔入于半眠状态中了。小龙现在白天不睡,身上既不痒,晚间睡得沉熟,开灯轻易不会醒来。睡得红红的小脸,下部较你在时丰腴得多,头发三个月未剪,已过耳齐眉,闭着眼,蜷着身子,两只膀子总是放在被外边,身上放散着孩子特有的温香。

到了1938年,张兆和已经习惯了两个孩子环绕身边的温暖的爱。她在给沈从文的信中写道:

小时候的龙朱和虎雏。

我是个性情太收敛的人,只担心孩子们个性不发扬,怯弱,无能,如同妈妈一样。不过小龙就比我泼辣,嘴也比妈妈强。小龙常常想念你,要到爸爸家去。说:"我们一同回合肥,爸爸在湖南,不带爸爸去。"他就哭,眼泪真挤出来了。已认识不少字,一面吃一面看,那种对吃饭毫无兴味满不在乎的神气,活像小从文。公公婆婆①最疼他,每天除吃饭睡觉外,多半时间跟着婆婆,谈这样,问那样,琐琐碎碎的,但却清清楚楚,颇为三婶解闷不少。公公境况不好,常常发大脾气骂人,见到龙总是喜笑颜开,认为奇货,赞不绝口……小虎则第一面就给人好印象……不见得美,却自有他蛮憨可爱处,第一在头发,越长越黑,越曲,第二在眼睛,大而亮,睫毛长,蓝芬芬的颜色。我总疑心种由于某一次青岛海天的清明美妙,一定是有一次那海上的天空太美了,给我们印象过深,无意中就移植于孩子的眼睛里。孩子们累我,却也消散去我心上漫漫的迷雾,孩子们究竟是好的。

这样一位心里充满着温爱的母亲,"揪耳朵"便是对儿子最严厉的家法了。即便这样严厉的家法,沈从文都不亲自执行。他更多是惦记孩子们的好,将孩子们的进步与成绩公示给他的朋友。

沈龙朱和弟弟沈虎雏相比,性格上有什么不同呢?沈龙朱说:"我办事毛糙,希望快速地赶紧做完了事。而弟弟做事很细很细。"

沈龙朱、沈虎雏兄弟,上学后在学校受到表扬的机会很多,所以很得意。尤其弟弟作文写得好,老师写了一大堆褒奖的批语。父亲沈从文就把弟弟的作文到处展示,朋友来了,给这个人看,那个人看,算是对儿子的一种激励吧。沈从文和朋友们说:"你看你看,小虎写的,还是好嘞,有两下子嘞。"

沈龙朱到高小的时候,老师也给了他很好的评价,他自己得意,父亲也很得意。但他自己终究没有弟弟的认真劲儿。他说:"弟弟确实写得很好。在父母那里,弟弟受表扬的机会比我多。"

---

① 因当时龙朱住在张兆和的叔叔张禹龄家,所以有公公婆婆的称呼。

沈从文在上海（1929年）。

第二辑

亲戚说情

SHEN CONGWEN JIASHI

1 新发现的世系沈家历史可上溯到二十余代

沈从文,诞生在湘西凤凰小城的一个落魄了的大户人家。过去很多年里,学界对沈家的来龙去脉不甚了了。虽然,沈从文先生有自己的表述,但是说到确切处,也是听来的,算口述史的一种。近年,贵州省铜仁市方志办刘新华的研究成果颇为抢眼。

刘新华是土生土长的贵州人,但母亲是武汉人。他的籍贯写武汉,本人却从来没有在武汉生活过。从小到大,他一直在铜仁,知青,工人,函授大学学生,史志办工作人员、副主任。现在他五十九岁了,"改非",即改回非领导的行列中,可以不上班,在家搞搞地方文化研究。

刘新华在接受我电话采访时说:"20世纪90年代末,铜仁地区拨款一万块钱给铜仁市,要求把'沈从文祖籍在铜仁'这个问题搞清楚。市里从一万块钱中拿出两千块钱给到史志办,当时办公室的杨九昌同志,就到乡下搜集到了四本'沈氏家谱'。"刘新华在此基础上,于2000年写出了《沈从文家世探谜》的研究文章。遗憾的是,这个文章长期得不到重视,一直到2005年以后,才陆续由《铜仁学院学报》《梵净山》(文学双月刊)发表出来。2011年11月,《铜仁日报》部分刊发,刘新华的研究心得经历了十年漫长等待,才为读者所知晓。

在研究初期,刘新华曾打报告给市里,希望修缮沈从文的祖坟——沈岐山墓。结果无人搭理。但他根据民间记载——家谱,揭示了沈从文一脉从宋朝至今的流变历程,让研究沈从文的人,感到几许新奇。我采信刘新华的研究成果,整理出《沈从文家世表》(见本节附录)。

在《沈从文家世表》中,二十世之前,我遵照刘新华的成果;二十一世起,我采用沈从文自己的表述;之后的信息,便是大家都知道的信息了。

今天,在凤凰老家,真正的沈家人已经没有了。应该还有姓沈的,但沈龙朱说:"我们都不熟了,根本就没有联系,因为他家这一支是从贵州的铜仁搬来的。"

我问:"有家谱吗?"

沈龙朱说:"应该有,我没有看到过,贵州铜仁那儿有。从铜仁越过省界到了凤凰西南角的一个寨子里头,沈家安在那儿。后来,有一部分沈家人到凤凰这儿来,才逐渐形成凤凰的沈家。所以那个寨子里还有姓沈的,也远了。我们去过,看过,但是都不认识。"

沈龙朱知道有人在专门研究沈家的家族史。通过研究,沈家的谱系便比较清晰了。他说:"按家谱,父亲这一辈应该算'大'字辈,但真正到他们安排名字的时候却是'岳',山岳的岳。父亲原来叫沈岳焕,大伯是沈岳麓,九姑是沈岳萌,叔叔沈荃的名字是后来改的,原来也是沈岳什么。"

我问:"你们这一辈应该是什么辈呢?"

沈龙朱说:"在老家的话,我们应该是朝字辈,朝阳的朝……"

"你们的妹妹沈朝慧就是按这个叫的?"

"朝慧是爸爸给起的。按朝字辈,我是朝智,跟龙结合在一起,智慧的智;弟弟是朝猛,猛虎。不过,就是有过这样的想法,没有叫出去。"

附：沈从文家世表

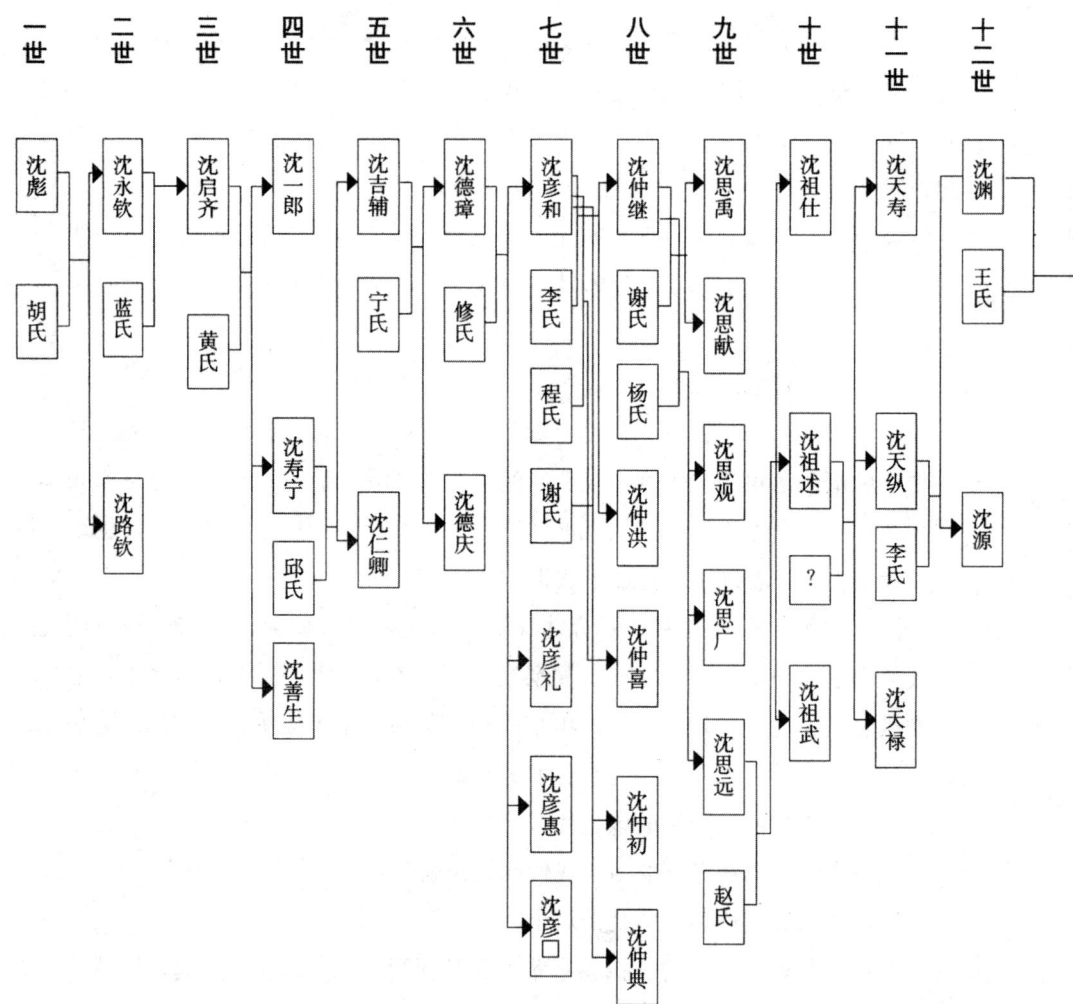

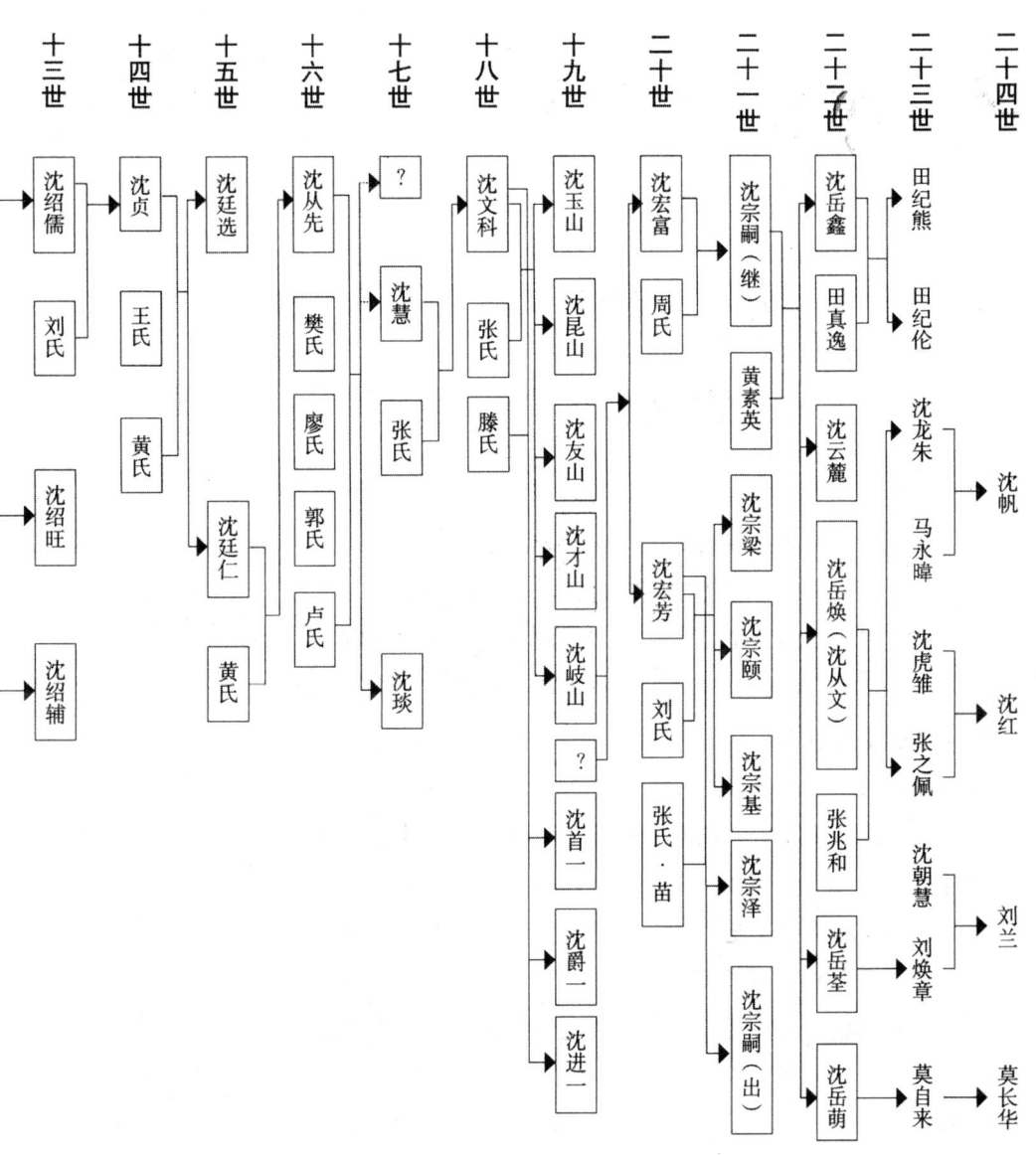

2 "凤鸣岐山"或者"岐山回凤凰" 都昭示着吉祥

刘新华没有告诉我们"大"字辈以后是"朝"字辈。沈从文自己是不是知道？从沈从文的祖父到沈从文的儿子，应该是"宏""宗""大""朝"四辈。但更古老的历史，在刘新华的研究成果里。他根据贵州铜仁的沈氏家谱，告诉世界：湘西沈家是生活在前11世纪左右、伟大的政治家周文王的后裔。有明确记载的，起于宋朝。从浙江，到福建，到贵州，再到湘西，历千年变迁，成就了沈从文。

在《沈从文全集·附卷》第一页，沈从文的曾祖写作"沈歧山"，并说这位祖先因贫困于1850年从贵州铜仁迁到湘西凤凰黄罗寨中寨村。

沈从文的曾祖父是"岐山"还是"歧山"？我们先把这两个字辨析一下。

"凤鸣岐山"是个典故，说的是周文王在岐山的时候，有凤凰就在附近的山上栖息。人们说这是因为周文王有德，故有凤来仪。"凤鸣岐山"本质上歌颂的是美德。岐山，就叫凤凰山，山下的镇子叫凤鸣镇（在今天陕西省宝鸡市岐山县）。因此，人们取名字，一般都叫"岐"，而不用"歧途"的"歧"。"歧"，最常见的意思是"岔道，偏离正道的小路"。《列子》说："大道以多歧亡羊。"王勃在《杜少府之任蜀州》说："无为在歧路。"李白在《行路难》说:"多歧路。"徐霞客在《游黄山记》说:"路旁一歧东上。"这些诗句文章中的"歧"都是"岔道"的意思。之后,"歧"引申为"不相同、不一致"的观点。

大学时,我的一位老师叫"高凤岐",取的就是"凤鸣岐山"的美好。可是,人们常常错写成"高凤歧",搞得他哭笑不得。

沈岐山,据说延续着周文王的血脉,并怀着对周文王的仰慕,将美好的愿望带到了湘西。原来,凤凰在岐山预示了吉祥;现在,一个叫岐山的人来到一个叫凤凰的地方,这吉祥是一样的。沈岐山开启了沈家在湘西"文武双全"的历史。

附:沈氏到湘西前的流变

世序	姓名	生活朝代	官职	主要生活区域
一世	沈彪	宋朝	侍郎	宋末由浙入闽,隐居清流丰山。
二世	沈永钦		县尹	迁连城
五世	沈吉辅		避仇不仕	
六世	沈德璋		江西吉安府知府	
七世	沈彦和		尤溪县知县	
九世	沈思远	明朝	江西瑞州府高安县知县,后授铜仁经厅	沈家始到贵州
十六世	沈从先	清朝		
十九世	沈岐山	清朝		沈家始居湘西,在镇筸南门坨。

3 三位曾祖母之谜·真正的曾祖母，给了沈家苗族身份

沈岐山有两个儿子，一个叫沈宏富，一个叫沈宏芳。沈从文是他们兄弟俩共同的儿子！沈从文在《从文自传》有一段话：

> 咸同之季，中国近代史极可注意之一页，曾左胡彭所领带的湘军部队中，算军有个相当的位置。统率算军转战各处的是一群青年将校，最著名的为田兴恕。当时同伴数人，年在二十以内，同时得到满清提督衔的仿佛有四位，其中有一沈洪富，便是我的祖父。这青年军官二十二岁左右时，便曾作过一度云南昭通镇守使。同治二年，二十六岁又作过贵州总督，到后因创伤回到家中，终于便在家中死掉了。这青年军官死去时，所留下的一分光荣与一分产业，使他后嗣在本地方占了一个较优越的地位。

这说的是沈龙朱的曾祖父沈宏富，但沈从文把这个名字写成沈洪富。沈宏富做过云南昭通镇守使、贵州提督。这在凤凰小城，应该是大官了。所以，沈家祖上显赫过，这是沈从文引以为自豪的。

湘西汉族人很多，沈从文一直都是以汉族人自居的。但在晚年，沈从文选择了苗族的身份。这有什么根据呢？

原来，沈从文有一个苗族奶奶。他身上苗族的血统就是由此来的。沈从文在谈到自己的血统时说：

> 有苗族，也有土家族。为什么呢？我的祖父没有儿子。我的祖母呢，照习惯给我的叔祖父——叫沈洪芳——讨了一个苗女人。生了两个儿子，大的有点儿神经病，就留到乡下了，老二就是我的父亲。真正的祖母，按当时习惯同苗人结婚是没有社会地位的，后来就远嫁出去了。
>
> 按习惯，我四岁就回到乡下去了，看到竹楼，有一个坟说是我祖母的坟。后来我的母亲，亲自告诉我：这个是空的，假的，那个真正祖母已经远远嫁走了，省得麻烦。按习惯，本地人看不起苗人。当地人骂人，骂得最厉害就说：你是个苗杂种。但我没办法，我要接受啊！
>
> （祖母）姓刘。姓刘也是假的，因为苗人不会姓刘的。这个我原来都不知道，后来我母亲临死以前把这些都告诉我们了，让我们后代好知道。[1]

沈龙朱说："我曾祖父实际上就是娶了一个苗族媳妇回来，就要她生个孩子，生完孩子就把她发配了，就让改嫁了。给她立个坟，算是母亲在这儿，实际上没死，等于把人家卖出去了。当时就是那样的，让她生孩子，传宗接代，这样才有了我们的祖父。"

刘新华并不认可这个说法，在他的研究中，沈从文的叔祖父沈宏芳有两房太太：一位姓刘，不是苗族；一位姓张，是苗族。我结合两厢说法，编成下图：

---

[1] 王亚蓉编：《沈从文晚年口述》，陕西师范大学出版社2003年版，第121—123页。

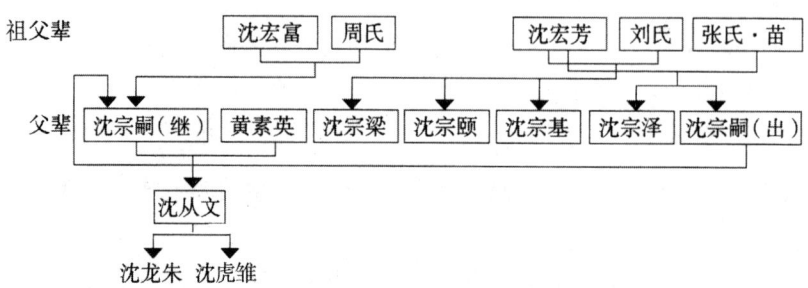

沈从文上两代与沈从文身世关系图

苗族祖母的姓氏，沈从文记述的"刘"姓是假的。而根据刘新华的考证，沈宏芳的第一任妻子姓刘，非苗族；第二任妻子姓张，苗族。沈从文的父亲沈宗嗣是沈从文的叔祖父沈宏芳和苗女张氏所生的第二个孩子，之后过继给了沈从文的祖父沈宏富。

张罗并完成这所有的过继手续的，是沈从文名义上的祖母、沈宏富的太太周氏。周氏在沈家有较高的地位，但在沈从文出生四个月后便离开人世，时间是1903年三四月间。沈从文回忆说：

> 祖母死时我刚活到这世界上四个月。那时我头上已经有两个姐姐，一个哥哥……关于祖母的死，我仿佛还依稀记得我被谁抱着在一个白色人堆里转动，随后还被搁到一个桌子上去。我家中自从祖母死后十余年内不曾死去一人，若不是我在两岁以后做梦，这点影子便应当是那时唯一的记忆。

湘西土家族苗族自治州领导人之一、苗文化学者龙文玉曾多次劝说沈从文把族别改为苗族。1982年5月1日，沈从文应邀出席中央民族学院庆祝苗族四·八节的集会，在主宾席就座。这标志着他认同了自己的苗族身份。沈家在苗族地区居住了三代以上，所以可以自己选择民族身份。

沈龙朱说："我们重新把自己定为苗族，也是对那位苗族曾祖母的一个最好纪念。关于那位曾祖母,没人知道她流落到哪里去了……"

苗族是比较纯的。苗族是蚩尤的后裔,汉族是黄帝的后裔。蚩尤被黄帝打败了,跑到西南角住下来。沈龙朱还跟苗族干部吴瑞芝学过几句苗语。吴瑞芝是沈龙朱童年时代在云南时期就结识的凤凰苗族老乡。沈龙朱说:"吴叔叔是个游泳高手!"后来,吴瑞芝担任过国家民族事务委员会副司长。

拥有苗族身份的沈红,北京大学毕业后在中国社会科学院社会学研究所从事研究工作。她做社会调查和扶贫工作时,把目光聚焦在云贵边境最偏僻的苗族地区,曾数度深入一线考察,事迹上了《中国青年报》。沈龙朱从执着的侄女口中得知,苗族传统上没有形成自己的文字,湘西这边的苗族一直到现在都没有文字;而贵州的苗族有文字,是教会里的洋教士用拼音注音的苗文,之后传授下来的。

沈从文有苗族的血统,传承了沈从文生命的沈红又把这点温爱带回到苗族中去。这是一种命中注定的回归?

4 骁勇的爷爷
谋刺袁世凯没有成功

沈龙朱知道有刘新华这样的一个研究在,但并未很认真地关注过。沈龙朱没有能够从父亲那里了解到多少爷爷奶奶的事。他说:"爷爷奶奶的事讲得少。"

那么沈龙朱的爷爷,到底是怎样的一个人呢?沈从文在《从文自传》中这样说:

> 就由于存在本地军人口中那一分光荣,引起了后人对军人家世的骄傲,我的父亲生下地时,祖母所期望的事,是家中再来一个将军。家中所期望的并不曾失望,自体魄与气度两方面说来,我爸爸生来就不缺少一个将军的风仪。硕大,结实,豪放,爽直,一个将军所必需的种种本色,爸爸无不兼备,爸爸十岁左右时,家中就为他请了武术教师同老塾师,学习作将军所不可少的技术与学识。
> ……庚子联军入京的第三年。当庚子年大沽失守,镇守大沽的罗提督自尽殉职时,我的爸爸便正在那里作他身边一员裨将。那次战争据说毁去了我家中产业的一大半。由于爸爸的爱好,家中一些

沈从文的父亲沈宗嗣。（沈龙朱 绘）

沈从文的母亲黄素英。

较值钱的宝货常放在他身边，这一来便完全失掉了。战事既已不可收拾，北京失陷后，爸爸回到了家乡。

沈从文的父亲沈宗嗣，秉承了前辈的风范。回到家乡后，他并不曾游离于大社会之外，而是积极推进了当地的光复：1911年呼应了武昌起义，由此成了当地的要人。

沈龙朱虽然不曾从父亲那里获得很多祖父的故事，但通过阅读，他知道了祖父的那一份荣光：祖父沈宗嗣参与了辛亥革命，并在革命中发挥了作用。不久之后，在省议会代表选举中，祖父落败，郁闷之至。为了争一口气，祖父离开老家北上京城，在前门外的酉西会馆，组建了铁血团，密谋刺杀袁世凯。

哪知风声走漏，同志被处决。沈宗嗣当时在剧院里看戏，因此躲过一劫。他匆忙逃往东北，隐姓埋名，在父亲的朋友处，隐藏了起来。从此，沈宗嗣与家人失去了联系。

祖父沈宗嗣刺杀袁世凯的具体原因，沈龙朱不知道。但在沈家家族

辛亥初,沈家亲眷合影。沈从文题注,后排右起:满娘、大姐、大娘、母亲、岳萌、二姐、外祖母永玉太、黄表嫂、大哥。前排:得余、从文。

史上,这也是一个惊天动地的事件。毕竟,一个湘西军人,要与当时国家的最高要员对抗,是冒了生命的危险。他是希求国家多一点民主吗?还是仅仅为了逞一时之能?如果没有理想的支撑,逞一时之能有何必要?

沈宗嗣可算得20世纪初最早觉醒的民主斗士吗?沈宗嗣不屈服于权力,决绝而骁勇,最终转化为儿子沈从文一生的忍耐,不做无益的事,把有限的生命投入到民族未来的建设中去!

沈龙朱的祖母黄素英是土家族人。沈龙朱说:"土家族,你要说它是一个独立的民族,以前并不是这样认为的。什么意思呢,就好像是汉族在那儿土生土长了,有点这个味道,但并不是独立的一个民族,而且也是混杂得很厉害。沈家土家族的成分确实不多,祖母黄素英,实际上就是表哥黄永玉他们家族的人,可能是黄永玉的姨祖母。因此,我们和黄家有亲戚关系。"

被沈龙朱称作"表哥"的大画家黄永玉在怀念沈从文的文章中说:

从文表叔家的祖上当过大官。我们祖上没当过官,最高的学位只是个编县志的"拔贡"。

说的是为沈家挑媳妇,亲戚朋友家未出嫁的女儿穿红着绿,花枝招展来沈家作客。老人家却挑了着白夏布衫的黄家女儿。说是读书人家的女儿持重,"穷"得爽朗。

这女儿褐色皮肤,小小的个子,声音清脆,修长的眉毛下一对有神的大眼睛。她是我祖父的妹妹,我的姑婆,从文表叔的妈妈。

沈从文的外公叫黄河清,在尚武的湘西凤凰,是读书人出身。他的重孙子是黄永玉,他的外孙子是沈从文。这便是沈龙朱叫黄永玉"表哥"的来历。

黄河清是土家族,这样,在沈从文血统中,有一半土家族,有四分之一的苗族。在沈龙朱的身上,有四分之一的土家族血统,八分之一的苗族血统。

沈龙朱的爷爷沈宗嗣在沈从文到北平之后的1930年去世。奶奶黄素英在沈龙朱出生前九个月去世。这样,沈龙朱没有机会与"祖父祖母接触"。关于爷爷奶奶的所有的故事,都只是故事。

附:沈从文母亲一系的亲戚关系表

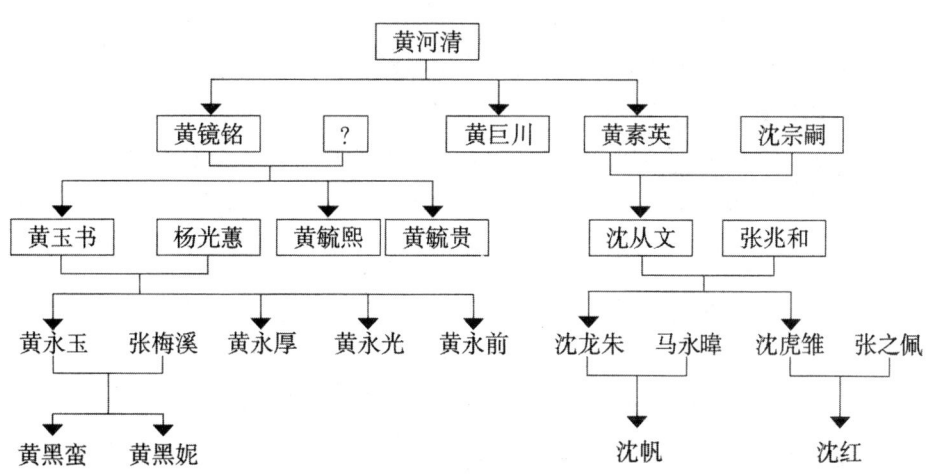

5 或热心文化，或置身行伍，
文伯伯和武叔叔

沈龙朱与父亲的几个兄弟妹妹都有过接触。大伯伯叫沈云麓，他是见过的，但是记忆不深。倒是黄永玉记得比较清楚，说沈云麓"样子长得古怪，脾气也古怪得出奇"。黄永玉在《这些忧郁的碎屑》中描写他称为"大满"的沈云麓：

> 我懂事以来一直到他七十九岁逝世，他那副形象在我的印象中，从来都是一致的。他既没有小过，也没有老过。
> 他是个大近视。戴的眼镜像哪儿捡来的两个玻璃瓶底装上的，既厚实，又满是圈圈。眼睛本身也有事。一年三百六十五天，天天淌眼泪，老得用一条常备的手巾不时地取下眼镜来拭擦。鼻子是个问题的重灾区，永远不通，明显地发出响声，让旁边的人为他着急。于是又是取出手巾，又是放回口袋，那样来回不停地忙……但是口袋里的那条手巾，谁也分不清它到底是什么颜色。
> 他个子单细，却是灵活之极。他长成一种相书以外的相貌。胡适先生可以说有点像他，高脑门，直鼻梁，长人中，往下挂的下嘴

唇,加上厚实的下巴……但没有他充分、夸张。对于他,胡适先生只是具体而微弱。他更全面,简直长得痛快淋漓……

他虽然眼睛看不清楚,步履倒是特别来得快。上身前倾,匆匆忙忙。不少街上的闲人为他让路,因为他脾气不好。

……

他从来不惹人,县里却不能没有他。

他穷得可以,但按年按月订了几份报纸——《大公报》《申报》《新民报》《华商报》……人围在一堆谈论时事,他总是偷偷蹲在一边不搭腔,若是有人谈错什么题目,只见他猛然站起来"哼!"的一下走了。这就是说,过时的材料把他得罪了。

对这样的一位大伯伯,沈龙朱心中永远充满了无限的温暖和敬意。在《沈从文全集》所收的书信中,沈云麓保存下了沈从文最早的书信。这位沈从文的长兄,曾经在1919年千里寻父到东北。那时候,他的父亲因为刺杀袁世凯的计划败露而销声匿迹。沈云麓一边沿路给人家画像以维持生活,一边寻找父亲,最终在热河的赤峰找到了父亲。

今天,在交通已经比较发达的条件下,从距离凤凰最近的吉首坐火车到承德,再到赤峰,需要在石家庄转车,全程两千多公里。当年,交通不发达且战乱频仍的年代,从湘西凤凰跑到赤峰去,是多么艰难的事情。但是,沈云麓做到了,而且把流离多年的父亲找回了家。

当二弟沈从文走向北京文坛、三弟沈荃参军打仗,这个大哥就在家中侍奉母亲。后来,抗战爆发后,大批北平文化名流向后方转移,经二弟沈从文介绍,沈云麓家便成了中转站。他的乡下人的热情,保护和帮助了一大批文化大家和文艺青年,其中包括闻一多、刘开渠、庞薰㮙、林风眠……

沈龙朱说:"西南联大南迁的过程中,还经过我们的另一个老家——湘西沅陵。我们的老家是在凤凰,我的伯父(大伯父的名字,父亲有时候写成沈云六,有时候写成沈云麓。数字'六'、山麓的'麓',湖南话发同一个音)当时不知道出于什么原因凑钱在沅陵盖了一处房子。这幢在沅陵的房

大伯伯沈云麓。（沈龙朱 绘）

三叔沈岳荃

子是两层的小楼房，叫作'云庐'。'云庐'接待过很多人。抗日战争爆发后，爸爸从武汉到长沙，从长沙返回武汉，又从武汉回到长沙，然后到了沅陵。在这过程中，大伯伯接待了梁思成夫妇等徒步去云南的学人，浙江杭州美专的刘海粟也在'云庐'待过。当时，很多人往云南去，往重庆去，如果从这条路线走的话，都要经过沅陵。"

沈云麓在湘西乡下为从敌占区向大西南转移的文化人士提供的帮助，从小处说，是帮助弟弟的朋友，往大处说，是支持全民抗战事业。"寻父侍母"是尽孝道，"搭救英才"是凭忠义。大伯伯在沈龙朱眼里是"忠孝"两全的长辈，虽然没有在一起生活过，但是沈龙朱永远铭记着……

沈龙朱的大姑妈叫沈岳鑫，后来嫁给了田真逸。黄永玉说："大娘嫁给姓田的既读书又在外做事的好人家"。田家究竟怎样个好法呢？

在湘西，最著名的家族先是"老三家"，后是"新三家"。前文曾经提到过，沈从文自己也讲："咸同之季，中国近代史极可注意之一页，曾左胡彭所领带的湘军部队中，筸军有个相当的位置。统率筸军转战各处的是一群青年将校，最著名的为田兴恕。"

这就是田家的代表性人物了！后来人们把田兴恕、熊希龄、沈从文并列，称之为"凤凰三杰"。田兴恕曾做过清朝的钦差大臣，熊希龄曾做过中华民国的总理。沈从文没有什么像样的职务，晚年享受过很短时间的"副部级"待遇，没有实权。年轻的沈从文初到北京时，他的大舅、黄永玉的爷爷在熊希龄身边工作，即便如此，也没有能够保证乡下来的亲戚有口饭吃。

湘西大家族简况表

家族	代表性人物及情况简介		备注
老三家	田家	田兴恕：清朝的钦差大臣。	在剿灭太平军中发迹。沈从文家与其他两家有姻亲关系。
	沈家	沈宏富：云南昭通镇守使、贵州提督。	
	熊家	熊希龄：中华民国总理。	
新三家	张家	张学济：湘西靖国联军二军军长，湘西军民两政会议处处长。	后起，依靠老三家发迹。沈从文曾经是他们部队中的一员。
	陈家	陈渠珍："湘西王"。	
	贺家	贺龙：中华人民共和国元帅。	

沈家不仅和熊家有姻亲关系，沈从文的大姐还嫁给了田家的公子。这样，"老三家"是姻亲关系。那么，田家与沈家的姻亲是怎样的呢？

凤凰田家与沈家的关系表

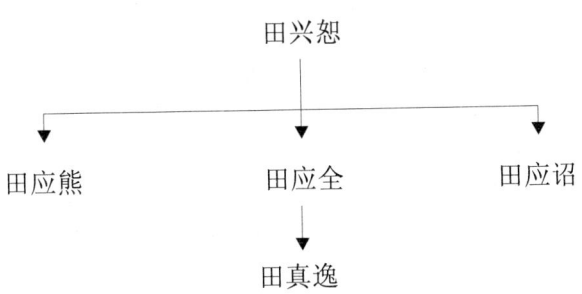

代序	姓名	生活时期	所任职务	与沈家关系
第一代	田兴恕	清朝	钦差大臣、贵州提督	沈宗嗣的战友
第二代	田应诏	中华民国	湘西镇守使、国民党中将	
第三代	田真逸			沈从文的大姐夫，沈龙朱的大姑父
第四代	田纪熊 田纪伦	中华人民共和国		

田家之后——沈从文的大姐夫田真逸之后和沈从文大姐在北京定居。1923年，二十出头的沈从文，来到了北京。凌宇在《沈从文传》中这样描写道：

> 田真逸看到沈从文天真浪漫、独闯北京读书寻理想的神气不禁苦笑："你有什么理想？读什么书？北京城里有多少大学生毕业后无事可做、不知为何生存。大小书呆子不是读死书就是读书死，还不趁早回乡下寻出路，那才是你的正道。"沈从文默然了。片刻思考后，他斩钉截铁地向姐夫诉说了自己这许多年来随军辗转在湘水边看到的一切。他不想让自己的生命像浑浑噩噩的云影任凭风吹得东游西荡，不想将自己的梦想像小鱼小虾般被人世醉生梦死的糜烂状态吞噬殆尽。
>
> 他希望在北京，在新文化的重镇里，找到未来的理想之路、社会人生明确而肯定的答案。田真逸听着听着，脸上露出了赞赏的微笑。他诚恳地嘱咐道："好，好，你这个古怪的乡下人真有胆量！就凭你这点胆量，就有资格来北京住下、学习、经历。可你一定要记得，既为信仰而来，千万不要把信仰丢了！"不久，姐姐和姐夫回湘西了，留下第一次见面的这番嘱咐，还有仅有的两条棉被。

大姑妈沈岳鑫。

大姑父田真逸。

凌宇是认真采访过沈从文的,这段文字的叙述是可靠的。后来,田真逸、沈岳鑫的儿子田纪伦在《我眼中的舅父》一文中,引用了沈从文给大姐沈岳鑫的一段话:

> 初次出门时那天对我的鼓励,以及初到北京来时,住在你家中,身发高烧的情形。你对我的友爱和对家中人的关心,我想起时,就对工作有了力量和信心,即在万分困难里,并不灰心丧气!你对我的帮助,将成为我对人对事热忱的取法。

离开家时姐姐的叮嘱,在北京相遇后姐姐的关怀,在这样短小的文字中,沈从文都表达清楚了。田纪伦大学毕业后到长春在中国第一汽车制造厂工作,1989年还在《汽车工厂设计》杂志上发表了专业论文《工业的设施的色彩设计》。沈龙朱不仅见过大姑妈大姑父,而且和表兄田纪熊、田纪伦保持着来往。大表哥田纪熊在上海交大读轮机系,毕业后在大连海运学院教书至今。

沈龙朱的三叔沈岳荃,也叫沈荃,在20世纪20年代和湖南的同学到广东,考进黄埔军官学校四期步科。当沈龙朱随父母住在云南昆明的时候,三叔沈荃因在嘉善打日本人时受了伤,回湖南养伤。伤愈后,因公务沈荃还到云南和沈从文一家见过面。就这一次,沈龙朱第一次见到了三叔。后来,沈荃经过昆明去印度受训,沈龙朱也见过一次。

1949年,已离职的国民党少将沈荃随凤凰的陈渠珍响应程潜起义,向解放军投诚;不想,解放后却被错杀了。关于他的文章,有李辉的《破碎的将军梦》、张森奉的《错杀沈荃》。在黄永玉的文字中,关于沈龙朱的叔叔,也有精彩的描写。

沈荃被杀后,他的女儿沈朝慧便长期住在沈从文家中。后来,沈朝慧嫁给了雕塑家刘焕章。黄永玉谈到刘焕章时说:"我跟他是亲戚。"转折亲就是这样来的。

沈龙朱说:

"文化大革命"中,沈荃的女儿沈朝慧被赶出北京。无奈之下,她就到长春表哥家,就是我的大姑妈、田真逸的孩子田纪伦家。大姑妈当时在那儿,朝慧妹妹就躲在那儿。后来,她回到北京,嫁给了美术学院的雕塑家刘焕章。

刘焕章是很勤奋的人,曾塑过沈从文像,但我觉得不太像。后来,他做别的东西做得比较多,自己创作的东西比较多,不停地干活,很能干的一个人。他岁数比较大,比妹妹大得多。不出名,也不

刘焕章。

朝慧来了。

九姑沈岳萌。

吭声,愿意自己做,努力做,到现在还在做,八十多了,早晚还敲啊,劲头挺足。你想,跟石头、木头打交道。

当年,他自己蹬个三轮,什么地方有大树根,他就骑上三轮,把大树根扛回家,家里没处搁,就搁在胡同里、门口。到他家门口,一看,六七个大树墩。他也做过根雕。

在凤凰的沈从文墓园里,那块著名的五彩石,这位刘焕章贡献了智慧,现在已经是凤凰的一道风景了。

沈从文最小的妹妹沈岳萌,是看着沈龙朱长大的。因为特殊的家庭原因,沈龙朱的这个姑妈很早就跟着沈从文一家生活了。沈龙朱回忆说:"姑妈跟我爸爸出来时,爸爸本想让她上学,但她没有坚持下来,在青岛图书馆做过点事。抗战爆发后,姑妈跟我们一起从北平到昆明,在昆明待了一段时间,也没有正经做事。后来因为身体的原因,同乡就把她送回老家。之后,她嫁给了沅陵的一个农民。姑妈是在三年大饥荒时期去世的,之后姑父也去世了。他们的孩子现在还跟我们有联系,遇到困难时,比如说盖房子的时候,我们也尽可能支持一点。"

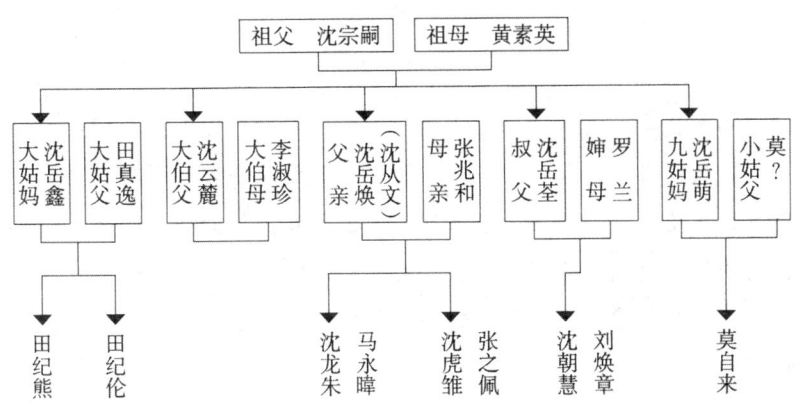

在乡下特立独行、周济天下且无儿无女的大哥,功绩赫赫却被错杀的弟弟、患难与共却在乡间饿死的妹妹,黄永玉说表叔沈从文"捏着三个烧红的故事,哼也不哼一声"。

龙朱虎雏兄弟与唐有权师傅(右二)。

2011年夏天,沈龙朱和弟弟沈虎雏回了一趟凤凰,目的是为大伯伯修坟。他说:

> 伯父伯母没有孩子,上次送母亲骨灰的时候,我们专门去看了一下伯父伯母的坟墓。在一片草丛中,我们从山坡底下看了一下,有点荒芜了。老家有一个姓唐的师傅,给我父亲刻碑的。他感念大伯父的好,就到北京来找到我侄女沈红。沈红给他看我们当时去的照片。这个师傅说:"我给你修。"他提出来自己出钱修我伯父的坟墓。我们说,"那不行。"
>
> 结果这位唐师傅还真干了,而且刻碑文时还要我们提意见。我就想办法征求,包括问湖南的地名怎么写、伯母的名字怎么写。我们过去只叫大伯妈,至于具体叫什么名字,我们不知道。后来查了户口本,查了老的东西,弄清楚了。本来打算清明的时候把碑立起来,但天气不好,坡又陡,没有成行,他便打电话通知了沈红。
>
> 我请在当地旅游局工作的田斌(原县旅游局局长田时烈的孩子)帮着打听当地建墓的价钱是多少。我们想,至少应该给人家修坟的钱,这是人家的劳动嘛。结果打听不出来。他很机警,但我们怎能让人家来负担这个费用呀。

从这一点看来,沈家虽然在凤凰没有后人了,但是沈家为凤凰创造的荣光与无形文化遗产,凤凰人记得沈家每一个人的好处。

6 拜黄永玉为师学艺准备考美院·可能得罪了表哥黄永玉

沈龙朱对表哥黄永玉十分景仰,他说:"黄永玉写了很多东西,确实文字功底了得。他写了很多,现在还在写。他小时候经历了很多,所以自传没完没了。况且,他的记忆力超群,出去流浪,一个人出去闯天下,做徒工学木匠、学木刻,最后终于闯出了自己的一片天地。他有两下子,读的东西也多。"

沈龙朱有幸做了黄永玉的学生。他说:"1953年,黄永玉从香港回到北京,进中央美术学院做了教授。黄永玉在帅府园的家,窗户一开,就能看到美院的操场。我家也住在附近。我喜欢美术,1953年考大学前,曾临时抱佛脚,到黄永玉家学过画石膏像。高中毕业后,我还真的考上了美

沈从文和黄永玉。

沈从文和黄永玉。

术学院。那时候，组织上信任我，希望我学军工，我就放弃了上美术学院，学了理工。"

　　转学理工的沈龙朱，至今仍保持着对画画的兴趣，这有黄永玉的功劳。由于基础薄弱，沈龙朱画得不多，但热衷摄影，尤其是花卉摄影。这多少与学美术有些关联。

　　现在，黄永玉的画在市场上价钱很高，只要涉"黄"都值钱。沈龙朱说："那价钱是有点吓人，我们就尽量别去折腾这事。"

　　沈家没有黄永玉的画。沈龙朱说："我们都没有，而且不会主动去要。人家愿意画，给一个留作纪念，毕竟交往这么多年，还是值得的，但专门去要就没必要了。我这儿唯一的作品，就是给我们孩子（指沈帆）小时候画的速写。"

沈帆三岁两个月。（黄永玉 绘）

"不过，"沈龙朱说："我也得罪过黄永玉。"

原来，黄永玉把张兆和在《从文家书》里的后记，刻成碑，搁在墓地最显眼的地方。张兆和看了以后，亲笔写信给黄永玉，黄永玉没有回复。沈龙朱说："妈妈又没法接触他，怎么说他好？后来有一次到万荷塘去，我跟他说：'妈妈觉得放碑的地方有点不合适，我们挪挪，挪个地方怎么样？'他说：'没关系，你们挪吧。'"

实际上，黄永玉确实喜欢张兆和的那段文字。他在1998年接受采访时曾说："表姊张兆和在《从文家书·后记》里写的话，没有人能写出比这更好的文字与意思了。我把它打成碑放在表叔的墓地，以期引发更多的人来理解他们那一代人，理解我们还不理解的沈从文。"

但是，黄永玉的做法，与张兆和一向不张扬的个性相违背。当年见沈红的时候，沈红就向我流露出"奶奶对把自己文字放在沈从文墓地"的无奈。

我问沈龙朱："那黄永玉同意之后，你们挪没挪？"

沈龙朱说："挪了，我们跟县政府商量以后，挪到偏一点的地方去了。因为妈妈不愿意，我得说呀。"

我问："你专门找黄永玉说的这事？"

沈龙朱说："不是，不是专门，是顺便说的。当时可能是跟着单位的车去给他家里送花，临走了，他送我到大门口，我跟他说了这些话。他说没问题，我们就跟县里联系，县里就给挪了。不知道他后来去没去过，要是去了一看，果真挪了，没准他就会不高兴。"

虽有这样一个小插曲，但沈龙朱对黄永玉的景仰没有变。在这本书写作过程中，沈龙朱兴致好时，画了几张插图。我觉得很好，赞赏他。沈龙朱半开玩笑半得意地说："你不知道，我是黄永玉的学生嘛！"

7 父系是"湘军"中坚，母系是"淮军"领袖

采访沈龙朱，我惊讶地发现：沈龙朱父系中的代表人物是湘军中的中坚力量，而他母系亲人中的代表人物则在淮军中占有更重要的位置。这两个家族如同两个军系一样，均发迹于与太平军的那场举国大战中。

沈龙朱曾和我说："外公呢，我应该是见过的。1936年的时候，我去过苏州，当时外公还在世。我应该是见过，但没记忆；可能跟他在一起的照片都有，但手头没有，但我知道有过，外公是见过的。"

沈龙朱的外公，即张兆和的父亲叫张吉友，原名张武岭，他自用张冀牖。张兆和的父亲张吉友和沈从文的父亲沈宗嗣一样，都有过继的经历。张兆和的爷爷张华奎无子嗣，就过继了堂弟的第四个儿子——张武龄，即张吉友。

但是，这个家族中最著名的，是张兆和的曾祖父张树声。张树声是淮军领袖，曾担任过两广总督和直隶总督，其影响力仅次于李鸿章。

张家是从江西吉安迁居合肥的。在《江西吉安衙背张氏族谱》中，我发现七十五世张汝杰生有三子，分别是张树声、张树远、张树光。但可能与合肥张家无关。江西张家族谱很庞大，或许再耐心些会有不一样的发现。

外公抱着我。（沈龙朱 绘）

在现有资料中，我整理出张兆和太祖以来的传承世系：

沈龙朱母系传承关系

张荫谷
├─ 张树声
├─ 张树珊
├─ 张树槐
├─ 张树棠
├─ 张树屏
├─ 张树型
├─ 张树玉
├─ 张树琼
└─ 张树培

张华奎（张云瑞） 张华轸（张云林） 识修 张华年 张伯纪（张云官）

张吉友（原名张武岭，自用名张冀牗，入嗣）　？　？　张吉友（出嗣）　张禹龄

张元和　张允和　张兆和　张充和　张宗和　张寅和　张定和　张宇和　张寰和　张宁和　张中和

沈龙朱　沈虎雏

张树声兄弟九人，张吉友的生父张伯纪是张树声五弟的孩子。张吉友的亲弟弟张禹龄，后来定居北京。沈从文南下以后，张兆和母子三人就住在张禹龄家。张禹龄的孩子张中和，沈龙朱也叫舅舅，后来成就了沈龙朱的姻缘。

张吉友从合肥先迁到上海，后定居苏州。他创办学校，提倡新式教育，在近现代苏州影响力巨大。尤其是他十个子女中，有四个女儿嫁了名家，是现代中国可以与"宋氏三姐妹"比肩的"合肥四姐妹"。如果说"宋氏三姐妹"在中国近现代政治舞台上扮演了重要角色的话，"张家四姐妹"在中国现代文化建设上的影响力，完全可以与之匹敌。

8 外公的文化情怀与外婆的奢华嫁妆

家里有万顷良田,每年有十万担租,是典型的大地主家庭。父亲可能是因为很早就离开了老家接受了新思想,他完全冲出了旧式家庭的藩篱,一心钻进了书堆里。这个家庭带给他的最大便利和优越条件是他可以随心所欲地买书。

这是沈龙朱的二姨妈张允和在《亲爱的父亲》中的文字。合肥张家的家业很大,而沈龙朱的外公张吉友更是出资在苏州办了乐益女中。

2006年,我到苏州拜访了依旧居住在乐益女中旧地上的沈龙朱的五舅——张寰和。老人告诉我:"我们小时候家里挺大啊。每个孩子还都有一个奶妈、一个保姆。奶妈走了以后就是由保姆照顾。不吃奶的就叫'干干'。我的干干很可怜,我一岁多时她就死了。后来,大姐的'干干'和大哥的'干干'照顾过我。"

为乐益女子中学,外公张吉友倾注了全部的精力和财产。苏州学者余心正说:"他独立办学,没有丝毫奴颜媚骨。不接受当局拨款,不要教会一分资助。每年有十分之一的免费生,招贫寒子女入学,把乐益办成新式中华女校，容纳各种先进思想。尊重教师的人品学识，尊重学生个性和人格。保持教育的先进性、纯洁性、大众性。"

外公家底殷实，但却"不做官、不纳妾、不打麻将，不沾烟酒"，"对子女教育耐心平等，讲明只留知识，不传家产"。①

沈龙朱的外公在合肥娶了扬州盐商家的女儿陆英为妻，那时候张吉友才十七岁。据说扬州陆英家陪来的嫁妆放满了一条街，把合肥张家府邸的几进院落的家具，都换成了紫檀的。陆英为张吉友生了十四个孩子，活下来九个。她在生第十四个孩子的时候，去世了。临终前，她把所有带孩子的保姆叫到身边，每人给了两百块大洋，希望她们把孩子们拉扯到十八岁。做完这事，陆英就去世了。果然，这些保姆，每人带一个孩子，真把孩子们带到了十八岁。沈龙朱从母亲、姨妈和舅舅们回忆保姆的文章中了解到了外公外婆的早年故事。

张兆和的母亲陆英。（张以迪 提供）

---

① 余心正：《启蒙教育家张冀牗》；载自《浪花集》。

沈龙朱的外婆陆英去世时才三十六岁。后来，张吉友办学时娶了学校的女教师韦均一。沈龙朱说："妈妈的亲妈妈，因为去世早，我没有见过。母亲的继母，在苏州时我们都见过。她当时是乐益中学的教员，后来还当过校长。"这个外婆和外公又生了一个孩子，就是沈龙朱最小的舅舅张宁和。他们姐弟的名字里，男孩子在家里，所以都有宝盖头，女孩子要走出去，所以都有两条腿。沈龙朱的二姨妈张允和回忆说：

> 父亲对我们四个女孩子尤其钟爱，他为我们起的名字不沾俗艳的花草气：元和、允和、兆和、充和。后来有人在文章中说，张家女孩子的名字都带两条腿，暗寓长大以后都要离开家。我想，父亲从小给了我们最大限度的自由发展个性、爱好的机会，让我们受到了尽可能好的、全面的教育，一定是希望我们不同于那个时代一般的被禁锢在家里的女子，希望我们能迈开健康有力的双腿，走向社会。

正是前面这四个女孩子，使得张家的名望在张家沉寂很多年后，依然为世人所乐道。

附：沈龙朱外公和两任妻子的孩子们

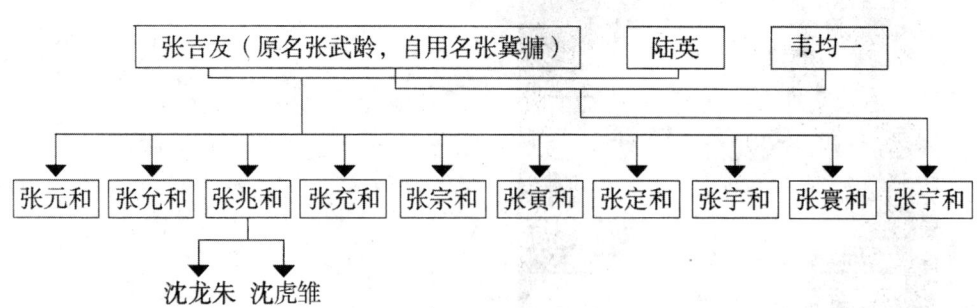

9 三个姨妈都嫁了名人·
很多的舅舅都有出息

1936年，沈龙朱两岁，由母亲抱着回了苏州。那时候，他肯定见过这些姨妈和舅舅。之后，他们母子还去了上海，在那里也肯定见了不少亲人。但当时的他还不懂事，对那次经历完全没有记忆。到了云南，年龄渐长，他对经常来往的五舅、大舅、四姨熟悉了起来。

虽然没有见过更多的姨妈和舅舅，但"妈妈讲"，他也就知道有更多人的存在。沈龙朱说："妈妈的十个兄弟姐妹，她总要说的，当故事说。"

沈龙朱说："妈妈老讲，大姨在家里是最漂亮的，长得最称头，最端庄；二姨呢，在重庆，或是在四川的什么地方；二姨身边，还有我一个哥哥，当时我还没有见过的哥哥。还有个小舅，在上海学音乐的。三舅是黄自的学生，搞作曲的；四舅，是搞农业的；五舅，后来在管学校。"这个五舅，曾在云南的西南联大上学，小龙朱见过。小龙朱还知道，大姨父是个出名的昆曲小生演员。

因为抗战，十姐弟天各一方。"真正大团圆是在1946年的上海，十个兄弟姐妹都见到了。"沈龙朱说。这也就是大家都知道的那张著名的全家福拍摄的时间。

1929年,张吉友与六个儿子。

张家四姐妹与父亲在苏州九如巷。

1946年7月,张家十姐弟于上海。前排左起:张充和、张允和、张元和、张兆和;后排左起:张宁和、张宇和、张寅和、张宗和、张定和、张寰和。(张以迪 提供)

1946年7月上海聚会。前排左起：周晓平、沈龙朱、沈虎雏；二排左起：张元和、张允和、张兆和、张充和；三排左起：顾传玠、周有光、沈从文；后排左起：张宗和、张寅和、张定和、张宇和、张寰和、张宁和。

这全家福，为世人所熟知的有两张，一张是张家十姐弟，一张是十姐弟、三个女婿、三个外孙。这三个女婿是著名昆曲演员顾传玠、语言学家周有光、文学家沈从文。三个小孩是二姐张允和与周有光的儿子周晓平，三姐张兆和与沈从文的儿子沈龙朱、沈虎雏。沈龙朱回忆说："其实那时候还有其他小孩，就是没凑到一起吧。周晓平比我大半岁，是三个孩子中最大的。"

沈龙朱说：

> 张家家族太大了，人太多了，而且人才也不少。不太出名的，二舅是会计师，在上海，去世得比较早；三舅是最近才去世的；四

舅是农业科学家，搞油料作物，研究员；五舅是教育家，中学校长，就是在苏州的那个；七舅在中央交响乐团当过指挥，在比利时学指挥回国后，在中央乐团当过几年指挥，后来又出国去了。因为娶的是洋媳妇，两个人只好跑了。

在四姐妹里头，我母亲是最腼腆、最普通的。她既没有大姨端庄，又没有二姨机灵，还没有四姨那个学问，就是老底子学问。她是老老实实上学，可能运动比较好，打篮球这些事还比较好。她晒得黑黑的，在四姐妹里头是最不出众的。

我说："不论她们四个人本身怎么样，但她们四个人都嫁的是有名的丈夫，这在文坛也成了个佳话。"沈龙朱反驳说："现在有名了，以前可不见得算有名的，有段时间还不太理想，很不好的。"

张家四姐妹和她们的丈夫、孩子

```
        张吉友（原名张武龄，自用名张冀牖）──────陆英
                            │
        ┌───────────┬───────────┼───────────┬───────────┐
       长女          次女         三女         四女
     ┌─────┬─────┐  ┌─────┬─────┐ ┌─────┬─────┐ ┌─────┬─────┐
    张元和 顾传玠  张允和 周有光  张兆和 沈从文  张充和 傅汉思
      │                │           │             │
   ┌──┴──┐           周晓平       沈龙朱        爱玛·弗兰克尔  弗兰克尔
  顾珏  顾明德                    沈虎雏         Emma Frankel  Ian H. H. Frankel
  （凌宏）                                      中文名：傅以谟
```

抗日战争结束后的1946年，沈龙朱和弟弟随母亲从昆明到了上海。在上海，他们住在大姨家。上海有几个亲戚，一个就是大姨家，一个是二姨家，一个是田真逸家，就是大姑父家，还有两个舅舅家。后来，沈龙朱到苏州念了半年初一。那段时间，他能说一点苏州话，但没有学地道。苏州话别讲太快，慢慢讲，他能听懂，还有上海话也是。他说："后来，一些同学里头，

1946年7月,张家四姐妹在上海。前排右起:张元和、张允和;后排左起:张兆和、张充和。

同事里头,家里头跟上海、苏州人交往很多。"

在苏州,沈龙朱很开心。他回忆说:"我尽情地玩,非常快乐。二姨的孩子周晓平,比我大半岁。我们俩年龄接近,其他的孩子都比我们小,他是张家这辈里最大的,我是老二,然后便是弟弟。我弟弟都不到我们这个圈里玩,其他孩子又都太小了。我们那时候玩得多的就是自行车,开始学自行车。当时可以很便宜地租到一辆车,骑着车到操场上转悠,去玩。乐益女中的院里、操场上,不好处就是不平整,到处是砖头和草地。风雨操场也是砖地,砖好像立着铺的,长着草。在院子里跑着玩,还可以打滚,但骑车就要到外边去了。"

沈龙朱在苏州亲眼见过姨妈舅舅们在家里举办曲会。当时他已经上初中了，他记得："家里为雅事聚在一起，算是'文人雅集'。专门请了笛师来，姨妈舅舅轮番登场，很得意地唱一唱。四姨化好妆穿上戏装上台，大姨也上台。三个姨妈中，四姨和大姨的水平最高。二姨经常唱的是丑角，不像四姨、大姨一样正正经经拿得出来地唱，但至少是她自己非常倾心的。四姨的昆曲演唱水平在整个苏州都让人佩服。"

除了唱戏这个共同爱好外，在外面的三位姨妈名声赫赫，各有各的故事，与昆曲有关的故事。

大姨张元和嫁的是昆曲科班出身、在"传字辈"里是最有名的小生顾传玠。张元和年轻时漂亮，又是名门闺秀。叶圣陶说："无论是谁，娶了张家四姐妹，都会幸福一辈子的。"那时候许多男孩子仰慕张元和，但不敢追求她。顾传玠是名角，后来上大学做了生意。他和张元和的恋爱经历比较漫长。在那个时代，大家对戏曲演员是有偏见的。据说张元和结婚后到上海拜访一位亲戚，大家知道她找的是唱戏的，就不出来见。

顾传玠、朱传茗出演昆曲《割发代首·刺嫂》。

1939年4月21日,张元和与顾传玠在上海结婚。(张以迪 提供)

沈龙朱说:

正因为这样,大姨结婚晚,比妈妈、二姨都晚,她的孩子也比我们小。后来大姨到台湾去了。大姨妈有两个孩子。女儿本来叫顾珏,给大姨妈的一个女性朋友抱走了。抱走大姨女儿的人叫林海霞,海门人。后来这个女儿就改名叫凌宏了,是我的表妹。大姨到了台湾,凌宏妹妹留在了国内,在复旦大学读书。大学毕业后,凌宏被分配到北京温泉那边的仪器厂工作,我们之间的来往也就多了。她嫁给了和统,和统的父亲是铁道部的总工程师。后来,和家移居美国,凌宏便也去了美国。

大姨父去世以后,因为女儿凌宏在美国,大姨便也随着去了美国,以后一直在美国,直到去世。大姨还有一个儿子,叫顾明德,也叫顾生,小时候皮得很。这个弟弟在台湾,好像最近去世了。顾

周有光。(沈龙朱 绘)

———

明德的女儿来过北京,看过周有光和周晓平,我也见过她。

  张家大小姐嫁的是昆曲艺人,而张家二小姐张允和嫁的是著名语言学家周有光。20世纪80年代,张允和与俞平伯先生一起搞起了北京昆曲曲会,之后她还接俞平伯的班当了会长。曲会有活动,沈龙朱的母亲有时候会去听听。沈龙朱说:"妈妈去也不带我们,我们都大了,各自都有各自的事了。爸爸偶尔去,但也不常去。爸爸去听,但并不是很醉心。"

回忆二姨张允和,沈龙朱说:

  解放后,姨父周有光调到北京工作。他们在北京只有我们家算最亲的,二姨和妈妈就来往非常多,而姨父周有光与父亲也来往很多。二姨父现在身体还挺好的。一次,他被授予年度文化人物称号,凤凰网去采访,周晓平也在家。

>我弟弟和他女儿沈红，过春节去拜访二姨父，在他家吃年夜饭。我春节前去，送几本书。
>
>从小一起玩大的晓平哥哥，学问大，做过中科院气象所所长。现在也退休了。不过，还带研究生。

张家四小姐张充和，嫁的是美国汉学家傅汉思。张充和在美国传播优秀的中国传统文化，获得了更多的赞誉。这其中，当然少不了昆曲。

沈龙朱回忆说：

>我从小跟四姨的接触是最多的，尤其在昆明的时候。抗日战争以前，四姨在北平待过，主要就住在我们家。在云南，她也和我们住在一起，不论在乡下还是在城里。后来，她去了四川就分开了。等抗战胜利后回到苏州，我们便又在一起了。
>
>回到北京后，四姨仍住在我们家。她就是在我们家跟傅汉思恋爱的。四姨是在北京出嫁的，两口子都到美国去了。再后来，傅汉思偶尔随文化代表团单独来，有时候俩人一起来。我弟弟在四川自贡的时候，傅汉思恰好在中国访问，弟弟和弟媳张之佩专门去成都看望了四姨父。而我在北京，见他的机会反倒不多。当时他来北京时，我在西郊，他到爸爸妈妈那儿看看就走了。

2006年夏天，我在苏州采访张寰和的时候，他告诉我：

>美国的四姐，现在，也是一个人，家里请了个男保姆。她先生是2003年过世的，很可惜的，是两次医疗事故：一次是开刀开坏了，还有一次是药给错了。他们相信美国的医疗，实际上咱们国内的医疗要好一些的。她前年回来了一次，开书画展。
>
>四姐算是苏州走出去的一个名人吧。她很不简单，三十多年在中国的香港、澳门、台湾以及美国的大学讲课，宣传中国的书法和

诗词。她在好几个方面是中国顶级的，比如昆曲、书法、诗词。她上课时载歌载舞，没有笛子也可以。园子里长着竹子，她就自己做笛子，因为在那里买不到笛子。

我没有去美国看过她。年轻时候忙，她讲课没有时间；现在老了，我们去了会增加她的负担。如果要去，那麻烦得很。80年代的时候，她让我们去，说去了她可以开车子带我们去玩。

说到张充和的字，现在国内收藏界也是狂追。沈龙朱小时候有很多时间和四姨在一起，但手里却没有留下四姨的字。他说："那个时候不懂，包括在云南的时候都知道她写字好；知道她弹琴、吹笛子，笛子吹得很好。家里边吹笛子吹得好的，一个是大舅，一个是她。在云南的时候，四姨还抚琴，真正是陶渊明那样的，跟后来在音乐研究所任所长的杨荫浏一起抚琴。杨振声可能也参与，但他不抚琴，只是欣赏。"

张充和（左）演出《游园·惊梦》。（张以迪 提供）

张充和（前右）、傅汉思（前左）与张寰和、周孝华在苏州九如巷。（张以迪 提供）

《周有光年谱》的作者要沈龙朱写篇文章，写完了，人家又要求沈龙朱找四姨，给他题书名。沈龙朱说："打搅她不太合适了，她岁数大了。虽然四姨身边也有其他的亲戚，表妹等亲戚都在附近。我知道，她有些东西是准备给我们一家一份的，很宝贵的东西，手装的《桃花渔》的书画册。我上次就请我的表妹帮我讨，不光帮我讨，还给我五舅讨，希望她能够要来，并想办法带回来。但她也只要了五舅的，没敢为我要。岁数大了，不合适。"

四个女儿还剩一个，亲人们都不忍心打扰她。

六个儿子呢？2006年，张寰和告诉我：

> 六个儿子，还有三个，老大、老二、老七都过世。哦，不对，我讲错了。儿子现在就剩两个了，最近我家老四在南京也过世了。因为发生得很突然，而且是最近的事情，所以我回答错了。现在只剩下张定和和我。张定和现在病得很厉害，也在医院里住着。最近我们到北京，他的女儿就打招呼了，说五月二十几号我们的三嫂过世了。他们不想让张定和知道。他们封锁一切消息，我们便也停止了一切联系。他们夫妻两个相依为命，三哥就依赖三嫂生活，老太太一走，对他的打击肯定很大。所以他只知道老太太住医院，不知道已经去世。所以现在家里面他们也不来信，我们也不去信，暂时停一停。
>
> 三哥自己出了一本书，是他自写、自抄、自印、自己发行，都是自己一个人在搞。现在我们也没有办法和他联系了，因为我在编《水》，《水》里面要用的很多材料也不好从他那里拿到。他还了解很多的旧闻旧事，我就说等吧等吧，但等到现在，恐怕他也不能动笔了。他现在真正的情况如何，我们也不知道。"

2011年夏天，沈龙朱告诉我，他的三舅张定和刚刚去世了。在上海时，张定和举办音乐会，沈家都还参加了。沈从文对这位妻弟格外关注和赞赏，专门写了《定和是个音乐迷》：

"定和是个音乐迷",这句话从亲友口中说出时,实包含了一种温暖的爱,且说明定和为人与他一群姐妹兄弟性情癖好的稍稍游离。

……蕴藏于定和生命中特长,即那点混合了忧郁幻想与奔放热忱而为一,对艺术几乎近于宗教虔敬的情绪,欲消纳它,转移它,当然只有用无固定性音符捕捉热烈而缥缈观念,重新组织加以表现的音乐,方可见功。定和因此就改学了音乐。这过程实由着迷起始,音乐迷的称呼即由此而来。

张定和到北京后,在中央戏剧学院工作,曾担任中央实验歌剧院、中央歌剧舞剧院作曲,创作了歌剧《槐荫记》、电影《十五贯》音乐;为《棠棣之花》《文成公主》《大风歌》等话剧作曲。

沈龙朱说:"三舅去世后,家里孩子没吭声,过了好几天沈红才知道。沈红把消息告诉我,正好是我在前一期《水》里把弟弟去看望三舅的照片刊登了,讣告就没来得及搁。下期应该是三舅的纪念专号。"

十个姐弟,现在就剩下美国的四姨张充和与苏州的五舅张寰和两个了。四个连襟,只剩下北京的周有光。

附:沈龙朱外公家的亲人们

称呼	姓名	出生年月	主要成就
外公	张吉友	1889—1938	现代著名教育家,创办苏州乐益女中
外婆	陆英	1885—1921	
继外婆	韦均一	1899—1995	
大姨	张元和	1907—2003	著名昆曲度曲家
大姨父	顾传玠	1910—1965	昆曲传字辈名家
二姨	张允和	1909—2002	昆曲专家、昆曲活动家

续表

称呼	姓名	出生年月	主要成就
二姨父	周有光	1906—	语言学家,"汉语拼音之父"
母亲	张兆和	1910—2003	北京师范大学附中、二附中教师,《人民文学》编辑
父亲	沈从文	1902—1988	著名文学家、文物学家
四姨	张充和	1913—	哈佛大学、耶鲁大学执教,传授书法和昆曲
四姨父	傅汉思 Hans Hermannt Frankel	1916—2003	德裔美籍犹太人,著名汉学家,耶鲁大学东亚语言文学系教授
大舅	张宗和	1914—1977	1946年至解放前,曾担任乐益女中校长。解放后,任贵阳师范学院历史系教授
大舅母	刘文思	1924—	护士长
二舅	张寅和	1915—1973	财会人员
二舅母	朱志君	1922—2008	
三舅	张定和	1916—2011	著名作曲家
三舅母	王令诲	1916—2006	歌唱家
四舅	张宇和	1918—2006	农业研究员
四舅母	周孝棣	1928—	大学化学教师
五舅	张寰和	1919—	中学校长
五舅母	周孝华	1930—	教师
六舅	张宣和	早夭	
七舅	张宁和	1926—2004	音乐指挥家
七舅母	罗吉兰	1930—	小提琴手

10 九如巷永远牵挂着张家的孩子

2006年7月,我来到了乐益女中旧地。曾经担任过女中校长的张寰和告诉我:"学校占地二三十亩。家就在学校的后面,家和学校有一个门是通着的。张家九如巷的院子在创办学校之前是一块空地,是沈龙朱的外公买下后才造的房子,这是1921年的事情。"

乐益女中校舍。乐益女中曾于1921年租借憩桥巷某大宅上课;1922年迁入新校舍。当年学校占地二十余亩,校舍近百间,有礼堂、篮球场、网球场、风雨操场、理化试验室、图书室等。

今天留给张家的院子已经很小很小,墙外高楼林立。张寰和说:"张家的院子被公家拿去以后就成了这样子的了。应该是1961年的事情了,真正被拆是1976年。拆的时候,我们都抗议过,说这是我们的,拆了是不对的。但是谁听呢?他们一天就拆掉了。"

原来的房子,一排是五大间半,每一开间都是三十几个平方米。现在留着的一点,是张家兄弟姐妹聚会的地方,是张家的根。张寰和夫妇坚持住在这里,他们说:"如果我们也走了,根没人守了,家就没有了。所以,我们不走。"张寰和说:"姐姐兄弟们都回来,到最紧张的时候,大家就是男归

乐益女中校门。

乐益女中校舍。乐益女中曾于1921年租借憩桥巷某大宅上课;1922年迁入新校舍。当年学校占地二十余亩,校舍近百间,有礼堂、篮球场、网球场、风雨操场、理化试验室、图书室等。

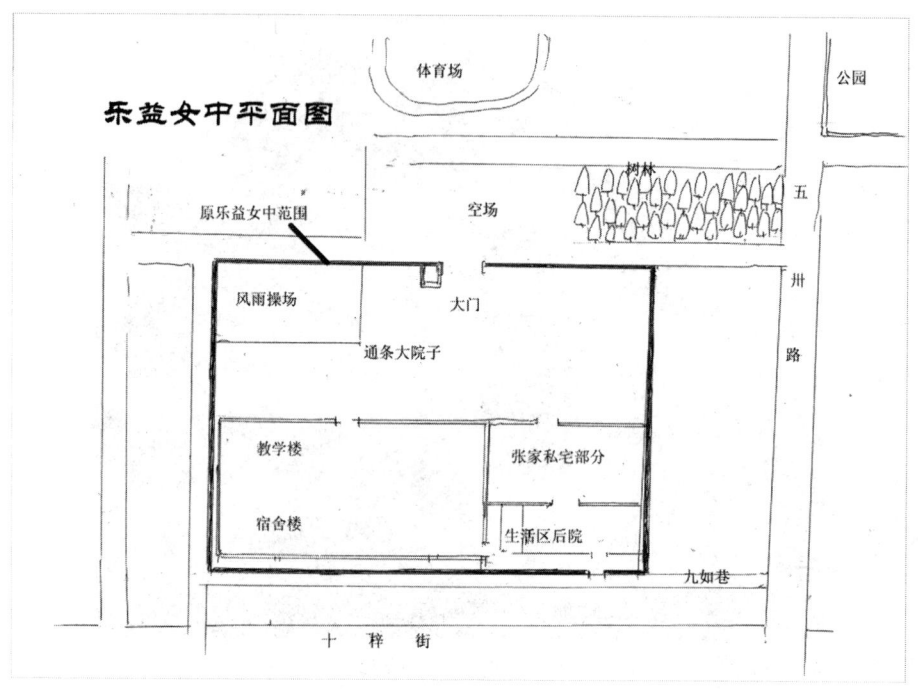

乐益女中平面图，现在的九如巷六号为原生活区后院。

男，女归女。特殊的就给他们单独一间，没有房子就打地铺，大家住到一起开心得不得了。"但岁月流逝，能回来的人越来越少了，回来的都是噩耗。

九如巷房产的产权证上，张寰和坚持写九如巷十个孩子的名字。沈龙朱说："五舅坚持用十个孩子的名字。后来，谁都没有再提这个事，我们都是放假或是有事了才去苏州。但到那儿就住那儿。当然太挤了，有时候出差去那儿，我就在附近的小旅馆要一个房子，然后再到那儿去。现在的院子很小，以前那个大极了。现在这个小院是过去的厨房、餐厅，还有就是所谓的下房：厨房、餐厅加上水井。这面的房子原来都是没有的，就是一溜房子。朝房子那面是楼，楼才是原来家里住家的地方。教学区那边的楼，包括宿舍楼、教学楼、教室。院子比住家这边大很多，有很大的操场，还有盖着屋顶的风雨操场。"

公家占了张家的房子，然后拆了，建了高楼，把张家挤在最边缘的一角。沈龙朱说："现在就是五舅、五舅妈，还有他的儿子一家人在那儿住。孙子都没在那儿，都住到外头去了。"张寰和的太太周孝华，也就是沈龙朱的五舅妈说："搬出去也还是有条件的，但总觉得没有人住在这里，房子就会烂掉，环境也就会糟糕下去。所以我们一直没有离开。"

1937年抗战爆发的时候，张寰和在复旦大学读一年级。他回忆说："家在苏州，我父亲、母亲、大姐带我们到合肥。到了合肥，那边也紧张了，就到武汉。到了武汉就和沈从文集合了。那时候他在武汉大学，我也转学转到武汉大学，就在珞珈山东湖，那地方是很好的。后来经过长沙，联合大学到了昆明。我就步行到昆明，沈从文在那里教书，我就从武汉过重庆到昆明。这当中还经过沈从文的家乡沅陵。"

1937年回到合肥乡下避难，张寰和第一次见到他未来的妻子周孝华。第一次见面时，周孝华只有七八岁的样子，而张寰和已经十七八岁，是大学一年级的学生了。西南联大毕业后，张寰和在重庆工作了一段时间，便被家里叫了回去。沈龙朱说："张家在合肥是个大家族。抗日战争的时候，按照当时当地的状况，不是按土地亩数，而是按收租量来确认产业。姐弟十人每人头上都有几百担租子。"张寰和回来后，家里人和他商量，要把田产改办农场。张寰和回忆说："那就是空想社会主义农场，根本不行。后来我就在那里教书，认识了周孝华。1945年结了婚。"

周、刘、唐、张，在合肥是四大家族。周孝华的曾祖也是淮军的名将，两家来往很多。周孝华补充说："其实我在那里念书，他在那里教书，我初中还没有毕业就和他结婚了。我的姑妈和他的二姐、三姐的关系特别好，姑妈做主，我们姐妹两个就嫁给他们弟兄两个。"

抗日战争结束后，恢复乐益女中时，他们已经有了第一个孩子。周孝华在女中继续完成学业，而张寰和则成为女中的教员。好多人认为，他们是师生恋。其实，他们早已经是夫妻关系了。

我问张寰和老人："你有没有像沈从文一样给女朋友写过情书？"

张寰和老实回答："没有，家书倒写过一些。结婚以前没有写过信，基本都在一块。沈从文虽然也是在一个学校写信,但我们跟文学大师是两回事情的。哈哈哈……"

说到自己姐姐姐夫的故事,张寰和有了兴致。他说:"三姐那时觉得自己是学生,不能谈恋爱。还有,沈从文的口才不好,大家听不懂他的话。到了后来,三姐说,沈从文的话她也只能听懂三四成,不是全部都能听得懂,他有一部分话是吃在肚子里的。沈从文的话是很难懂的。"

张寰和老人说:

> 三姐大我九岁,沈从文比我大二十岁左右。那时候求婚就是想定下来。他们的详细情况我们不知道,但是他到九如巷来,第一次来看三姐,我们都是知道的。后来他俩接触,我也都晓得。但是他什么时候向三姐求婚的,我们就不大清楚了。他文章上大概也没有写什么时候向三姐求婚。结婚以前,他让二姐跟我父亲说这个事情。具体时间我记不清楚了,后来就发生了半个字的电报的事情。若要说求婚,那次就算是求婚的证明了。
>
> 沈从文写给三姐的情书很多,有几百封,最精华的都没有留下来。抗战的时候,他们把这些东西搬走放到一个朋友家里。结果这家人也没有保住,就这样没了。那时候我们家的房子大,怕人家占了后给搞掉。沈从文的书信丢了以后,三姐就一直说非常可惜,非常可惜。
>
> 沈从文的信写得好,跟三姐有好多的因素。三姐读书的时候,沈从文就给三姐写信了,有时候三姐连看都不看。信来得多了,外面便传说这个事情。她就跟胡适谈这事,她觉得这事不好。胡适觉得没什么不好的。胡适说如果家里有不同意的,他还可以跟我爸爸讲,因为都是安徽人。胡适说:"看来他是顽固地爱你。"结果三姐就说:"我顽固地不爱他。"后来,信写了很多,的确写得很好。在我们要逃难的时候,在北平的三姐把很多东西用箱子装起来存在我们九如巷。她以为九如巷是很平安的地方,没想到后来首

当其冲就是九如巷。我们好多东西都寄存在另外一家，包括她的箱子，也包括她的日记，还有沈从文写给她的信和情书。三姐以为苏州很安全,哪晓得后来苏州沦陷了，那位老先生家也跑出去了，结果房子里的东西就都被人搞掉了。

寄存东西的这家姓陆，这位老先生叫陆颂谟，也是昆曲曲友，老先生人非常好。那时候，东西都散了，被翻乱了，他的儿子就看到了这个情书了，还说："这才算真正的情书，我从来没有见过这样好的情书。"这个话是他同我的一位姓张的同事说的。我们听到这句话的时候，就想找这个人。他在四川内江糖厂工作，去找的时候已经退休了，厂里也不知道他在哪。就这样，情书这部分就失落了。这是很可惜的。三姐自己在《从文家书》里也提到这个事情了，包括他们当时的喜怒哀乐等等都在书信里面体现了。她说如果要是在的话，就是对他们记忆的很好的见证。

说了三姐三姐夫的事，张寰和说："我和老伴也有一件有趣的小事。大家都知道，我父亲当时默许二姐给沈从文发半个字的电报。我跟他之间却也有一个电报，是一个字的电报。我在合肥结婚的时候，曾打电报给北平，说：'什么时间，我要跟周孝华结婚了。'结果打电报的把'周孝华'写成'周老华'了。后来，他们有时候开玩笑就叫周老华。"

我当初只见过张兆和一面。张家姐弟中，我用半个上午与张寰和夫妇聊天，他们还给我和我的家人吃了苏州凉点，可惜我忘记那凉点的名字了。

但，正是张寰和夫妇的坚持与坚守，苏州九如巷便温暖着中国文化史的一页，如院子里的那一眼还清澈着的井水一样，映照着永远的九如巷，映照着永远美丽的张家女儿……

第三辑

昆明说云

1 沈从文写信给四岁的长子曲线劝妻·张兆和下决心南行

1937年7月,沈龙朱三岁,沈虎雏一岁。侵华日军炮袭卢沟桥,抗日战争全面爆发。沈从文乔装成商人离开沦陷了的北平,随国民政府教育部的同事们,走上逃亡之旅。张兆和与两个年幼的孩子被困在古老的帝王之都。

沈龙朱回忆说:"抗日开始后,家庭分开,等于是两地了,一家人只能靠通信维持联系。这一时期的通信过程,《沈从文全集》能够呈现出来。爸爸很着急,希望我们能够过去,但我们困在北平。决定离开北平的过程,妈妈是下了很大的决心的,因为要带着我和弟弟,还要带九姑。战乱中的中国,从北穿行到南,两个女子、两个小孩,困难是可以想见的。"

从北平到昆明,沈从文走了八个半月。他并不是一开始就有到昆明的打算,这些决定是随着战争的进展临时决定的。但就在自己行无定踪的路上,沈从文时刻惦记着北平的妻子和孩子,写了大量的书信敦促他们南去,甚至疑心张兆和是不是还需要自己,写了一些负气的话。张兆和1937年11月9日致信沈从文说:"这次我的坚留不走,真可算不错,不然路上二十来天的颠簸,大大小小六口人,就说路费他们借给我,孩子们同我到地后一定都得生一场大病。"到了一个月之后,即1937年12月11日,张兆和再次致信沈从文说:"希望你懂事一点，勿以暂时别离为意，我的坚持不动原早顾虑及此，留在这里也硬着头皮捏一把汗，因为责任太大，一家人的担子全在我身上，我为什么不落得把这担子卸到你身上，你到这时自可以明白，你当时来信责备得我好凶，你完全凭着一时的冲动，殊不知我的不合作到后来反而是同你合作了。"

沈从文在路途上，没有目的地，张兆和与两个孩子自然不能盲目去追随。

在沈从文仓皇上路奔走在武汉与长沙间的几个月里，究竟发生了什么事呢？我的师兄谢泳曾说：

> 七七事变前夕，蒋介石邀请了许多国内知名人士在庐山举行国是谈话会，当时北大、清华、南开三校的校长蒋梦麟、梅贻琦、张伯苓都应邀参加……在这种情况下，国民政府决定将三校迁往湖南长沙组成国立长沙临时大学……1937年12月13日国民政府首都南京陷落，武汉告急。后经蒋梦麟亲自请示蒋介石，才决定将长沙临时大学迁往云南省会昆明，1938年4月2日，教育部以命令转知：奉行政院命令，并经国防最高会议通过，国立长沙临时大学更名为西南联合大学……①

一直赏识沈从文并拉着沈从文一起工作的杨振声是长沙临时大学筹备委员会秘书主任。1938年4月底，沈从文到昆明稳定了下来。施蛰存在《滇云浦雨话从文》中说："沈从文和杨振声，属于中央研究院。他们先到昆明，在云南大学附近租了民房作办公室和住宅。从文只身一人，未带家眷，住在一座临街房屋的楼上一间。那幢楼房很低矮，光线也很差，本地人作堆贮杂物用，不住人。从文就在这一间楼房里安放了一只桌子、一张床、一只椅子，都是买来的旧木器。另外又买了几个稻草墩，供客人坐……从此，我和从文见面的机会多了……沈从文遂成为我逛夜市的伴侣。"

---

① 谢泳：《西南联大与中国现代知识分子》，湖南文艺出版社1998年版。

杨振声。（沈龙朱 绘）

生活一旦相对稳定，沈从文就更加迫切地希望妻子和孩子到自己身边来。虽然昆明也说不上绝对安全，但是，再撤退也是无路可走了。在张兆和犹豫的半年时间里，他写了很多的信。实在没有办法了，沈从文写信给还没有阅读书信能力的沈龙朱，当时龙朱只有四岁。沈从文写道：

小龙儿：

你怎么还不来？我很想念你们。很希望姆妈早些日子带你和小弟弟上路。这里石榴如碗大，不来吃，岂不可惜。黄色桃子也如碗大，快要完了。枣子初上市，和三婆家院子里枣树结的枣子一样甜。你小房已收拾好了，只待买小蚊帐。

你姆妈七月卅一来信，还问我事情，等回信，我真不大高兴，不再回她信。姆妈说想不带虎儿来，留他给八姨看顾，问我意思。我意思大家早来些好，再莫这样挨下去。她若舍得小虎，留在协和寄养，好吃牛奶让他更胖些，未尝不好。小弟弟这时正需要一个不病不疼能吃能睡的环境。姆妈认为留下好，我没有什么不同意。不过姆妈若认为一到这里又得跑，方怕带小弟上路，完全是糊涂打算。不知从谁听来的荒诞传说。这里不好，还有什么地方更好？带小弟弟上路并不怎么麻烦，到了这里好得多。这里东西贱，过日子容易，气候长如春天，对小孩子极相宜。像你和小弟弟一样人乖得可爱，为家中宝贝的孩子，不到三万也有两万。我希望你姆妈体谅我一些，不要再为什么事等我回信。且希望带你和小弟弟来，不要怕这样那样。

我很不必再有什么回信了。东东西西随便处置都成。《小砦》稿（国周①登出改过的）想法找出寄出。这里只收到一目录。你们要用的文件都放在寅和二舅处，是有时间性的。另外还有信在那里。我已说过无数次，挨下去，越迟越不经济。一等就是多个月，时间实在不许我们如此从容不迫！早来些你可进幼稚园，对你好，对我也叨一点光，可以少着点急，少写点信，少生点气，少流点鼻血。姆妈凭经验应当想象得出我作事情形。为了担心你们路费不够，默默的坐在桌子边做事，工作过度鼻子出了血，一面塞住鼻子，一面继续做事的情形。鼻子一破得不到棉花，就撕手巾作条子代替。别人看来也难受不忍，姆妈若反而"眼不见心不烦"不以为意，从人情上说也不大好。我信上不愿意提这些事，可是姆妈既多虑，应当想得到！

姆妈说"什么都不知道"，却偏偏知道些荒唐无稽的谣言，以为这里不久又要走路。说"凡事听你的意见"，我说上千次（整大半年）早来经济些，早来我方能做事，这意见就总不相信。真正相信的说不定还是朱干求神问卜，签上要九月南行，必照签上行事。活人的事还得听瞎子土偶来决定。所以我纵不生她的气，可是为自己却非常痛苦。她说"凡事太过虑"，恰恰就不虑到我再三用各种方法要你们来问题，只把我的信当成照例的信，同许多年前一样，那里是"过虑"？应当名为"少虑"！这种少虑挨日子的结果，除多花钱外别无意义。迟这一月即已经要多花两三百。把上路的事当

---

① 国周，即《国闻周报》。

张兆和携龙朱、虎雏取道香港、越南去昆明时的护照照片。（1938年 摄）

成十八岁女孩子对于婚姻的游移态度，姆妈的办法使人不大明白用意何在。难道一定还等到九月海上有风时再走？难道不走反而觉得好些？我给她写了两整天信，换了十四张纸，真不知要如何写下去好。人难受极了。你们不来明明白白我就得等待着，什么事都做不好，为什么还要等我回信，多挨它一个月？

她不愿来，我盼望她托个人让你来。你来这里我使你上学校，同好些小朋友玩。还可带你出城看大黄牛，看马，骑马，骑牛。我欢喜你，想念你。你是我的好孩子。

为我亲亲弟弟黑头发。我也欢喜他。

爸爸 字
八月十四日

名义上是写给沈龙朱的信，潜在的读者是张兆和。张兆和在读丈夫给儿子信的时候，不知道是什么滋味。但教养极好的她，可以肯定的是，没有生气。她果然一个人带着两个儿子和沈从文的妹妹上路了。张兆和一行经过上海到了香港，这时候，沈从文的好朋友施蛰存恰好从昆明回上海省亲返回途中在香港。于是，沈从文托这个朋友帮助照料家小。施蛰存在《滇云浦雨话从文》一文中回忆道：

> 1938年7月，我经由越南、香港回上海省亲。10月，离上海到香港，耽了几天，待船去海防。当时沈从文的夫人张兆和，九妹岳萌，和从文的两个儿子小龙、小虎，还有顾颉刚的夫人，徐迟的姊姊曼倩，都在香港待船去昆明。从文、颉刚都有电报来，要我和他们的眷属结伴同行，代为照顾，徐迟也介绍他的姊姊和我一起走。此外，还有几位昆明朋友托我在港代办许多东西，记得有向达的皮鞋和咖啡，杨蔚小姐的鞋子和丝袜，诸如此类。我当了两天采购员，于10月28日，一行七人，搭上一艘直放海防的小轮船。顾夫人身体不健，买了二等舱位，余者都买了统舱位，每人一架帆布床，并排安置在甲板上，船行时，颠簸得很厉害。
>
> 船行二昼夜，到达海防，寓天然饭店。次日，休息一日，在海防补充了一些生活用品。次日，乘火车到老街，宿天然饭店。这里是越南和中国云南省的边境，过铁路桥，就是云南省的河口。当晚，由旅馆代办好云南省的入境签证。次日，乘滇越铁路中国段的火车到开远，止宿于天然饭店。次日，继续乘车，于11月4日下午到达昆明。这一次旅行，我照料四位女士，两个孩子，携带大小行李三十一件。船到海防，上岸验关时，那些法国关吏把我们的行李逐件打开。到河口，又一度检查，比海防情况好些。每次歇夜，行李都得随身带走。全程七日，到昆明时，只失去了徐曼倩的一件羊毛衫，还是她自己忘记在火车上的。这一件事，我自负是平生一大功勋，当时我自以为颇有"指挥若定"的风度。

大海航行，取道越南，经过千难万险，最后不足四岁的沈龙朱跟着母亲到达昆明与父亲沈从文团聚。沈龙朱说："路上有人照顾，比如到上海，有亲戚；到香港，有熟人。我虽然年纪小，但这个过程，我觉得是记忆里有的。"沈龙朱和我说到他童年时赴昆明途中的印象：

去云南的过程，多少记得点儿事。虽谈不上传奇，至少是后来想，妈妈是非常之艰难。那个狼狈是感觉得到的。为什么呢？你想，在轮船的大统舱里，好多好多人，每家守着自己的行李卷和网篮。网篮，就是装东西的竹篮子，在上面罩一个网子，零七八碎衣服都塞在里头，上边捆巴捆巴，提留着赶路。网篮之外，就是铺盖卷。睡觉怎么办？就把铺盖卷摊在地上，家家如此，不论大人小孩。

一路上就是逃难，经过上海、香港、越南、海防。整个过程中，孩子闹，哭，屎，尿，船上到处是臊烘烘的。不过，当时只要能拿到船票上船就行，管不了那么多。在我印象中，这一点，记忆很深。

从海防到昆明要搭乘火车，法国人修的窄轨铁路。这段路上人挤到什么程度呢？车顶上都有人，多挤啊！看到了我们从来没有看到过的东西，白颜色的，叫"密许林"，特快车，但是我们没有机会坐那种车的，很贵。在普通车厢里挤，挤得一塌糊涂，到处堆满了东西。乘客既有逃难的人，也有当地农民。他们挑一个担子，梨啊桃子啊，都摞在车厢里，在火车里挤着走，上厕所都没办法，挤都挤不过去。

附：沈从文离家后行走路线

时间	地点	主要任务
1937年8月12日	离开北平	途经天津、烟台、济南、南京向武汉转移
9月	抵达武汉	在武汉大学图书馆编教科书
10月下旬	到长沙	会见陈渠珍，与梁思成等旧友畅游
12月下旬	到长沙	拜访徐特立
1938年1月	在长沙	邀请弟弟沈荃给文教界人士谈抗战经历
1月中旬起	回沅陵	准备随临时大学到昆明，接待向昆明转移的文教单位和人士
4月13日	启程南行	向昆明转移
4月下旬	路过贵阳	见蹇先艾
4月30日	抵达昆明	编教科书

2 两台"消化机"在无限艰难的社会里成长

1938年11月4日,经过漫长的旅程,沈龙朱随家人终于到了昆明,见到了久别的父亲沈从文。弟弟沈虎雏后来在《团聚》一文中写道:

> 待到妈妈终于把我们兄弟拖到云南,全家在昆明团聚时,我俩的变化叫爸爸吃惊:
>
> > 小龙精神特别好,已不必人照料,唯太会闹,无人管住,完全成一野孩子。小虎蛮而精壮,大声说话,大步走路,东西吃毕嚷着"还要",使一家人多了许多生气!
>
> 我俩不顾国难当头,不考虑家中有无稳定收入,身子照样拼命长,胃口特别好。
>
> > 尤以小虎,一天走动到晚,食量又大,将来真成问题。已会吃饭、饼、面。
>
> 爸爸说:"天上有轰炸机、驱逐机,你是家里的消化机。"
> 消化机是大的应声虫。"大",就是龙朱,他教我说一口北京话,自认为北平人,十分自得。湘西人称哥哥为大,爸爸趁我不备

影响了我，以致到今天我讲哥字还觉得挺绕口。

在战争中，社会环境的恶劣可以想见。沈龙朱回忆说："真正到了云南，周围环境是非常不好的，抗日战争时期嘛！生活环境非常恶劣，吃没吃的，穿没穿的，衣服上补丁也是普遍的，家家都这样，孩子们都是屁股上打补丁。"

童年沈龙朱看到太多很不舒服的事。他说："我看到从贵州抓来的壮丁。怎么押解他们走呢？粗铁丝直接穿过手心，壮丁们一个一个被粗铁丝穿起来，串成一串，痛苦而吃力地行走。旁边是押解他们的大兵，荷枪实弹，却也穿得破破烂烂的，就沿着田埂走。我们小时候就得看这个。"

虽然说没有少年沈从文看到的惨烈，但沈龙朱和弟弟已经感觉非常难受了。他对我说：

> 那儿有个很大的集，一到赶集，动不动就要杀人——枪毙人。但是已经进步了，不是砍头了。父亲尽量不让我们接触这些。
>
> 霍乱一来，疟疾一来，各种瘟疫不时爆发，死伤很惨。我记得同院子里地主家的一个长工，对小孩非常好，十八九岁、二十岁的样子。不知道他吃了一碗米线还是吃了一碗什么东西，一下子就没有了。
>
> 河里经常会漂下一些死尸来。一次，人们捞起来一具尸体，数数伤口，是被捅了二十七刀。抢劫？还是复仇？这人怎么就被捅成这样？人们不能知道。
>
> 同时，还有逃兵。他们从部队上跑出来，后面有人追着拿机枪打。被打中的，就倒在路边上，肠子从肚子里涌了出来，而人还没死。可是，谁也不敢去沾这样的事情。好心的老百姓拿片席子给这即将死去的逃兵盖上，以免大家看见。但席子下面的人，最终必然是死。
>
> 类似的惨剧，小时候看得很多，我的童年几乎就是在这样恶劣的环境中度过的。

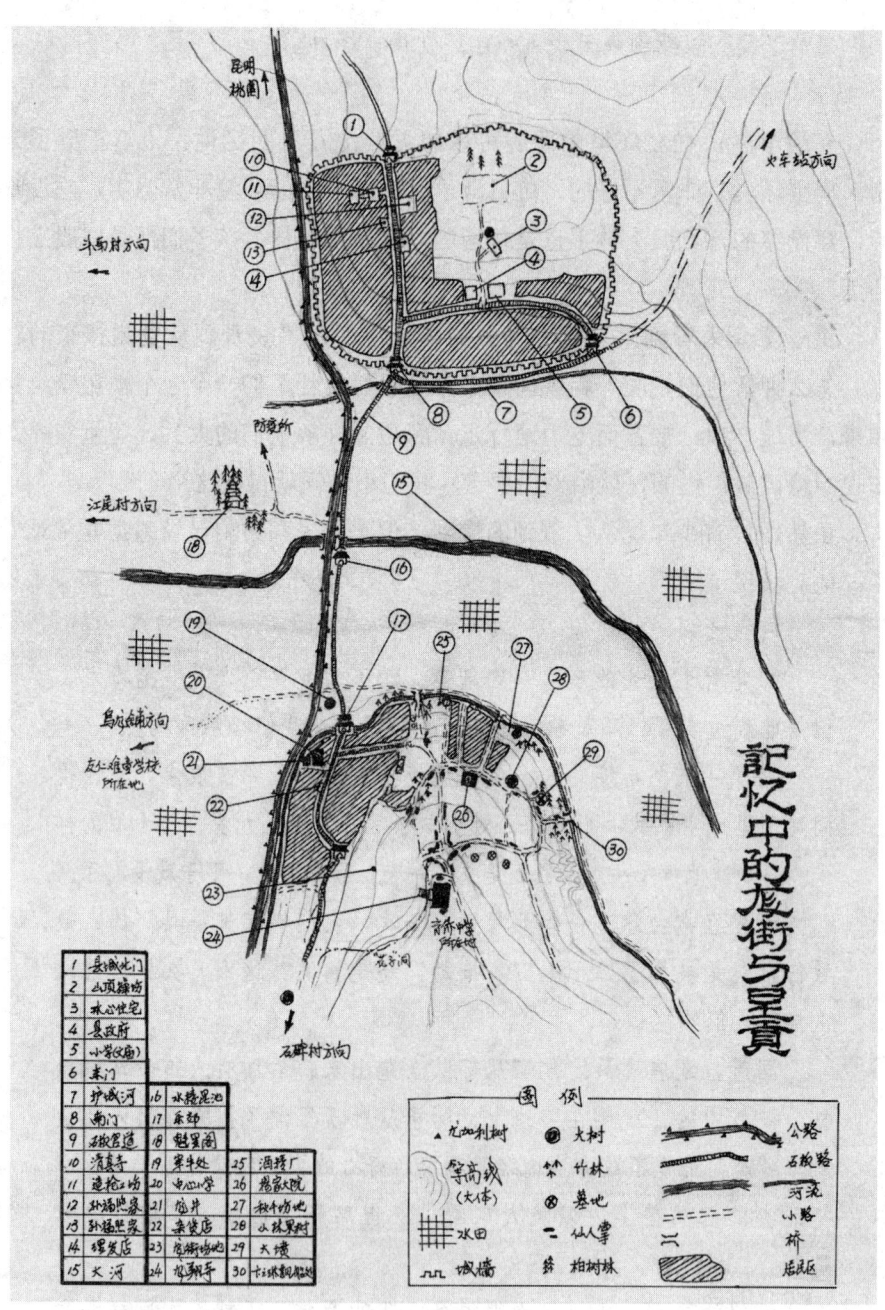

记忆中的龙街与呈贡。

1938年11月4日到昆明，1946年7月12日离开昆明。沈龙朱在云南住了八年。从四岁，长到了十二岁，这是他人生中非常快乐和美好的时光。虽然生活惨淡，虽然条件恶劣，虽然穿得破破烂烂，但是和整个战火中、国土上的无数的同龄孩子比，父母艰难地庇护着他们，努力给他们一个温暖、温馨的童年。沈龙朱不止一次说起："应该说，我和弟弟两个人的童年非常舒服，非常愉快。"

为了躲避敌机轰炸，沈从文和多数从内地迁移去的文化人一样，搬家到乡下。在八年时间里，他们搬迁过几次。但这与流离失所的敌占区的老百姓比，已经算是万幸了。

附：沈龙朱和父母在云南的住址变迁

序号	时间	沈从文住处	张兆和住处	沈龙朱住处
1	1938年11月起	昆明青云街217号中院	昆明青云街217号中院	昆明青云街217号中院
2	1938年底	昆明北门街民房	昆明北门街民房	昆明北门街民房
3	1939年5月起	昆明北门街民房	呈贡龙街	昆明北门街民房
4	1939年6月起	昆明北门街民房	呈贡龙街	呈贡龙街
5	1940年6月起	昆明文林街师范学院宿舍（与卞之琳同室）	呈贡龙街	呈贡龙街
6	1940年10月13日起	昆明文林街20号楼上	呈贡龙街	呈贡龙街
7	1944年8月起	昆明文林街20号楼上	桃源新村	桃源新村
8	1946年1月起	昆明西南联大昆中北院宿舍	昆明西南联大昆中北院宿舍	昆明西南联大昆中北院宿舍

3 父亲用欣赏风景保护孩子们对世界的美好印记

杀人场景,腐尸横陈,年轻人暴病而亡,逃亡者生命垂危……

尽管眼前的一切很容易让童年沈龙朱生发出感伤和怜悯,但父亲沈从文却把美好引向孩子们的身边。沈从文力图让孩子的眼睛拒绝黑暗,拒绝悲惨,拒绝疼痛,保留一份美好在心底。沈龙朱记得父亲尽量不让孩子们往惨淡的方向联想,他认为这是父亲一直坚持的一个态度。父亲带他和弟弟去看云彩,看风景。因此,在云南的童年是很快乐的。沈龙朱学会了欣赏自然的瑰丽,欣赏风景的迷人。沈龙朱说:

"当时我父亲是尽量不要我们去往这个方向想,他那个从来的态度是一样的,他带我们去看云彩,看风景。所以在那个地方,怎么说呢,童年,还是很快乐,还是学会了欣赏一些好的东西,学习欣赏风景。"

沈龙朱说:

云南自然环境非常优美,放眼望去,都是风景——给我留下深刻的印象。

我们家住在小的丘陵上,对面是西山,西山是滇池的一部分;

东边是平原。从家门口一眼看去，是非常漂亮的绿地，非常漂亮的田野，还有各种各样的树。再远处，就是银光闪闪的滇池；更远处，就是西山了。

到了傍晚，太阳落山，彩霞满天——云南的彩霞，父亲也写得很多了。

彩虹，是雨后阳光的杰作。彩霞，是太阳透过云层喷射而出的七彩光线，渐次变化，奇妙无穷，从耀眼的光芒到最后沉寂为丰富的深红色。这神奇的自然景观，美化了我童年对云南的记忆。

云南的云，非常好看。有时候是乌云，铺满了半个天空，很浓很浓的黑，非常黑非常黑，暗极了。但是，阳光从后面一透出来，恰是非常亮的银边。看得见的，一道，一道，一道，就这么直截了当地射过来。阳光不仅分道，分股，分岔，还因了云层的关系，射向不同的方向。这儿一股，那儿一股，有长有短，有强有弱，自然和谐，非常壮观！

云南的天气，雨季时下雨。雨季的雨，也不是连着哗啦哗啦地下，不像江南的连阴天，老是黏黏糊糊的惹人心烦。云南不那样，它是猛地来一阵雨，大得一塌糊涂，满街流水。而一下子，天就放了晴，阳光灿烂。水蒸气蒸腾起来，周围的环境马上就清爽极了。

雨季是阵雨，旱季的时候，它就索性不怎么下雨，总是晴朗的天。非常漂亮的天，有非常漂亮的云。

沈从文带着孩子们去欣赏风景。孩子们平常不太注意的，沈从文引导孩子们学习观察和关注弱小的生命。沈从文引导孩子们，去注意一只小虫，注意树上、草丛中，哪种果实是可以吃的，哪种野果是不能吃的。尤其是树上的山里红，他动员孩子们去采摘下来，又有意思又能吃。沈龙朱说："父亲带着我们去看后山的田野，在田野里抓小虫，采撷或辨识各种各样的野果子。要不，捡上一块小石头，说这是玛瑙。我们看了，被水冲一下，这石头断面黄颜色一圈一圈的，那它是玛瑙。"

呈贡的云。（沈龙朱 绘）

玛瑙是真玛瑙。父亲告诉孩子们，石头里若有一个虫子，那便是琥珀。沈龙朱和弟弟就快看、快找、快捡！心里想：万一捡到一个透明的琥珀，那多好玩呀！

沈从文告诉孩子们自然知识，带着孩子们去欣赏自然风光，把孩子们的眼光投向更大的范围，投诸对大自然的关注，确实影响了孩子们的一生。沈龙朱说："我当时体会不到父亲的用心，后来才感觉到那个过程——我们的童年，由于有父亲的引导，非常快乐。"

成年以后，沈龙朱有机会又去了云南。他最大的感受是，强大的建设力量使得自然已经失去了欣赏性。一切全都变了，而且变得非常厉害。

4　北门街·午觉总是睡不着，一睡就睡过头·"咯嘣"

1938年底一到云南，沈龙朱随父亲母亲落脚在昆明城里的一个叫北门街的地方。沈龙朱记的是一个大宅子，还有很大的院子，有小小的楼房，虽然谈不上讲究。院子里住了好几家，一家是杨振声，一家是邓颖孙，还有就是沈从文一家和沈龙朱的四姨妈张允和。

张充和在《三姐夫沈二哥》一文中说："七七事变后，我们都集聚在昆明，北门街的一个临时大家庭是值得纪念的。杨振声同他的女儿杨蔚、老三杨起，沈家二哥、三姐、九小姐岳萌、小龙、小虎，刘康甫父女。我同九小姐住一间，中隔一大帷幕。杨先生俨然家长，吃饭时座位虽无人指定，却自然有个秩序。我坐在最下首，三姐在我左手边。汪和宗总管我们的伙食饭账。在我窗前有一小路通山下，下边便是靛花巷，是中央研究院史语所所在地。时而有人由灌木丛中走上来，傅斯年、李济之、罗常培或来吃饭，或来聊天。院中养个大公鸡，是金岳霖寄养的，一到拉空袭警报时，别人都出城疏散，他却进城来抱他的大公鸡。"

北门街是昆明的老街。陈立言的《老昆明北门街遗韵》[①]一文中说：

[①] 陈立言：《老昆明北门街遗韵》，载《春城晚报》2004年3月2日。

昆明北门街,沈龙朱和四姨张充和。(沈龙朱 绘)

"北门街由南至北约长一公里,路为大小不均的石板条铺成,沿街多为土木、砖混结构的老房,其中也有几幢中西式结合的豪宅。"北门城楼上悬挂的匾额上,大书"望京楼"三字。可见,由此而北去,是主流文化的发生地。而这"望京楼"三字,出自明末清初书法家阚祯兆之手。"云南王"唐继尧所建"唐家花园"和"东陆图书馆",就在北门街上,抗战前就已经面向公众开放。到了抗战时期,北门街究竟发生了怎样的故事呢?

抗日战争时期,许多名流学者寓昆,唐园的戏楼包厢全被清华大学办事处租赁为单身教师宿舍,清华文科研究所初恢复时也曾设于此。先后在唐园居住过的有朱自清、陈岱孙、金岳霖、吴宓、浦江清、李继桐、陈省身等著名教授。著名建筑学家梁思成先生的夫人林徽因从四川李庄第二次来昆养病时也居唐园,他们都对唐园优美舒适的环境赞不绝口……

北门街原45号、98号也曾是西南联大的教师宿舍。抗战胜利后,著名教授游国恩先生从龙泉镇迁回城时也住北门街。联大的外籍教师燕卜荪则居北门街的北仓坡,联大常委梅贻琦先生曾多次到北仓坡看望过他。

顺街往南过了北仓坡,现仅存的一排两层老屋,便是著名七君子之一的李公朴先生居室,楼下为"北门书屋",书屋对面为"北门出版社"……

至北门街口右转有条通往青云街叫歪坡的小巷,是李公朴先生与夫人张曼筠女士于1946年7月11日晚从大光明电影院看电影回家时,乘公共汽车到青云街下车上歪坡至拐弯处被国民党特务暗杀时的殉难地……[①]

沈龙朱和家人离开昆明的时间是1946年7月12日,就在这昆明岁月的最

[①] 陈立言:《老昆明北门街遗韵》。

后一个晚上,发生了李公朴遭暗杀的事件。

众多名流拥挤在北门街上,装点了沈龙朱不一样的童年。他记得,自家所住的北门街的房子,传说是著名爱国将领蔡锷住过的。蔡锷在云南的时间长,住过的地方不止一处。加上蔡锷与唐继尧的关系,蔡锷在这里居住是可能的。但在那时,沈龙朱显然还不知道大人们所忙碌事情的意义。他被父亲送进北门街上的一个幼稚园,即云南著名的中学——南菁中学的附属幼稚园。哥哥进了幼稚园,而弟弟沈虎雏年纪还小,没有同去。沈从文在1939年3月21日给弟弟沈荃的信中说:"小龙入学校后,即只想读书作画,会画飞机大炮坦克车,只是走路欢喜跳跳蹦蹦,因此动不动即摔跤,脸上腿上,照例疤痕累累,幸越摔越强,流血不哭。"

坚强的沈龙朱所在的这个幼稚园里,发生了一件奇怪的事,让他每每想起,都觉得自己毫无光彩,"狼狈"异常。幼稚园有一条硬性规定:中午每个孩子都必须睡午觉。但是,生性好动的沈龙朱却怎么也睡不着。那时他四岁,就已经能感觉到"老师对自己有点腻味"。他回忆说:"我就是在床上倒来倒去,哪次都睡不着,老是睡不着。"

午觉从来睡不着的沈龙朱,不知道为什么,突然有一次居然就睡着了。睡着以后,也不知道为什么,无论别人怎么叫,他都醒不来。没办法,老师只好带着其他小朋友离开了休息室,开始下午的课或者活动去了。反正是把他一个人锁在屋子里头,留他一个人接着睡。不知道什么时候,四岁的沈龙朱醒了,满屋里就剩了自己一个人。他无计可施,只能"哇哇"大叫。

虽然是四岁时的记忆,但沈龙朱说:"我还有这个印象,那天确实很狼狈。"

不久之后,为了躲避敌机轰炸,沈龙朱随母亲弟弟搬到了乡下居住,只偶尔随父亲进昆明城。在家里,母亲带两个孩子,毕竟有点忙不过来,父亲那时在西南联大教书。一次,父亲带小龙朱回到昆明后,有课要上,就把孩子寄放在女生宿舍。

沈先生家的孩子,这个只有五六岁大的小男孩,一群女生自然喜欢。她们给龙朱买了一个叫作"咯嘣"的玩具,是一个管儿上面连着一个大玻璃球，嘴对着管儿一吹一吸，球就发出"嘣咯嘣咯"的响声。那时候云南人叫这种玩具为"咯嘣"。

姐姐们给买了一个"咯嘣"，小龙朱高兴得很。他拿着玩具在姐姐们宿舍玩。玩久了，姐姐们就围过来说："你睡会儿吧，你躺会儿吧。"

"咯嘣"易碎，沈龙朱小心翼翼地把"咯嘣"倚在床边的地上，自己就躺到不知是谁的床上，一下子就睡着了。他正睡得好呢，突然"嘣"的一声巨响，把他吓醒了。

沈龙朱一骨碌从床上爬起来，一看，"咯嘣"碎了！

原来，这玩具怕热，阳光晒在上面，受热发生膨胀，自己爆炸掉了。沈龙朱伤心坏了，但是一肚子的悔恨与懊恼无人可以倾诉。他不敢要求别人再买一个，也不敢向父亲提这样的要求，只怪自己没有保护好。他甚至还想拿回家去给弟弟显摆显摆，都没来得及。

沈龙朱回忆说：

> 父亲要是知道人家帮我买东西，他会不高兴的。他说："你不许要人家买东西啊。"所以，我也不敢说想要这个、想要那个，绝对不敢的。我们家里管得比较严的。如果拿回个怪东西来，父母总会问："哪来的？谁给你的？怎么来的？"
>
> 而这一次，是人家主动帮我在街上买的，很好玩，可惜没玩多长时间。

5 躲空袭·
看两架飞机在滇池上空较量

一开始，沈龙朱和家人住在昆明城里。不久，日军敌机轰炸昆明，昆明人就要躲避空袭。沈龙朱说："简单的方法，只有一个字：跑。"

北门街向北是北门，北门外面是供军队训练用的大操场和草地。操场与草地再北，有河，有铁路，还有一座小山丘。警报一响，大家都跑，云南人就叫"跑警报"。跑出城去，跑到操场或山丘上。沈龙朱第一次跑警报，就是跟着父亲跑到了北门外。

只顾自己跟着父亲跑了，母亲和弟弟在哪里呢？沈龙朱记不得了。他说："母亲和弟弟我不知道在哪里。反正父亲带着我跑，因为我可以跑了，撒开两条腿，自己哒哒哒地跑。而沈虎雄大概还需要大人抱着跑。"沈龙朱也见过，闹市区被炸后，房倒屋塌，电线杆子歪着，上面还挂着炸飞了的人的肢体。

跑出北门去就安全了吗？并不一定。理论上，虽然远离建筑物是安全了，但在城里待着也不见得就会被炸。敌机狂轰滥炸，军事要地是其袭击的目标。而北门外，重要的机关很多。沈龙朱说："北门内是五华山，山坡上面是云南省政府所在地，紧挨着美国大使馆、英国大使馆。"

费孝通在《抗战时期，在昆明"跑警报"》一文中说：

  昆明的这种跑警报除了心理上的安慰外，我是不相信有什么效用的。这一点，大概很多人也感觉得到。所以当时有很多传说，敌人来轰炸昆明是练习性质，航空员到昆明来飞了一圈跑回去就可以拿文凭，是毕业仪式的一部分，所以谁也不认真……"①

汪曾祺在《跑警报》一文中也说：

  日本人派飞机来轰炸昆明，其实没有什么实际的军事意义，用意不过是吓唬吓唬昆明人，施加威胁，使人产生恐惧。他们不知道中国人的心理是有很大的弹性的，不那么容易被吓得魂不附体。我们这个民族，长期以来，生于忧患，已经很"皮实"了，对于任何猝然而来的灾难，都用一种"儒道互补"的精神对待之。这种"儒道互补"的真髓，即"不在乎"。这种"不在乎"精神，是永远征不服的。②

虽然费孝通有这样的说法，汪曾祺有这样的看法，但毕竟炸弹在头上飘，在六年间疯狂而频繁地轰炸了昆明五十二次。沈龙朱除了最早的一次还没有抵达昆明外，其余的几乎都赶上了。沈从文说：

  昆明是个被轰炸损害仅次于重庆的后方城市。有大半年时间，三十万市民就每日在跑空袭中过去。从最先一次二十八架敌机轰炸，作成学生平民的死亡起始，以及最后一次七十六架敌机冒险来临，在晴日当头七千米高空中，被盟机打下四十二架——下坠的惨

---

① 西南联大《除夕副刊》主编：《联大八年》，新星出版社2010年版。
② 汪曾祺：《汪曾祺文集·散文卷》，江苏文艺出版社1994年版，第35页。

败光景为止,每一回空袭我一家人都看得清清楚楚。白天敌机来临警报响后,跑入村后山中去,从二丈许高的绿荫荫仙人掌道堆间,向明净蓝空注目,即可见一列列带银光的点子发出沉重哄哄声。随即是炸弹群下坠于附近机场或较远城区时的闷钝爆炸声,和追逐飞机去向那个成串高射炮弹的白色烟云,耳目所及让我们明白是生存于现代战争中,凡轮到中国人民头上的,我们也都有一份。①

日本人为什么要轰炸昆明?《昆明日报》记者杨璐在《专家首曝昆明大轰炸之最,损毁房屋远超重庆大轰炸》一文中说:"抗战爆发后,云南成为中国抗日正面战场的重要战略后方。昆明作为云南省会城市,是抗战支前的重要基地,自然也就成为日军飞机轰炸的重要目标。"杨璐在报道中通过采访云南飞虎队研究会会长孙官生等专家学者,详细记载了发生在那个年代的昆明大轰炸,六年间,敌机一共轰炸五十二次。我综合其资料,整理如下:

1938年9月28日上午9时许,敌机第一次轰炸昆明,9架敌机投弹103枚,炸死94人,伤47人,毁房37间,震倒29间。

1940年,日机轰炸昆明17次。

1941年,日机轰炸次数最多的一年——34次。1941年2月26日,日机先后3次轰炸市区,来回投弹,是同一天轰炸次数最多的一次。1941年8月14日上午9点45分,日军出动飞机27架,投弹171枚,死12人,伤31人,是投弹最多的一次。1941年12月18日9时40分,10架日机轰炸昆明,炸死365人,是伤亡人数最多的一次。

1942年整整一年,日军没有出现在昆明上空。

1943年敌机来了5次,袭击郊区。1943年12月22日11时45分,包括轰炸机18架、战斗机24架,共42架敌机,投弹70枚,是出动飞机最多的一次。

---

① 张兆和主编:《沈从文全集》(第12卷),北岳文艺出版社2002年版,第211页。

起初日军的轰炸目标是昆明城。为了逃避日军轰炸，逃避警报，有可能的话，一般家庭都愿意住到农村去。于是，沈从文也把家人安顿到了乡下。

1939年5月12日，沈从文在给弟弟沈荃的信中说："……昨至呈贡，……地方去城约五十里，数日后三姐（指张兆和——引者注）即拟带孩子往一杨家去住，其家为当地首户，房子极好，只可惜余房不多，办公处与家中人难同时去，否则必一同迁去。小虎虎随母亲下乡，小龙住城中上学，学校甚近，入学校训练得法，习惯至好，故不下乡，到真正大轰炸时，或再要彼等一同下乡挤挤，亦可对付也。乡下风景人情均极优美……"

三天后，沈从文在给大哥沈云麓的信中说："此间离昆四十里滇池边上有一呈贡县，地方风景不俗，兆和因喜乡下清静，已于日前带孩子小虎下乡。小龙九妹三嫂则仍住北门街，与杨家同在一处。将来或有机会一同下乡。孩子们在此都还好，小龙极喜人称之为'模范人'，可知其还知自重自爱。"

到5月20日，沈从文在给沈荃信中再次说道："三姐带小虎下乡，小龙则留城中同我住，每日上学校读书。每礼拜天我可下乡看看，坐火车一小时，骑马一小时，即可到达。乡下在滇池边，平田万顷，处处见得安静。只是找房子不容易。若有房子，必一同下乡，反而省事。"

此后没多久，龙朱也下到了呈贡去住。1939年10月14日，沈从文给大哥的信中说："孩子们在乡下均极好，……北门街仅我一人住，因城乡两个家，应付不下，故撤去其一。东西太贵，如今生活仅能对付……"

沈龙朱说：

> 呈贡杨家是个大地主，他家的院子很大。战时，这一家租几间，那一家租几间。曾经在这个院子住过的名人很不少。我们一家住在二楼，底下住的是孙伏熙。那时，他创办了难童学校，解决因战争不得不逃到内地来的无家孩子的上学问题。我母亲义务在这个学校教书，算志愿者，不拿工资。难童学校之后，又有一所育侨中学，也是为外地逃回来的华侨而开办的。后来，这里的很多学生去

参了军，到印度去，或者重新回到缅甸去打仗。

云南人对外来的人非常好，尤其是在抗日战争困难的时期。这时的我就有极深刻的感受。

到了乡下，住在呈贡龙街杨家大院后，家里请了一个帮忙的阿姨，每天负责做饭、洗衣服。父亲要进城里去上课，母亲张兆和要去附近学校上课，龙朱和弟弟在家里玩。龙朱上小学了，而弟弟虎雏还没上学。有时候，嫌龙朱在家里闹，父亲就带他进城去。呈贡龙街距离昆明城几十里路，沈从文每次回家来，又要坐火车，又要骑马。

僻静如呈贡了，警报照样响起。沈龙朱回忆说：

县城里头放炮就是警报了。一到空袭来的时候，一声炮，表示是预袭警报；两声炮，空袭警报；三声炮就是紧急警报，表明飞机临头了。一到这个时候，小学的课也要全部停下来，师生一起上山。

最惨的一次，我军飞机迎战日军敌机，在空中交火。

起先，在滇池上空打，比较远，看不太清楚。继而一架我军飞机被日军敌机追击，一直追着不放。飞机的飞行高度比我们所在的山包还低，所以我们可以真切地看到一切。敌机拼命追赶，而我军飞机没有还手的能力。我军飞机是德国造的双翅膀，敌机是单翅膀，速度比我军的飞机快。追着追着，我军飞机一头栽到了水田里，未见飞行员跳伞，也没着火，也没爆炸。追击目标消失在田野里，敌机便扬长而去。

可能的结果是，中国飞行员殉职了，栽进去就没有动静了。战机上，一定是两个人。他们至少是受伤了。但是，没人去救，也不知道怎么去救。我们看得清清楚楚。唉，难受，看着真是难受。

这之后，很多次，大批日军敌机前来肆无忌惮地轰炸，我军再没有飞机可以上天迎战了。一轰炸，就有警报，大家就跑，就躲，躲地下室，躲现挖的防空洞里。在乡下就不用躲，直接上山。在山上，听的、看的，是大批的黑压压的敌机，声音很沉重，不在我们这儿炸，远远地听得轰隆轰隆地炸，然后又从我们头顶上飞过去，扬长而去。敌人把滇池作为一个标记，它们从南边来，可能从越南某个地方起飞，越过我们头顶去炸昆明。

昆明城里有父亲沈从文，还有好多小龙朱熟悉和喜欢的人。所以，小龙朱看到这一切的时候，是揪心的。但每当敌机飞来时，他跑；敌机飞走后，他回到正常的生活中。甚至，跑警报也成了他正常生活的一部分。沈从文说：

> 孩子们日子过得还像样。龙龙每日上学，乡下遇警报时即放炮三声，于是带起小书包向家中跑，约跑一里路，越陌度阡，如一猴子，大人亦难追及。①

"猴儿精"是爸爸给沈龙朱的称呼。他的这种爱动和好动的本性，一直保持到今天。在偌大的北京，无论多远的路，他都是骑车，如同当年在昆明乡下的田野上穿越。而弟弟虎雏则是"稳健派"。沈从文说："小虎当兆和往学校教书时，即一人在家中作主人，坐矮凳上用饭，如一大人，饭后必嚷'饭后点心'，终日嚷'肚子饿'，因此吃得胖胖的，附近有一中学，学生多喜逗他抱他散步。一家中自得其乐，应当推他。"②

长子跑警报、次子终日喊饿……在那样的环境中，沈从文的文字也能如此从容而充满着温爱！

---

① 沈虎雏：《团聚》。载自樊国宾编《父亲记》，中国妇女出版社2008年版。
② 沈虎雏：《团聚》。载自樊国宾编《父亲记》，中国妇女出版社2008年版。

6 龙街名流冰心、费孝通·曹安和在弹难听的古琴

在呈贡龙街上住着的外来户,不只沈从文一家。西南联大教授中,不少人把家安在了龙街上。就在龙街,就在杨家大院,孙伏熙、张充和都住过。走出大院,龙街附近还有别的名人。冰心把家安在半山腰上。沈龙朱上学、上体育课、跑警报,都要经过冰心的小楼门前。

冰心家的小楼。(沈龙朱 绘)

龙街杨家大院。（沈龙朱 绘）

杨荫浏。（沈龙朱 绘）

冰心是因为丈夫吴文藻在西南联大教书而到了龙街的。她说：

> 呈贡山居的环境，实在比我北平西郊的住处，还静，还美……最好是在廊上看风雨，从天边几阵白烟、白雾，雨脚如绳，斜飞着直洒到楼前，越过远山，越过近塔，在瓦檐上散落出错落清脆的繁音。还有清晨黄昏看月出、日上、晚霞、朝蔼，变幻万端，莫可名状，使人每一早晚，都有新的企望，新的喜悦……在这里住得妥帖，快乐，安稳……①

张充和回忆说：

> 同三姐一家又同在杨家大院住前后。周末沈二哥回龙街，上课编书仍在城中……由龙街望出去，一片平野，远接滇池，风景极美，附近多果园，野花四季不断地开放。常有家村妇女穿着褪色桃红的袄子，绲着宽黑边，拉一道窄黑条子，点映在连天的新绿秧田中，艳丽之极。农村女孩子，小媳妇，在溪边树上拴了长长的秋千索，在水上来回荡漾。在龙街还有查阜西一家、杨荫浏一家，呈贡城内有吴文藻、冰心一家。我们自题的名胜有："白鹭林""画眉坪""马缨桥"等。②

张充和提到的查阜西、杨荫浏，都是顶级的音乐家。和杨荫浏在一起的曹安和，与张充和来往多。张充和愿意和曹安和、杨荫浏等人一起吹笛子、唱昆曲、弹琴。这些曲友、琴友，到石碑村大榕树底下，露天弹古琴。小孩子们不懂，但愿意去看热闹。那里人多，沈龙朱也去了。但是，这些音乐大师们的琴声，让小龙朱很是失望。他说：

---

① 冰心：《默庐试笔》；载自卓如编《冰心全集》（第3卷），海峡文艺出版社1999年版。
② 张充和：《三姐夫沈二哥》，载于《新文学史料》1988年第4期。

我觉得这个琴怎就这么难听啊？"咚……咚咕噜咚，哽哽哽，咚咚咚……"，简直就不成个音调。唱歌多么悦耳舒展！尤其是抗战歌曲，多顺嘴呀！

古琴太难听，毕竟他那时还不懂高雅。学校里有赞颂上帝的歌，社会上流传着赞颂英雄的歌。龙朱回忆说："我上教会学校，那里有唱诗班，学会不少唱诗班的歌，比如《平安夜》。虽然爸爸妈妈都不信教，而学校要求祈祷，我就要在家里祈祷，虔诚地向上帝祈祷家里不要倒霉。"同时，抗战歌曲已经盛行，小龙朱也会唱了。而古琴上的声音与这些完全不合拍。

除了文学艺术家，还有另外的学者也在呈贡。

沈龙朱记得，费孝通组织了一个社会学所，在呈贡的魁星阁里办公，人也住在里面。沈龙朱说："魁星阁这种建筑，平常根本不会住人。但在特殊年代，社会学研究所就利用这房子办公。费伯伯就住在魁星阁上。我们小孩子也去玩，很好玩。"这一时期的费孝通，曾写下诗句夸赞道："远望滇池一片水，山明水秀是呈贡。"

费孝通和沈从文在其后的联系不太多。大约是因为费孝通对政治方面有兴趣，而沈从文对政治不感兴趣。沈龙朱回忆说：

父亲对黄伯伯这样一些在政治上比较活跃的学者，大都采取敬而远之的态度。父亲确实有点怪，只要谈到跟政治太密切联系的问题，他都不太愿意参与。

一次，闻一多和吴晗一起到家里来，动员父亲参加民盟。当时抗日战争刚结束，正是民盟开始活跃的时候。他们希望父亲参与民盟活动，父亲没有去。

也有些活动，沈从文可能去了，但他会觉得不太舒服。比如，有的报告会，沈从文可能会去，但参加什么组织，他就不太感兴趣了。

而对于学术，对于有实实在在学问的学者，沈从文不仅愿意结交，而且

魁星阁。（沈龙朱 绘）

还作为自己学习的榜样。他曾经赞美过经济学家、城市设计家、园艺学家、营养学家、音乐家、美术家，等等等等。他觉得未来社会是这些人在掌管，在社会建设中发挥作用。沈龙朱说："对这些人，父亲是欣赏的。虽然他完全不懂数学和哲学，但数学家和哲学家又可能是他很好的朋友。金岳霖，学的是哲学；钟开莱，学的是数学。钟开莱20世纪40年代中期去了美国，1949年后与父亲失去联系多年。当父亲有机会去美国，专门看望了钟开莱。父亲很怪，哲学和数学是他完全不明白的东西，但他非常欣赏。与金岳霖、钟开莱有共同语言，他虚心跟人谈论。"

沈从文也不懂建筑，但他跟梁思成交往，并从梁思成身上学了不少东西。沈龙朱说：

> 父亲与梁思成谈得来，父亲非常佩服梁思成，觉得他学问好，

知识非常丰富。

  梁思成对很多古代建筑、寺庙大殿进行了极仔细的考察。到山西看古建筑，他和夫人林徽因都要爬上去测量。然后把看到的如实画出来，并且分析这些说明了什么问题。这就是实践，踏踏实实的实践。父亲非常欣赏梁思成的这种精神。

7 跟着父亲与巴金远足，遭遇敌机在附近投下的炸弹

巴金是沈从文的好朋友，他比沈从文小两岁，但是沈从文已经是两个孩子的父亲了，巴金还在恋爱中。巴金在《怀念萧珊》一文中这样写道："她是我的一个读者。1936年我在上海第一次同她见面。1938年和1941年我们两次在桂林像朋友似的住在一起。1944年我们在贵阳结婚。我认识她的时候，她还不到二十，对她的成长我应当负很大的责任。"萧珊是因为喜欢巴金的作品，进而爱上了巴金这个人，那时她还是一名中学生。

巴金在《怀念从文》中说："抗战期间萧珊在西南联大念书，1940年我从上海去昆明看望她，1941年我又从重庆去昆明，在昆明过了两个暑假。"

沈龙朱记得巴金到家里来的事情，他记得巴金是从重庆来的。这件事就发生在1941年。这一年，沈龙朱七岁。

2011年，沈龙朱回忆说：

> 巴金来昆明看望他在西南联大上学的女朋友萧珊，爸爸就把他邀请到龙街我们家里来玩。到了家里，父亲就说："得了，我们到滇池边上去看风景吧。"

从住的地方到滇池，可能有五六里路程。我们到一个叫乌龙浦的地方，是早期难童学校所在地。那里原来是山上的一个旧庙。我母亲当年在那里教书的时候，里面还有她的床位，我和母亲都在那里住过。

旧庙前面是峭壁，峭壁下面是滇池，滇池边是小码头。晚上，住在那里，可以听到滇池的浪声，听到哗啦哗啦水拍打着岸的声音。旧庙的后山上，是一片松林，松林在夜里发出松涛声。水浪和松涛，给我留下的印象非常深刻。

父亲陪巴金看滇池的时候，难童学校已经没有了。

我们从家里出发，他俩说话，我就跟着跑，提一个小篮子，里面放着吃的。好几里的路，这样的观景，就好像是一次远足。

我们到小山上去看看风景，再上到后山松林底下。那里树大草茂。我们在草地上坐下，底下是悬崖，悬崖下面是滇池，再望去，是西山。从我们那边看，西山有个特点，就像一尊睡佛，像一个人躺在那里。我们能看得出来他的额头、鼻子、嘴、下巴颏，然后顺过来是身子。这是很有名的风景，我们那个地方刚好能够看见这些东西。

晚年巴金也记得这件事。他在《怀念从文》里说："从文在联大教书，为了躲避敌机轰炸，他把家迁往呈贡，兆和同孩子们都住在乡下。我们也乘小火车去过呈贡看望他们……我们珍惜在一起的每时每刻，我们同游过西山龙门，也一路跑过警报，看见炸弹落下后的浓烟，也看到血淋淋的尸体。过去一段时期他常常责备我：'你总说你有信仰，你也得让别人感觉到你的信仰在哪里。'现在我也感觉到他的信仰在什么地方，只要看到他脸上的笑容或者眼里的闪光，我觉得心里更踏实。"

沈从文与巴金第一次见面是在1932年。那年，沈从文三十岁，巴金二十八岁，都已经用手中的笔，打拼出一点点名气。自此，两个人的交往开始了，有时候甚至住在一起分别创作。友谊很深，但见解不一定相同。巴金

乌龙浦。高台上的房屋是难童学校,树林便是沈从文陪巴金观景处。

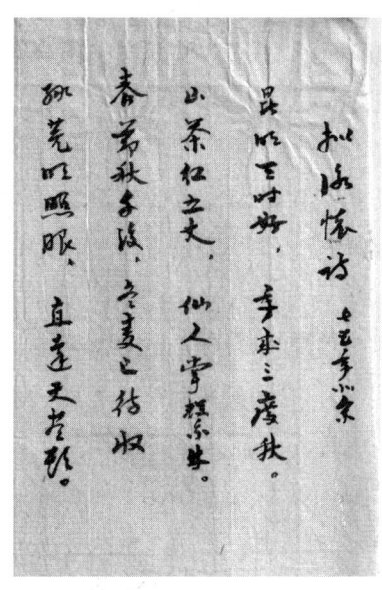

拟咏怀诗

昆明天时好,
年成三度秋。
山茶红五丈,
仙人掌系牛。
春节秋千后,
冬麦已待收。
绿芜明照眼,
直达天尽头。

沈从文《拟咏怀诗》手迹。

在《激流·总序》中说:"我有我底爱,有我底恨,有我底欢乐,也有我底受苦。但我并没有失去我底信仰,对于生活之信仰。我底生活并未终结,我不知道在前面还有什么东西等着我,然而我对于将来却也有了一点含糊的概念……我还年轻,我还要生活,我还要征服生活。我知道生活之激流是不会停止的,且看它把我载到什么地方去。"

略晚于巴金写《激流·总序》的1931年,沈从文在1934年写的《边城·题记》这样说:"我将把这个民族为历史所带走向一个不可知的命运中前进时,一些小人物在变动中的忧患,与由于营养不足所产生的'活下去'以及'怎样活下去'的观念和欲望,来作朴素的叙述。我的读者应是有理性,而这点理性便基于对中国现社会变动有所关心,认识这个民族的过去伟大处与目前堕落处,各在那里很寂寞的从事于民族复兴大业的人。这作品或者只能给他们一点怀古的幽情,或者只能给他们一次苦笑,或者又将给他们一个噩梦,但同时说不定,也许尚能给他们一种勇气同信心!"

一个是在"激流"中"要"主观地"征服",一个是在"朴素的叙述"中寻求"理性"。沈从文与巴金的分歧是明显的。如果说那时的巴金还是个癫狂诗人的话,那么沈从文已经朝一个思想家在努力了。沈从文在1935年写给巴金的一封信,充分表达了他的观点。他说:

> 我以为你太为两件事扰乱到心灵:一件是太偏爱读法国革命史,一件是你太容易受身边一点儿现象耗费感情了。前者增加你的迷信,后者增加你的痛苦。
>
> 你不觉得你还可以为人类某一理想的完成,把自己感情弄得和平一点?你看许多人皆觉得"平庸",你自己其实就应当平庸一点。人活到世界上,所以成为伟大,他并不是同人类"离开",实在是同人类"贴近"。你,书本上的人真影响了你,地面上身边的人影响你可太少了!你也许曾经那么打算过,"为人类找寻光明",但你就不曾注意过中国那么一群人要如何方可以有光明。一堆好书一定增加过你不少的力量,但它们却并不增加你多少对于

活在这地面上四万万人欲望与挣扎的了解。

你感情太热，理性与感情对立时，却被感情常常占了胜利……我觉得你感情的浪费真极可惜。我说得"调和"，意思也就希望你莫把感情火气过分糟蹋到这上面……

到了1941年，两个人已经不再为信仰而争论了。但他们讨论了一些什么话题？七岁的沈龙朱只顾自己玩了，并不曾记下。但是，两个名作家和一个小孩正在那里欣赏风景，日军飞机又来轰炸了！沈龙朱说："我们就在那儿欣赏风景，结果半截，飞机过去了。当真是煞风景了！"

我和父亲、巴老伯，躺在草地上，仰着头看天空，敌机就在我们面前向昆明飞过去。这已经使在树林中看风景的我们不大舒服了，继而听到敌机在城里乱炸一通。我觉得父亲和巴老伯心情沉重。

没过多久，敌机折返回来，飞得很低。结果，就在我们头顶不远的地方，忽然一架飞机波动了一下，只听见"吁吁吁吁"的声音下来了，是炸弹掉下来的声音。

父亲赶紧叫我们翻起身，"趴下趴下"，他用自己的身体挡在我们身上，趴下。瞬间，轰隆一声，我们没看见，但是炸弹爆炸了。

隔一天，我们才知道，一个插秧的农妇被炸死了。原来，这颗炸弹在城里头没有脱开钩，到了这儿脱开钩掉了下来。

那位农妇很不幸，我们只能说有些扫兴。

也许沈从文为了减轻太太的负担，把一个儿子带出去玩，同时孩子也可以见一下世面，结果却遭遇了敌机轰炸的事，幸好无碍。沈龙朱认识巴金时间很早，叫巴老伯。沈龙朱说："其实他不姓巴，我们后来才知道他不姓巴。爸爸教我们用四川话讲'巴老伯（bei）'，我们用湖南口音夹杂着叫。巴金是纯正的四川口音，和爸爸的口音有点相似，但不又不太像。"

我问沈龙朱："你到什么时候知道巴金不姓巴的？"

他说:"至少是初中,巴金很有名了,我知道《家》《春》《秋》都是出自他的手,都是名作。父亲写信给巴老伯,叫他'芾甘'。我问:'李芾甘?怎么回事?'父亲就给我讲了,我就知道了。"

我问:"在呈贡,你知道冰心不姓冰吗?"

沈龙朱说:"不知道。我们一直叫她冰心阿姨,或者叫吴伯母。知道她不姓冰也是很后来、很后来的事了。"

未上高中,沈龙朱便知道了冰心也不姓"冰"。他告诉我:"十几岁以后,这些作家的名字就都知道了。不过,冰心的作品真正看得不多,巴金的作品也看得不多。他们最火的时候,我年龄太小,看不懂;到我能看懂的时候,苏联文学盛行。所以,我没有追着爸爸这代作家疯狂阅读。"

巴金在呈贡乡下住的时间很短,就两天时间。沈龙朱说:"他那次去昆明,主要目的是看望萧珊。这是在抗日战争早期的事了。之后,巴金就回重庆了。1946年,我们从昆明到上海又见过面。我跟着父亲一起去他的家里拜访。"

2004年,巴金一百岁,《北京青年报·天天副刊》的陈徒手委托我向沈龙朱组稿,沈龙朱就写了一篇短文,回忆巴金与沈从文的交往。在短文中,沈龙朱主要写到重返北京的沈从文,经历了人生最艰难的时刻,而巴金等老朋友,专门到家里来看望沈从文。

那是1949年7月,沈龙朱十五岁。他回忆说:"……出席全国文代会的巴老伯专门去看望病中的父亲……8月,父亲真的撒下写作和大学教职,去历史博物馆重新开始他的后半生。我不知道巴老伯的慰问、关怀在父亲克服思想上的病痛中起了什么作用。然而,在我们家庭那么一种艰难情况下,能得到老朋友的关心,就叫人终生难忘!"①

巴金在沈从文去世后,写了《怀念从文》,一时传为名作。沈龙朱说:"作为家人,我反而是从巴老伯的文章和他对父亲的友情中,重新认识和理解了父亲,也认识了他们那一辈作家朋友间深厚感人的关系。"

---

① 沈龙朱:《那一代人的珍贵友情》;载自陈思和、李存光主编《生命的开花·巴金研究集刊卷一》,文汇出版社2005年版。

8 在桃源恩光小学·小土狗"科布多"

沈从文在呈贡龙街住了四年多的时间，到1944年，沈龙朱十岁了，随全家搬到了桃源。桃源新家怎样呢？沈从文在给朋友的信中这样说过："弟住乡下已七年，名桃源新村十二栋，在滇越路线上桃源站附近。茅屋上漏而下湿，粗细事均由家中人亲自动手，故不便邀客人相过。"[①]

沈龙朱回忆说："桃源和呈贡都与昆明在同一个方向，桃源比呈贡距离昆明城更近一点。桃源也属于丘陵地带，一样对着西山，可以看到远处的田畴。为什么要搬家？其中的一个原因是，桃源挨着火车站，可以直接上火车，不用再骑马，不必骑马走十几里地。另外一个搬家的理由就是，妈妈原来在龙街的育侨中学教书，后来育侨中学解散了。校长卢伟民也是位华侨，又出任了建国中学的校长，请妈妈过去教书，我们家就搬过去了。"

建国中学是正规的中学，张兆和在这里不再是志愿者，而是学校里拿工资的教师。

桃源有位开明地主，名字叫李沛阶。李家有庄园，李的太太笃信基督

---

① 《沈从文全集》（第18卷），438页。

张兆和在桃源新村（1944—1946年）。（沈龙朱 绘）

教。李家在小村子里建造了一座教堂，教会下面开办了一所小学——恩光小学。沈龙朱到桃源后，就在这间小学读书。学校里没有外籍教师，实行汉语教学。不过，因为有教会背景，学校有唱诗班，过圣诞节就演出节目、搞庆祝活动，因此有一些洋气息。

沈龙朱说：

> 李沛阶参加过辛亥革命，跟蔡锷有一些联系。他可能有海外受教育的背景，所以一家人的英文水平都很好。在当时，他跟知识分子来往频繁极了。我记得他家的庄园相当大，有一个桃园，有很好的桃树，水蜜桃大极了。
>
> 李沛阶办了个酒厂，但并不真正酿酒，而是拿酒精，或者色素勾兑、组装。也挂着桶，建有水塔，盖得像真的酿酒厂一样，好像生产基地似的，实际上没人干活。奇怪的是，他们生产出来的居然是洋酒，好像就是果子酒一类的。
>
> 解放后，李沛阶在当地政协担任过职务。

沈龙朱随家人搬到桃源的时候，抗日战争已接近结束了。美国飞机来帮助中国军队作战，沈龙朱经常可以看见美国大兵乘坐卡车从马路上通过。面对像沈龙朱这样的小孩子，美国大兵表现得很热情。云南人感谢美国人的支持，纷纷用地方话对着美国大兵喊："老米（美），顶好！"同时竖起大拇指向美国大兵致敬。而那些美国大兵，在卡车上友好地学舌呼应道："哎，顶好，顶好！"

于是，李家勾兑的果汁酒就销售给了美国大兵。美国大兵一过来，就停下吉普车买点酒喝。

李沛阶与沈从文有过往来。他看到像沈从文这样的知识分子生活得窘迫，希望能帮助一下沈从文，主动提出从酒厂给沈从文一些干股，而不需要任何投资。但是沈从文婉言谢绝了。

青岛大学的萧涤非教授也来到联大教书，家也安在桃源。萧涤非与沈从文很熟，与沈家来往很多。沈龙朱有时候会跟上父亲去拜访萧涤非这样的文化名流和当地名流。沈龙朱回忆说："桃源离呈贡县城不算太远，我跟爸爸两个人还曾经步行到那里去拜访朋友。退休县长家里，恰好下了一窝小狗，我就抱回一只来养着玩。"

那是一条哈巴狗，沈龙朱养了一年多。好动的沈龙朱，一个十岁的男孩子，在野外，在户外，带着他的狗，到处跑，满山跑。沈从文为这条狗取了一个名字，叫"科布多"。沈龙朱认真地给我解释说："'科'是'科学'的'科'，'布'是'布什'的'布'，'多'是'多少'的'多'。"还说，这是"蒙古名字"，是"蒙古味的名字"。

我觉得，在以教书为职业的沈从文，很可能叫的是"课不多"。但不管是"科布多"还是"课不多"，小狗只陪了沈龙朱一年的时间。后来，小狗在外面被人弄死了，沈龙朱和弟弟伤心得不得了。此后，他再没养过狗。

沈从文一家在桃源新村的小院子。（沈龙朱 绘）

桃源新村印象。（沈龙朱 绘）

9 父亲到乡下来带来快乐，瞎编故事哄孩子玩

沈龙朱和弟弟随母亲住到乡下以后，父亲仍然要到昆明城里头上课。汪曾祺回忆说：

……每星期上课，进城住两天。文林街20号联大教职员宿舍有他一间屋子。他一进城，宿舍里几乎从早到晚都有客人。客人多半是同事和学生，客人来，大都是来借书、求字、看沈先生收到的宝贝、谈天。

沈先生不长于讲课，而善于谈天……他谈某一位老先生养了二十只猫。谈一位研究东方哲学的先生跑警报时带了一只小皮箱，皮箱里没有金银财宝，装的是一个聪明女人写给他的信。谈徐志摩上课时带了一个很大的烟台苹果，一边吃，一边讲，还说："中国东西并不都比外国的差，烟台苹果就很好！"谈梁思成在一座塔上测绘内部结构，差一点从塔上掉下去。谈林徽因发着高烧，还躺在客厅里和客人谈文艺。他谈得最多的大概是金岳霖。金先生终生未娶，长期独身。他养了一只大斗鸡。这鸡能把脖子伸到桌上来，和

金先生一起吃饭。他到处搜罗大石榴、大梨,买到大的,就拿去和同事的孩子比,比输了,就把大梨、大石榴送给小朋友,他再去买!①

上完课,沈从文一个星期当中有几天要回到乡下来。也许在城里谈的兴致未减,沈龙朱记得,父亲有时候不止一个人回来,还把西南联大的同学邀到乡下来谈天、玩耍。同学们在家里住不下,上午来,下午就回城里去了。母亲做一顿别致的午餐,招待同学们吃一点。

从昆明到呈贡,或者从呈贡到昆明,都要先坐火车。在龙街住的时候,需要从呈贡火车站,骑马一个小时十几里路才能到呈贡县城边上。下了马,然后再步行一里地,才可到家。那时,火车站上的马,也如今日趴活儿的出租车一样,便捷而且很便宜。赶马的人跟着在马屁股后头,马颠颠颠地走,并不跑快了。

沈龙朱知道父亲哪天回来,于是就到公路上等父亲。他不止一次在公路边上等,然后高高兴兴接父亲回家。父亲从城里回来的时候,有时提溜着一只大猪蹄子,或者还有别的,都是来家后供全家人打牙祭的东西。

我和沈龙朱开玩笑说:"你肯定不是去接爸爸,是想吃好东西吧!"沈龙朱坚决说:"那倒不是。那时候我们不馋家里的东西,最馋街上的那些小吃。而街上的小吃,大人们是绝对不让我们吃的。那时候,霍乱啊,疾病特别多,所以绝对不让我们沾那些东西。"

我问:"是妈妈管呢,还是爸爸管?"

沈龙朱说:"都管。不过,偶尔也有机会。"

我说:"那你也得有钱啊?"

沈龙朱说:"没钱。别的大人带我们出去的时候,说'我想吃这个',他就给你,来一碗豌豆粉。"

父亲回到家里,对于孩子们最大的乐事,便是可以听他讲故事。

弟弟沈虎雏在《团聚》中这样回忆:

---

① 汪曾祺:《汪曾祺文集·散文卷》,江苏文艺出版社1994年版,第131、133页。

兄弟俩不但消化力强，对精神消费也永无满足，逼得妈妈搜索枯肠，使出浑身解数来应付。于是我们听熟了她小时朱乾奶奶用合肥土话哄她的童谣；又胡乱学几句妙趣横生的吴语小调，是在苏州念中学时，女同学一本正经教她的；英文歌是对大进行超前教育，我舌头不灵活，旁听而已。妈妈看过几出京戏，不得不一一挖出来轻声唱念，怕邻居听了去。因此我们知道了严嵩、苏三等人物。昆曲真莫名其妙，妈妈跟充和四姨、宗和大舅他们到一块，就爱清唱这种高雅艺术，我们兄弟以丑化窜改为乐。救亡歌曲是严肃的，必须用国语或云南话唱。对于我跟大贪得无厌的精神需求，妈妈计穷时，如果爸爸在家，就能毫不费力为她解围。

……

他的故事永不枯竭，刚讲完一个就说：这个还不出奇，再学一个："杜十娘怒沉百宝箱"。

"豆豉娘是县城里那个寡妇吗？"

我还不能听准他的凤凰口音，暗想那寡妇店里一坨坨鹅蛋形辣豆豉肯定好吃。

"当然！就学'豆豉娘怒沉百宝箱'。"

下一个更出奇的，就会学成"酱油娘棒打薄情郎"。他的故事像迪斯尼先生的卡通片一样，人物情节都随意揉搓变形，连眼前家中人，也在故事里进进出出，方便着呢。我们兄弟心里，没有"父亲的威严"概念，而爸爸的狼狈失态丢面子经历，为许多故事大增光彩。我一个方块字还不认得时，已熟悉《从文自传》主人公的一切顽劣事迹，以及受处罚的详情。曹操半夜翻墙落入茅坑不声张，让伙伴一起跳下来倒霉，我以为爸爸同他们是一伙。

沈从文的故事有多长？反正从龙街讲到桃源都没有讲完。虽然我以为沈从文小说并不以情节取胜，但沈龙朱说："《月下小景》里的故事就好。"沈龙朱、沈虎雏兄弟俩小的时候，不用看父亲的作品，父亲的经历便都知道了。因为父亲把自己的传奇作为故事讲给孩子们听,把远在湘西老家的大伯的故事讲给孩子们听。

沈从文在1942年9月8日给大哥沈云麓的信里,描述了两个从来不曾回到凤凰的孩子,因为听了自己的讲述,对凤凰家人的向往。父亲说沈虎雏:

  他印象中是知道你蹲在花台边用小挖锄掘土,就草花根株边捉虫刨蚯蚓,穿个短袄子,眼眯眯的,声音嘶嘶的,一看他来就要逗逗他发笑,且到后要上街时,必把捉蚯蚓工作交他做的。又或者一起来,三叔在院中吹哨子集合,要小龙和他排队点名,他却早已起身带"菲格来司"在花坛边藏躲起来的。被三叔发现时,于是喊"老杨,备马!"马共三匹,三叔骑高大的,小龙骑起花的,他骑白的,一齐出东门。回来时就在廊上吃早饭,有白桌布,用刀叉不用筷子,喝点汤时再吃,吃过后再下河钓鱼。这一类故事每天得换个式样,有一部分是他凑成的。总而言之每天非说说不可,因之人虽不回过沅陵,对沅陵事竟像十分熟习,且极其可能长大后还可从印象中知道大伯脾气的了。

和弟弟一样,在少年沈龙朱的眼里,父亲是编故事的高手、讲故事的大王。他回忆说:

  父亲从城里回来,我们从桃源的恩光小学回来,吃完饭以后,晚上没什么事做。
  于是,一个小小的菜油灯,有时候挂的,有时候搁在桌上,照亮了草房子。搁灯的桌子,也不是正经桌子。这桌子是由几个大煤油箱拼成的。当时是方桶的煤油,是为了两桶搁在一个木箱里头,好运输。把两个包装箱子反扣过来,上头铺个画板,就是我们全家人用的桌子。
  一家人,吃饭在上头,父亲回来写东西也在上头,我们做作业

菜油灯，可以放在桌子上，也可以挂在墙上。（沈龙朱 绘）

多功能桌子，两个煤油箱、一块绘图板，爸爸改稿子、孩子做功课、全家人吃饭、晚上讲故事……都要用它。（沈龙朱 绘）

也在上头，妈妈批改作业也在上头。桌子周围，放上小板凳，或者小蒲团。蒲团就是草墩子。

很多个晚上，父亲和我们围坐在这个"桌子"周围，给我们说故事，讲他小时候在湖南的一些事情。

沈从文给两个儿子讲的故事，有的是瞎编，有的是真实发生过的。沈从文曾经讲过打老虎的故事，说小时候被大人带着上山去看打老虎、围堵老虎。（沈龙朱至今也不知道这是真的还是假的。）大人们先让沈从文爬上一棵树，然后拿绳子把他拴在树上，意思是怕他掉下来。安顿好小孩子以后，大人们就在树下围堵老虎，很多人拿着火把围成一个阵，哄赶老虎。大人们把老虎逼上一条提前设计好的路，再把老虎逼到一个有机关的地方去，老虎掉进了陷阱里，大人们就扣住老虎，或者是夹住它。

沈从文说他亲眼看见老虎从自己爬着的树下走过去了。

父亲讲的是真的还是假的？沈龙朱当时无法判断。不过，故事讲得很生动，很逼真。

成年后，沈龙朱还真去考证了一下那个地方——围剿老虎的现场。那是凤凰县一个苗乡。根据父亲的描述，沈龙朱在地图上查找苗乡，发现那个地方就在凤凰西北。而沈从文小时候去过的老家在凤凰的西南角，紧挨着贵州。

通过考证，沈龙朱认为，故事很可能是父亲编的。为什么呢？因为围剿老虎的地方，沈从文小时候并没有在那里生活过。他到那里，只是当兵时陪一位战友回乡去过一次。"骑树观捕虎"的故事，也许就是从他那位战友那里听来的。

10　得意地看到敌机被打退·与美国"飞虎队"联欢

在自己的国土上常常躲避敌机的轰炸，你说少年沈龙朱心里是什么滋味？再想沈从文，一个成年人，或者拉着儿子跑警报，或者把家人安顿到乡下，有朋友来时天上掉个炸弹"欢迎"，心里是什么滋味？

既然是战争，就不免有死亡！死去的万千年青人，谁不对国家前途或个人事业，有种光明希望和美丽的梦？可是在接受分定上，希望和梦总不可免会破灭。或死于敌人无情炮火，或死于国家组织上的弱点，二而一，同样完事。这个国家因为前一辈不大振作，自私而贪得，愚昧而残忍，使我们这一代为历史担负那么一个沉重担子，活时如此卑屈而痛苦，死时如此胡涂而悲惨。更青年一辈，可有权利向我们要求，活得应当像个人样子！我们尽这一生努力，来让他们活得比较公正合理些，幸福尊贵些，不是不可能的！①

---

① 沈从文：《白魇》；载自《沈从文全集》（第12卷）。

这是在战争中受欺凌的一个国民的心声！在他写下这些文字的时候，他渴望他的两个还在童年期的儿子，会有不一样的未来！而他自己要为孩子们"公正合理、幸福尊贵"的未来，尽自己"一生的努力"！虽然他引导孩子看云、给孩子编故事、买猪蹄，但他心里的愿望更宏阔和长远。沈从文说：

> 中国目下还正有两百万人在各个战线上挣扎，从炮火中接受那个分定。而且时间还要延长下去，一直到敌人崩溃消灭方止，这其中将有多少牺牲，多少悲剧，这时节来温习那个情景时，便觉得这正是民族历史的宿命，即民国二十五年以来国内的纠纠纷纷，人力与国富间思想与思想间为争取社会改造国家重建的原则所造成的另外一种局面，直到从消耗中弄得个筋疲力尽，方有一派主张，一种政体，慢慢的抬了头，把全个民族的精力和热忱，重新粘合起来，用在国家重建的计划上，发一点效果，……①

国家重建！这是那个时候一个西南联大普通教师的思考！这是20世纪40年代还忍受战争之苦的沈从文的思考！他发出了那个时代比一般人停留在报仇上的思想更为超前的思想。他说：

> 死去的即为此单纯的信念而沉默死去，活下的都保有这样一点信心，在极端困难中支持下去。总相信我们要站起，任何强力都不能把我们压倒的。我们有我们自己所需要的发展方式和生活理想，要实现它，只有从战争胜利中方能实现。我们不仅"要"胜利，还相信终究"必"胜利！

与沈从文的努力一样，中国政府也在试图打破困境。起初，美国政府对日军入侵中国采取"绥靖政策"，后来，美国人在华利益受到伤害，转而支

---

① 沈从文：《芸庐纪事》；载自《沈从文全集》（第10卷）。

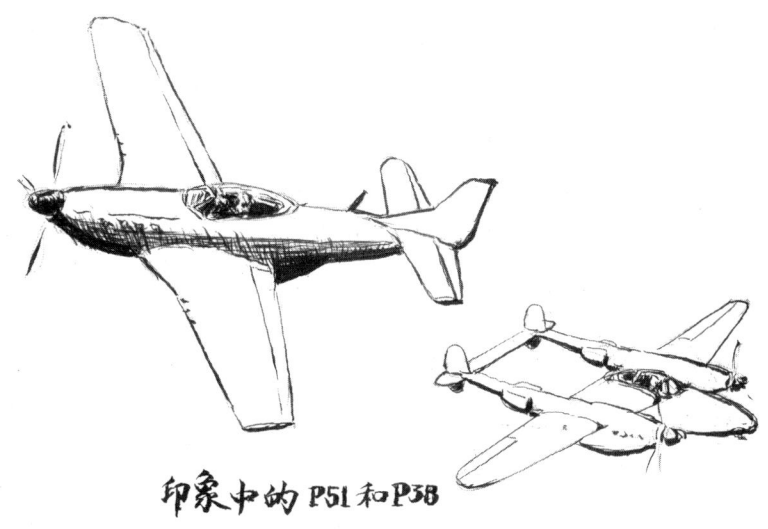

印象中的P-38和P-51。（沈龙朱 绘）

持中国抗战。中国政府乘机游说美国人支援中国扩大空军实力。1941年，中国以"租借"的方式，从美国获得大量战斗机。第一批一百架P-40型战斗机由中国航空委员会顾问陈纳德组建了"中国空军美国支援航空队"。

陈纳德于1893年生于美国得克萨斯州，1937年到中国考察空军。抗战爆发后，陈纳德在宋美龄的支持下，在昆明组建航空学校训练中国空军。张大千的哥哥张善子曾绘制一幅《群虎图》赠送给陈纳德，他便萌生了"飞虎"的意念。当一支"中国空军美国支援航空队"组建后，他请迪斯尼公司设计了"飞虎"标识，于是"中国空军美国支援航空队"就被称为"飞虎队"。1941年12月7日，珍珠港事件次日，美国对日宣战。陈纳德的"飞虎队"在中国已经按捺不住要与敌机对垒。

《中国航空史》记载："1941年12月20日上午10时许，驻越南的十架日军三菱轰炸机袭击昆明。这时，美国志愿航空队已完成了训练，其中第一、第二中队已于12月18日飞至昆明并做好了战斗准备。日军十分轻敌,其轰炸机没有战斗机护航。美第二中队24架P-40B型战斗机立即升空拦截,在昆明东南五十千米的宜良上空与日机遭遇,经激烈空战,美国飞行员艾德·雷克特首开纪录,击落日机一架。日机无力抵抗,只得甩下炸弹逃窜,美机穷追不舍,接着路易·霍夫曼击落一架日机,弗雷兹·沃尔夫连续击落两架日机。战斗结束,十架敌机被击落、击伤九架。美国飞机则无一损伤。这是美国志愿军航空队来华后首次作战并获得胜利。"

宜良上空的精彩对决,沈龙朱没有看到。他在呈贡看到了滇池东侧上空的另一次美日战机的交战。沈龙朱回忆说:

家安到呈贡的1941年,美国参战了。此前,美国志愿飞行员陈纳德的"飞虎队"已经到了昆明。这时再看天空两军交火,对一个中国孩子来说,就觉得很得意了。

如果日军飞机前来轰炸,蓝天上就有一个银色点子等在那里。仰头看去,银色点子"鸸……"地穿越,但似乎又听不见声音。不过,过了很久,就听到"咚咚"几声闷响。仔细一看,冒着烟栽下来一架敌机。然后,又升上来一架飞机,从敌机当中"丁——"穿过去了。"咚——咚——咚——,鸸——",又掉下来一架敌机。

那些银点子,就是美国P-38飞机,是侦察机,但有枪炮,速度也快。它们穿来穿去,几个回合,美国人驾驶的飞机没损失,敌机一架一架往下掉。敌机回去时只好重新编队,途中又被打下来几架。

经过较量,敌机来时九架一组,回时剩不了几架。

这样,日军飞机再也不敢来了,最后一次轰炸昆明以后,就没有跑警报这事了。

这里需要说明的是,陈纳德在珍珠港事件之前以非官方身份来华助战,当时驾驶的战机应该是较老的P-40B。美国向日宣战后,陈纳德的装备更新,并在乌龙浦建了新基地,才有P-38等新式战机,全面掌握了制空权。沈龙朱说:"投入战斗的美国飞机叫P-38,是双引擎的;后来有一种P-51,是单引擎的。"

沈龙朱当时还是一个少年,就很关心这些战斗机的型号,他对此有浓厚的兴趣。后来陈纳德和他的"飞虎队"参与开辟"驼峰航线",即印度到中国的空中国际运输线,被誉为"空中生命线"。沈龙朱说:"飞越喜马拉雅山的是运输机。缅甸被日军占领,而印度没有被占领,印度就成了大后方。到印度去,把物资从印度运过来,都要飞越喜马拉雅山。这是很艰难的一个航线,飞机的型号是C-46、C-47。爸爸凤凰老乡的年轻人中,田斌就是开C-47的,田景祥就是开P-51的。"在这一航线上,中美损失了六百七十架飞机。但是,有效地支援了中国抗战!

沈龙朱到了桃源教会学校——恩光小学,由于办学者与美国人关系密切,所以十岁的沈龙朱有机会与美国飞机近距离接触。他回忆说:

> 到圣诞节了,十轮卡把我们这群小学生拉到飞机场去参观。飞机场在呈贡乌龙浦山后头,是新建的军用机场。我们在那里看到了先进的新型轰炸机。飞行员还给我们展示各种技巧。P-38飞机起飞后,马上又俯冲下来,快接近地面了,又迅速蹿上去。
>
> 我们还参观了机场的其他部分。在地围子里,一颗一颗炸弹码放在地下。
>
> 洋人还给我们吃口香糖。那次活动算是跟美国大兵的联欢。

11 云南那段时光值得怀念，怀念里头包含着复杂的内容

在云南乡下的几年，是沈从文一生中最幸福的一段时光。此前，他生活不稳定，没着没落的；此后，政治大动荡他小心谨慎地苟活着，拼命地工作着。唯有在云南时节，尽管物质生活极端贫乏，精神状态却很好。他怀着对未来的无限向往，立志将来经济不是问题以后，不必上班，而专心"来写十年小说看看"①。他对自己的文学才华和创作成就，是怀了极大的期许的。

敌机频繁轰炸，物价飞涨，但沈从文精神自由。尤其是两个孩子日渐一日地成长起来，给了沈从文无比的快乐。而回到北京后，孩子的思想与他逐渐分道扬镳，他对孩子的影响远没有社会对孩子的影响大。所以，在云南乡下，沈从文感受着孩子成长中的爱，孩子们感受着襁褓中被呵护着的爱。

1940年5月7日，沈从文致信大哥说：

> 孩子们住乡下凡事尚好，近来正值麦秋，豆麦收成，随家中女用人下田"拾禾线"，收拾残余，因此有新鲜豆子吃，麦饭吃，孩

---

① 《沈从文全集》（第18卷），第401页。

子们十分高兴。过不久，还可带小钓竿同彼等往小河沟钓小鱼，所得不够喂猫，对孩子们却正是一件大事！小虎虎月底满三岁，自己总觉得又长大了，十分俨然。上山去必说"我太胖了，走不动路，还是抱抱好"。事实上倒很能走，到处都可以走去。

1941年2月3日，沈从文在给施蛰存的信中说：

孩子们幸好都还健康，比你送伴他们来时长大多了。小龙已如一小泰山，在乡下极野。小虎已能唱能嚷，还能说笑话。三小姐在乡下带孩子，还在一难民中学教书。我们日子总算过得从容。

"大小四个人，几年来住在乡下，日子过得极快乐。"这是沈从文1942年9月8日给大哥信中的话。他同一封信中还写道："九年中倒是最近两年在呈贡住，真是最值得记忆，一切似乎都安排对了，一切都近乎理想，因此一家日子过得非常健康。人家要过节时才把家中收拾收拾，我们倒像每天都在过节似的。孩子们给我们的鼓励，固然极大，最应感谢的，还是兆和，体力方面的健康，与性情方面的善良，以及在苦难中永远不丧气，对家中事对职务永远的热诚，都是使一家大小快乐幸福的原因。"

写信的这天，是沈从文张兆和结婚九周年纪念日的前夕，他说：

孩子们都极高兴，先前一时龙龙还正在低头为大伯写信，虎虎自命为"二少爷"，照往例躺在床上，用"二少爷姿势"躺在那里，要我学沅陵，意思即是从叙述中去到他不曾到的家乡中，如何用大竹筒挑水，供你浇花。

……这个二少爷说起来，爱时髦处，聪明处，善于联想处，幽默处，都若集家中人之大成。他理想是要做"大音乐家"，因此时时刻刻要哼哼唧唧，唱点什么，唱到得意处必相当兴奋，手舞足蹈。会说许多笑话，且知道贺老广神气。食量相当好，每食后必吃点"饭后点心"。欢喜漂亮。相当稳健,虽只想三叔送把"会响不伤人"手枪,可未必敢放。吃东西相当精细,不落饭到桌上。也有点好奇,听人说什么药好,必尝尝。大少爷却有好些恰恰相反。个子瘦,爱跳高,将来会如他五舅舅高,跑的极快。会顽皮做丑角,二少爷可不干。吃饭不在乎。衣服常滚在泥里。不大会说,倒会写字,爱在书上签个名,砚上雕个字。胆量大。欢喜学校。脾气相当好,不争多吃东西,能服务。爱吃干的、酸的、焦的,也不怕辣。医师打针不叫喊。这时节两人都睡了。

正是有了这样的一种精神的自由,他继《边城》之后的另一部伟大作品《长河》诞生了。与《长河》这样绵长的故事一起诞生的,还有闪烁着他人性光辉和深邃思考的思想散文《七色魇》。

父亲是这样,那儿子的感受如何?沈龙朱说:"虽然那段生活很苦,但很值得怀念。怀念里头包含着很多、很复杂的内容。一辈子忘不了。毕竟,我和弟弟的人生起点在那里。"

1945以后的一段经历,令沈龙朱难忘。他回忆说:

> 昆中北院有个很大的操场,东边角上是教师宿舍,还有教师家属宿舍。从当中穿过去,出了城墙豁口,过了护城河,就是联大的区域。一出门,有联大服务社,每天早晨向学生提供廉价的早餐:豆浆,馒头。
>
> 我住在那儿的时候,上学路过联大服务社,吃豆浆一碗,余一疙瘩馒头,吭哧吭哧吃完了就去上学。
>
> 每个礼拜还可以去听音乐会。虽然只是手摇唱机播放着唱片,但我在那样的年纪就欣赏到了莫扎特,欣赏到了肖邦。
>
> 上小学要穿过联大,经过化学实验室、生物实验室。如果换一条路,走联大的新区,就能看到图书馆。新区往外,就是跑警报的山包了。

十二岁离开西南联大旧地，沈龙朱再没有机会回去。

沈龙朱说："出差去昆明，我到过桃源房东李家。李家女儿兆恩做了我妈的干女儿，我们关系很好。等我再次回去，李兆恩家已经搬到我们在联大时期跑警报的小山坡上了。当年，那是一片葱绿的丘陵，长满矮松树，非常漂亮。而现在已经被高楼覆盖，完全不一样了。"

沈龙朱没有回到自己住过的老房子。倒是张兆和1995年去了龙街，最后看了一眼那个杨家大院。后来这些建筑被拆除了，中学占用盖了教学楼。沈虎雏也有机会出差去昆明。不过，沈虎雏大部分都是公事，人又注重纪律，自己不乱跑。真到自费回去时，一切也都变了。

沈龙朱回云南旅游，就主动和导游说云南话，说得非常利索。导游告诉他："你进商店，可千万别说云南话。否则，人家以为我把当地人带来，故意多要回扣的呀！"（商店清点旅游团人数，给导游拿回扣。）

有了叮嘱，沈龙朱进了商店就不说云南话。私下交流，导游认为沈龙朱的云南话"土"，是农村人说的话。虽然呈贡龙街与昆明城只有几十里路，公路修好后，用不了一个小时的车程，但语言上的区别还是明显。沈龙朱说："呈贡话与昆明官话比，就土一点。我说的就是土的。"

只有云南人才能听出沈龙朱的"土"来，而龙朱自己都感觉不到这种"土"。他说："我只会那种'土'的。我想注意一点，拿腔拿调地说昆明话，较着劲才能说出来。"不过，也许今天的呈贡人都已经昆明化了，而六十年前的呈贡话，或许只保留在北京，保留在沈龙朱和沈虎雏口中，成了永远回不去的那些美好日子的珍贵留念。

第四辑

居京说颠

1 达子营28号：
"洞房"·《边城》诞生地·儿子孕育地

1933年8月，沈从文从青岛回到北平，就开始筹划与张兆和的婚礼了。他租下达子营胡同28号的民房，为新婚做准备。

"达子营"，就是"达子"的聚居地。有没有军事色彩？现在无法断定。"达子"也写成"鞑子""鞑靼""达达"，是对北方游牧民族的称呼。北平是元大都所在地，定居在此的蒙古族人口比较多，所以形成了一些聚居地。"达子营"就是典型的留有蒙古人生活印记的地名。此外，达子馆、达子桥、骚达胡同、骚达子大院等，都与蒙古人在此生活居住有关。

双方父母都没有能够到场，得力的帮手也不多，事事都是沈从文和张兆和商量着办。沈从文在给大哥的信中详细描摹了他的洞房琐碎：

……木器、碗盏，皆仿古样式，堂屋中除吃饭用小小花梨木方桌外，只是四张有八条腿的凳子，及一个长条子案桌，一个茶几（皆红木与花梨木）。房中只一床，一红木写字台，一茶几，一小朱红漆书架。客厅器具还不曾弄来，大致为沙发一套，一茶凳，一琴条，一花架，一小橱柜。书房同客厅相接，预备定制一列绕屋书

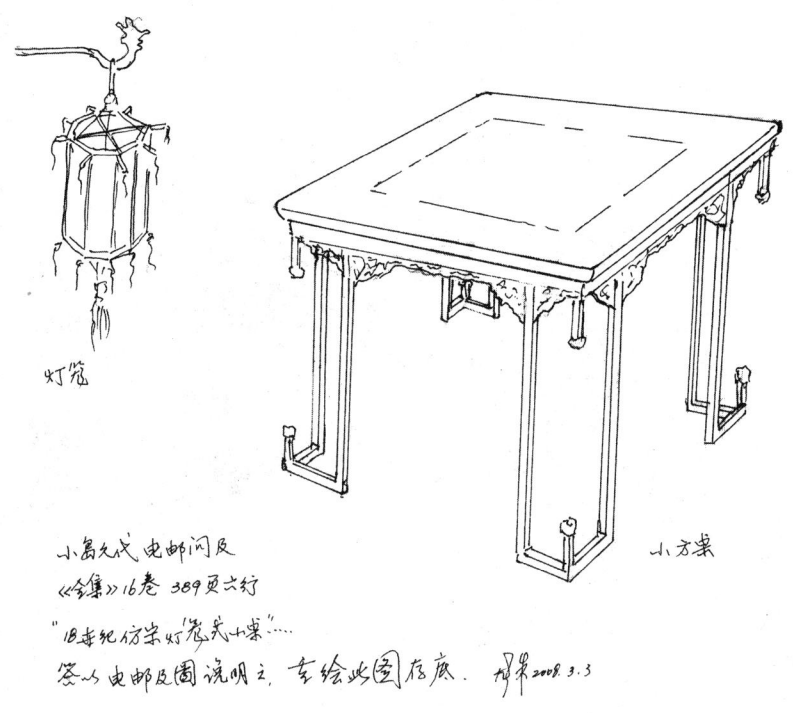

花梨木八条腿的小方桌。（沈龙朱 绘）

架，一客床，两个小靠椅，一写字台。木器我们总尽可能用硬木，好看些也经用些。全屋有电灯约十二处，光皆极好，厨房虽小，也还干净。大门有一屏风，院子中有一大槐树，一大枣树，院子虽小，因为还系长形，散步尚好。又有一更小院子，可晾衣裳。堂屋隔扇与客厅隔扇，皆如北方一般房子雕花，我们用黄布糊裱，房子纸张则正屋用白色，客厅书房用焦黄色（即包皮纸背面糊成）。[①]

遗憾的是："家中极窄，然院落、客厅、书房、卧室、堂屋，皆具规

[①]《沈从文全集》，第183页。

北京中山公园水榭（1933年9月，沈从文、张兆和在此举办婚礼）。（沈龙朱 绘）

模，两人住下实非常合用。唯地方太窄，将来到冬天时，欲安炉子，不知如何安置耳。"①

就在这样的一个"达子营"，沈从文和张兆和结束了恋爱马拉松，组成了家庭。沈龙朱未出生，他的四姨妈张充和就住家里了。张充和在《沈二哥三姐夫》一文中回忆说：

> 新居在西城达子营。小院落，有一枣一槐。正屋三间，有一厢，厢房便是沈二哥的书房兼客厅。记得他们结婚前，刚把几件东

① 《沈从文全集》，第190页。

西搬进房那天夜晚,我发现有小偷在院中解网篮。便大声叫:"沈二哥,起来!有贼!"沈二哥亦叫:"大司务!有贼!"大司务亦大声答话,虚张一阵声势。及至开门赶贼,早一阵脚步,爬树上屋走了。后来发现沈二哥手中紧握了件武器——牙刷。

新房中并无什么陈设,四壁空空,不像后来到处塞满书籍与瓷器漆器。也无一般新婚气象。只是两张床上各罩一锦缎百子图的罩单有点办喜事的气氛,是梁思成、林徽因送的。

沈从文和张兆和在"达子营"的生活开始了。他们结婚的日子是1933年9月9日。不久,巴金应邀到北平沈家小住。那时节,正是两个年轻作家创作旺盛的季节。沈从文在院中槐树下写出了不朽的《边城》,巴金则写出了《雪》。巴金在《怀念从文》一文中写道:

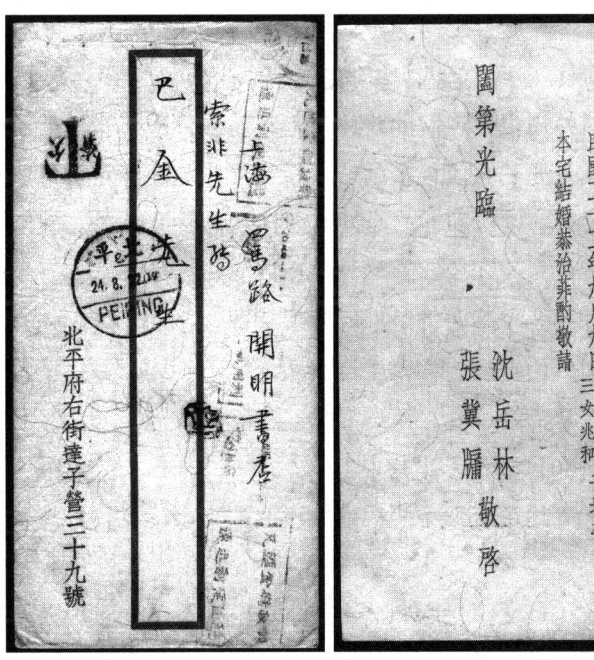

沈从文、张兆和新婚,发给巴金的请帖。

从文来信要我到他的新家做客。在上海我没有事情，决定到北方去看看。我先去天津南开大学，同我哥哥李尧林一起生活了几天，便搭车去北平。

我坐人力车去府右街达子营，门牌号数记不起来了，总之，顺利地到了沈家。我提了一个藤包，里面一件西装上衣、两三本书和一些小东西。从文带笑地紧紧握着我的手说："你来了。"就把我接进客厅。又介绍我认识他的新婚夫人，他的妹妹也在这里。

客厅连接一间屋子，房内有一张书桌和一张床，显然是主人的书房。他把我安顿在这里。

院子小，客厅小，书房也小，然而非常安静，我住得很舒适。正房只有小小的三间，中间那间又是饭厅，我每天去三次就餐，同桌还有别的客人，都让我坐上座，因此感到一点拘束。但是除了这个，我在这里完全自由活动，写文章看书，没有干扰，除非来了客人。

沈从文在新婚之后的几个月，完成了《记丁玲》和《边城》。当《边城》开始在《国闻周报》连载的时候，他只身回乡看望病危的母亲。这趟旅程中，沈从文给张兆和写了很多的信，讲述沿途见闻。这批信成了沈从文最美文字中的一部分，以《湘行书简》《湘行散记》行世，成了名作。

新婚夫妻分别一个多月的时间，除了瑰丽文字的表达，还有重逢后的欢娱。正是这暂别后的重逢，在诞生过《边城》的小院，在达子营素净着的洞房里，张兆和怀孕了。

1934年11月20日，长子沈龙朱出生。

沈龙朱对于"达子营"小院的印象不会深刻，毕竟，他离开的时候才一岁多，期间还住过二龙路。在昆明住到1946年夏，抗战胜利了。张家亲友在上海聚会后，沈从文率先回到北京大学教书。而沈龙朱和弟弟随母亲在上海、苏州拜访了一些亲戚之后，于1947年2月，回到北平。这个在昆明一直以"北京人"自居的沈龙朱，终于又回来了！

2 中老胡同32号院，北大教授最后的自由生活

沈从文一家回到北京，住的第一个地方是中老胡同32号。这里距离故宫的东北角楼不远，和景山公园隔街相望。

沈龙朱说，中老胡同32号是个很大的院子，是清朝瑾妃、珍妃的娘家。《光绪传》[①]这样介绍：

> 瑾嫔与珍嫔（后晋升为瑾妃与珍妃）为二姐妹，姓他他拉氏，为清正红旗人。其祖父裕泰，在道光、咸丰年间曾任湖广、闽浙总督；其伯父长善在同治及光绪初年曾任广州将军；父长叙，官礼部左侍郎。姊妹二人出身于清朝满族大官僚家庭。瑾妃生于同治十三年八月二十日（1874年9月30日）；珍妃生于光绪二年（1876年）。二人虽为同胞姊妹，但相貌、性格却颇有区别。瑾妃相貌不及其妹，性格平稳、脆弱；而珍妃虽小两岁，可"貌既端庄，性尤

[①] 孙孝恩、丁琪：《光绪传》，人民出版社1997年版。

机警"（白蕉：《珍妃之悲剧》）。居家时受其较为"开明"的母亲和有才学的族兄、名士志锐（长叙长兄长敬之子）的影响，则思想开朗、倔强敢为、志趣广泛、反应敏锐，当然而不乏天真的性格。

1888年，瑾妃、珍妃入宫，家人就在北京买下了这处宅院。1889年，光绪帝十八岁，珍妃十三岁，他们两情相悦度过了一段快乐的时光，最后招致西太后的不满。珍妃于1900年被投井而死。她在世界上只生活了二十五个春秋。

旧时代中老胡同32号最辉煌的一页，是1924年5月17日迎接瑾妃省亲。那天是她的母亲七十岁生日，已经五十岁的瑾妃回家来了。虽然这个时候中国的皇上已经退位多年，但仍沿袭着旧制，宫中的礼仪并未完全废除，于是我们可以从《红楼梦》元妃省亲的描写中，想象那次省亲的情景。

世事更迭，直到抗日战争时期，1943年日本人霸占了整个院子，珍妃家的亲戚才从院子里被彻底地赶出去。

中老胡同向东、向北出去，便是北京大学的教学区。西南联大结束后各自复员，北大回到沙滩，那么这片已经回到人民手中的房子，便是北大教授安家的好去处。1946年7月，中老胡同32号院是由时任北大代理校长的傅斯年向中央信托局北平分局借到的。于是大批学人住了进来。

沈龙朱说："我父亲1946年从上海直接飞到了北平，接着就上课了。我和母亲、弟弟在苏州住了一段时间，1947年回到北平才住到这里。"

中老胡同32号院，由四个东西并列且相互串通的四合院组成。除了最东边的只有一进外，其他三座四合院都是三进院。据说所有房子加在一起，是一百零七间。轩敞不一、阔仄不同的古色古香房子间，由假山、藤萝架、大槐树点缀着。虽经日本人的改造，传统中国风味有所破坏，但是大户的格局与气宇，还是在瓦楞间遗留下太多的痕迹。

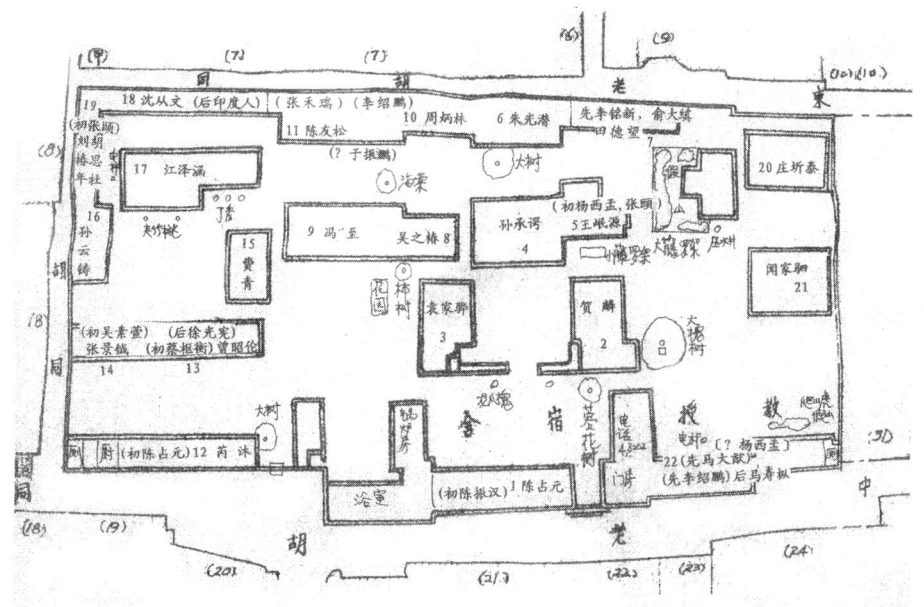

中老胡同 32 号院平面图。

沈龙朱说：

> 东院有两座假山，有一个藤萝架，藤萝架下面有一个房子，是供全院公共活动的集体活动室。有一段时间是专门的幼稚园。
> 院子里有几家的房子比较像样。闻家驷家是朝南的大房子；数学家庄圻泰的房子比较大；孙承锷、陈友松、江泽涵，住的也都比较好。
> 中老胡同32号谁家住在什么地方，大家画了一个图。最后一起校正、调整，由画工程图出身的沈虎雏画成个标准的图纸，很详细。

1900年，一座皇室贵族的大院，到了1946年，成了云集了这个国家最好大学里最优秀一群教授的大杂院。

沈从文在北大（1947年）。

附：与沈从文同时住在中老胡同32号院的北大教授

住房号	姓　名	北大职务	主要贡献	著（译）作
6	朱光潜 （1897—1986）	北京大学文学院代理院长	中国现代美学的奠基人和开拓者之一	《西方美学史》
2	贺麟 （1902—1992）	北京大学训导长	现代新儒家的早期代表人物之一	《近代唯心主义简释》及译作《小逻辑》《黑格尔》
9	冯至 （1905—1993）	北京大学西语系教授	中国最为杰出的抒情诗人之一	《杜甫传》《十年诗抄》及译作《海涅诗选》
13	曾昭抡 （1899—1967）	北京大学教务长兼化学系主任	化学家。中国科学院院士，中国化学会的发起人之一	《炸药制备实验法》《原子及原子能》《元素有机化学》
12（先） 1（后）	陈占元 （1908—2000）	北京大学教授	著名翻译家，香港《大公报》的创始人之一，桂林明日出版社创办人	译作《农民》《高利贷者》《斐多芬传》
17	江泽涵 （1902—1994）	北京大学理学院代理院长	中国代数拓扑学的开拓者	《拓扑学引论》《不动点类理论》
3	袁家骅 （1903—1980）	北京大学语言专修科主任	中国现代汉语方言学的开拓者	《汉语方言概要》《阿细民歌及其语言》及译作《语言论》
21	闻家驷 （1905－1997）	北京大学校务委员会常委兼西语系主任	著名法国文学专家、翻译家	《欧洲文学史》及译作《雨果诗选》《红与黑》

续表

住房号	姓　名	北大职务	主要贡献	著（译）作
10	周炳琳 （1892—1963）	北京大学法学院院长、经济系教授	法学家、教育家、自由主义知识分子	《政治经济学批判大纲》（译著）
16	孙云铸 （1895—1979）	北京大学地质系系主任、教授	中国地质学会创始会员之一	《中国古生物志》
15	费青 （1907—1957）	北京大学教授、法律系主任	法学家	《国际私法论》《法理学概要》《西方法律史》及译作《法律哲学现状》
8	吴之椿 （1894—1971）	北京大学教授	著名教授、政治学家	《民治与法治》《自由与组织》及译作《德国实业发达史》《近代工业社会的病理》《论出版自由》《印度简史》
20	庄圻泰 （1909—1997）	北京大学数学系教授	我国亚纯函数的值分布理论研究的开拓者	《复变函数》《亚纯函数的奇异方向》《亚纯函数的不动点与分解论》
4	孙承锷 （1911—1991）	北京大学理学院代理院长	近代化学动力学的开拓者之一	《均相原子反应的绝对速率》及译作《化学动力学与历程》
22	马大猷 （1915—2012）	北京大学工学院首任院长	中国物理声学建筑声学开拓者	《现代声学理论基础》

续表（一）

房间号	姓　名	北大职务	主要贡献	著（译）作
14	张景钺 （1895—1975）	北京大学生物系主任，曾兼任理学院院长	中国植物学会创始人之一，植物生理解剖学和实验形态学的开拓者	《植物系统学》
12	芮沐 （1908—2011）	北京大学法学院教授	中国经济法学和国际经济法学的学科奠基人	《民法法律行为理论之全部》
19	杨西孟	北京大学经济学系教授	美国经济问题权威	《论分割数》《当前美国经济问题及八十年代经济前景》《略论现代国际贸易中的不等价交换和价值转移》
13	徐光宪 （1920—2015）	北京大学化学系教授	著名物理化学家，无机化学家，教育家	《物质结构》《萃取化学原理》
11	陈友松		教育家	

3 最西北角的一长条·末端住了四姨，吸引来了四姨父

沈从文家在院里很背的地方，在最西北角上，当年珍妃家在这里的时候恐怕是供下人住的吧。后来又经过日本人改造，这排房子变成了贯通的窄条子。家虽是一长条，但是样样齐全。

沈龙朱回忆说："最东边一个门进去就是厨房，厨房穿过去是餐厅，餐厅后面有一小间是保姆住的地方。再过去正门对着的是一个厕所，再过去一小间，再过去一小间，再过去一小间，再过去一小间，一下子四小间，是一个大通条。"

1947年1月23日，阴历正月初二，午后，沈从文在北平的客房里，给远在苏州的张兆和写信，谈论的是中老胡同这个新家的布置：

> 天雨雪，客房似稍冷。我还想趁你们来以前改造一下，移动一下，新年可找不着工人。想用大间作卧房，移书房于小间，是个办法。可是还不定如何移，也许等你来斟酌了。好在住得下去，只不怎么松动罢了。但和一家二口三口的比，我的已极富裕。因为有些人只小小三间，转身即不容易。真为孩子计，我们或许能迁往和平

门附近住,二顽童上学极妥,如有房子费十万可租,也值得,为的是另一方面极省事。可是十万不容易得到住处。我三次课都是早八点。这一年半载我看只能作对付计了。再有两个月既不必升炉子,也许可以展得开些,炉子相当占地位。

张兆和、沈龙朱、沈虎雏回到沈从文身边之后,张充和也来了。她在《沈二哥三姐夫》一文中回忆说:

> 1947年我们又相聚在北平。他们住中老胡同北大宿舍。我住他家甩边一间屋中。这时他家除书籍漆盒外,充满青花瓷器。又大量收集宋明旧纸。三姐觉得如此买下去,屋子将要堆满,又加战后通货膨胀,一家四口亦不充裕,劝他少买,可是似乎无法控制,见到喜欢的便不放手,及至到手后,又怕三姐埋怨,有时劝我收买,有时他买了送我。所以我还有一些旧纸和青花瓷器,是那么来的,但也丢了不少。

朱光潜先生。

在那宿舍院中，还住着朱光潜先生，他最喜欢同沈二哥外出看古董，也无伤大雅的买点小东西。到了过年，沈二哥去向朱太太说："快过年，我想邀孟实陪我去逛逛古董铺。"意思是说给几个钱吧。而朱先生亦照样来向三姐邀从文陪他。这两位夫人一见面，便什么都清楚了。我也曾同他们去过。因为我一个人，身边比他们多几文，沈二哥说，四妹，你应该买这个，应该买那个。我若买去，岂不是仍然塞在他家中，因为我住的是他们的屋子。

这个时候，到北京大学来的德裔美籍犹太人汉学家傅汉思，常常跑到中老胡同北大宿舍与这些教授们交流，其中包括沈从文家。到沈家以后，谈天、吃茶、吃饭。虽然到沈家的人很多，尤其是年轻的学生或者热心写作的人，但是沈从文对他这个外国人也格外好。沈从文既要写小说，还要在北大教课，也得款待各路来客。不过，沈从文很快发现傅汉思常常来的用意。连傅汉思自己说起来，都有点忸怩："过不久，沈从文以为我对充和比对他更感兴趣。从那以后，我到他家，他就不再多同我谈话了，马上就叫充和，让我们单独在一起。"

沈龙朱回忆说：

四姨就是在我们家恋爱的。我们住在北大的时候，我们单独为四姨辟出一间房子。我们那一串宿舍是一间两间三间四间，接着一个厨房客厅厕所，都很小。个别的当中有出去的门，但都是封死的。家里把这一串尽头的一间给了四姨，把相连的那门堵死，她单独在那。她可以单独开门出去。

四姨当时在北大。杨振声把我们接到颐和园霁清轩度暑假，四姨也去了，傅汉思也去了，这样他们就恋爱了。回到城里，也住得近了。他们到景山去遛弯的可能性就多了。因为我们家在沙滩，出去是景山，再过去是北海，很近很近。

傅汉思的中文洋味很足，但是他能够跟你慢慢交流，跟小虎说话，跟我说话都行。小虎把他称之为"四姨傅伯伯"，傅是姓，叫"四姨父"可以，叫"傅伯伯"可以。但小虎创造性地把两个掺在一起，大家觉得非常有趣。

是在四姨和傅汉思要确定没确定关系的时候，弟弟用这个词的。而我没有使用过这个词，我稍微大一点，也好像要稍微严肃一点了。

傅汉思也记得：大的龙朱那时十三岁，是个善良、爽直的孩子，随时都准备去帮助别人。小儿子虎雏同小龙一样可爱，比哥哥小两岁，淘起气来充满了诙谐与幽默。

4 弟弟写《我的晚娘》获爸爸夸奖·邻居"胡三爷"的悲剧

在2011年的一个活动中,沈龙朱有机会与北京市朝阳区几个小学的孩子们聊天。他问同学们:"你们喜不喜欢作文?"孩子们异口同声说:"喜欢!"

沈龙朱说:"你要喜欢,就多写。在我和弟弟小的时候,爸爸是鼓励我们随便写的。"他回忆了一件事,是父亲与作文教学相关的。他说:

> 我弟弟沈虎雏小学四年级的时候曾经写过一篇文章,叫作《我的晚娘》。这个作文真是没有道理,因为我们的妈妈、爸爸在那里,都是亲的,不是晚娘。但是弟弟就编了这样一篇作文,完全是瞎编的。
>
> 弟弟写这么一篇东西,爸爸妈妈都高兴极了,爸爸夸奖弟弟说,这个想象太好玩了。因为弟弟老听故事讲后妈怎么怎么坏,他就把想象出来的东西写成了作文,他的编造能力获得了爸爸妈妈的认可。在亲妈跟前,编后妈的故事,多好玩啊!
>
> 很难想象,类似情况发生在别人家里说不定孩子还会挨揍呢!

但我爸爸的态度完全相反。

沈龙朱记得，弟弟的作文不太长，沈从文看了连连夸奖："写得太好了，太好玩了！"一边说，一边到处拿着给人看。沈龙朱说："爸爸的态度对孩子写东西来说是个多大的鼓励啊！"

在沈从文看来，你怎么写都行，就如同他自己强调的那个"调皮"。沈从文主张："你做人要老老实实，但写文章就是要'调皮'。"

沈龙朱上小学，老师会很认真地把他的作文改来改去。老师改完了，沈龙朱重新抄好，面貌就不一样了。沈从文看到儿子的作文本，也拿给人看，说："这老师多好啊！小龙写得很好，老师改得更好。"

沈龙朱、沈虎雏兄弟俩的文笔都很不错，但他俩都没有受过刻意的训练，他们对文字的理解能力，得益于大量的阅读。沈龙朱说：

> 文笔问题，以前看的时候很少考虑。从小在家里，书多，阅读机会自然就多，杂七杂八的书都看。好看的，故事情节有吸引力，就接着看下去；不好看的，就甩了，包括爸爸的书也是。爸爸说，当好故事看也行，你就使劲看，不怕你看书看得多。

沈龙朱承认这种阅读对后来肯定是有影响的，但他觉得自己文笔谈不上好。他的文笔写检讨还凑合，他就是因为写检讨才锻炼出来了现在的文笔。而他认为弟弟沈虎雏在写作上是有些特色的。沈龙朱说：

> 弟弟小时候写作文是很好的，比我好多了。他爱认真思考，有些东西还考虑得比较细。而我是粗线条的，往往是完成任务就得。包括编辑《水》都是粗粗糙糙的，一遍一遍改。我舅舅帮我认真校对，一下就挑出好多毛病来。而弟弟能动脑筋，构思谋篇有考究。

在中老胡同32号院，有老的学者如朱光潜、闻家驷、费青、芮沐，科学方面有孙承锷，值得回忆的人和事很多，而七十岁的沈虎雏偏偏写了一个《胡三爷》。

"胡三爷"是胡适的三儿子，在中老胡同32号与沈从文做了邻居。沈虎雏的文章在《北京青年报》发表出来了。这是中老胡同32号院最让人感伤的一个故事。

在中老胡同32号大院里，我家住西北角。北平解放那年，爸爸陷入精神迷乱，三月，曾一度轻生，幸而遇救，他没成功。突如其来的举动，震惊了左邻右舍和大院众多街坊。他们中间有些人，日后也寻求解脱，却成功了。那场灾变让沈从文成了对新时代疑惧的不祥名字，来客渐少，大院西北角变得格外清静。

开春了，大地解冻，虽然家有病人，我和龙朱哥儿俩仍像往年一样，刨松小院泥土，拣出碎砖烂瓦，盘算今年种点什么。

镐头常松动，小二看在眼里，拿来家伙打进一个楔子。我欢喜小二，他很和善，手底下麻利，什么活都会干，也肯教我。我家石妈、陈友松伯伯家李妈都欢喜他，碰到玩不转的重活有求，小二从不惜力。

小二是胡三爷的中年男保姆。解放军围城时候，南京政府把北京大学出身的陈雪屏派来，抢运学者教授。爸爸也在名单上，但他和大多数被抢运对象都选择了留下。在北大五十周年校庆前夕，胡适校长仓促登上去南京的飞机。他小儿子思杜没走，带着在胡家多年做杂工的小二，带着一只长毛波斯猫，搬来中老胡同，成了我家的隔壁邻居。

……

新邻居家悄无声息，没什么来客。胡三爷难得露面，从不在我们两家共有的小院里溜达或停留，只偶尔站在门口活动胳膊腿，远远地看我们兄弟修自行车、侍弄小菜园。听石妈说，胡三爷是对面江泽涵伯伯的什么亲戚，也看不出他跟江家经常往来。

胡思杜有几次邀请沈虎雏到他的家里，给虎雏看过元宝，这大约是父母离开大陆前留给他的。几次之后，胡思杜笑着问沈虎雏："小弟，你知道吗，毛泽东领导了五四运动。"沈虎雏说："知道，知道！"因为学校有政治报告可以听，报告说："毛泽东发动湖南工人运动，五四运动有了无产阶级领导。"而实际上，胡思杜的父亲不仅是沈从文、张兆和的媒人，更重要的是倡导新文学，是五四运动的真正领袖之一。

胡思杜和一个小孩子讨论"五四运动"，并且是没有讨论意义的一件事，看出那时胡思杜的心境。他进入中老胡同32号院的时候悄无声息，不到一年，又悄无声息地走了。

沈虎雏写道：

……胡思杜在革大写了《对我的父亲——胡适的批判》，海内外几家报刊登载，对随后几年批判胡适运动，发挥过启示作用。

……胡思杜去唐山铁道学院，做了马列教员。1957年中央号召"百花齐放，百家争鸣"，胡思杜积极响应，给学院领导提教学改革建议，随即被打成向党进攻的右派分子，同时把胡适抬出来，一起批判。经过多次大会小会，在《对我的父亲——胡适的批判》文章首次发表整整七年后，9月21日他在绝望中上吊自杀，才换得永久解脱。

胡适1962年病逝台北，在他生前，家人一直不敢把胡思杜的悲惨结局告诉胡适夫妇。

胡思杜是中老胡同32号院一群知识分子中最惨的吗？其实，像他一样悲惨的还有。

费青，著名法学家，曾任西南联大教授、北京大学法律系主任、北京政法学院副教务长，1949年后任最高人民法院委员、政务院法制委员会委员，出版过《国际私法论》《法理学概要》《西方法律史》等著作。在1957年反右大潮中，他因为对国家有杰出贡献的大哥费振东、小弟费孝通都被打成

"右派",被活活气死了。

周炳琳1949年拒绝到南京。在1952年的思想改造运动中,抗拒改造。1957年想不通政策,公开为"右派"分子说话:"没有看到他们有什么阴谋。"1963年去世。

曾昭抡是中国近代教育的改革者和化学研究的开拓者。1950年8月,中华全国自然科学工作者代表大会在北京召开,毛泽东接见与会代表,周恩来在会上讲话。曾昭抡在闭幕式上做了大会总结报告。李四光当选为全国科联主席,曾昭抡等当选为副主席。1957年被打成"右派","文革"中遭受更大的折磨,1967年含冤去世时只有六十八岁。

张景钺是中国现代植物学的奠基人之一,但在"文革"中遭受迫害,病中被抓去批斗,导致卧床,于1975年去世。

5 辜负了诨名"沈狐狸"·聚会·出书·怀念，几十万块钱修个自行车

　　大院内孩子们自有一番天地，我们有着自己的快乐游戏。每到放学回家，我们在东大院玩老鹰抓小鸡；在大院的各个犄角旮旯捉迷藏；玩"口令"；组织自己的演出；一同去北大冰场滑冰；自己泼滑冰场；在大院的各小院间的小胡同里骑自行车；爬树上房；在"俱乐部"玩扑克……

　　我当时简直玩疯了，放学后一扔下书包就跑了出去，直到被家里人呼叫吃饭，饭后又溜出来……什么功课、复习全扔在脑后，直到蹲班留级……

　　在大院里，我有个不太好听的诨名"狐狸"，有时还被直呼为"沈狐狸"，可以肯定，这个雅号是某位小女孩栽给我的。当时的鄙人，尚缺乏基本的幽默感，有点耿耿于怀，对于为什么会被叫成这么一个名字，百思不得其解。我想狐狸应该是狡猾东西，我自认为不够狡猾，唯一的解释就是我当时的形象：人精瘦，尖鼻子加吊眼梢，细脖子，尖下巴颏。没办法，在孩子们中已经叫开了，我只好默认。

再回到中老胡同32院老槐树下。(左起：江丕栋、孙才先、沈龙朱、冯姚平、陈莹、芮晋洛)

六十年过去了，当年的玩伴，差不多都为国家做出了贡献，成为专家、学者、有成就的管理者……也有的过早地离开了我们。我则经历了和大家差不多的历史折腾，多次改行，一事无成，仍然有些懵懂就开始了退休生活。说实在的，我有点辜负了当年那个诨名，因为我一直没有足够的狡猾躲过本来可以避开的劫难。[1]

这是沈龙朱对那段生活的怀念。六十多年后，曾经住在这里的老教授，陆续离开了人世。而老教授的孩子们，都已逐渐步入老年。给他们以无限乐趣的院子，已经不复存在。

沈龙朱说："与中老胡同相连的是东老胡同、西老胡同。中老胡同后面还有后夹道，我家就挨着那个夹道，高窗子外面就是胡同。"几个胡同打通

---

[1] 汪丕栋、陈莹、闻立欣编著：《中老胡同三十二号——老北大宿舍纪事（1946—1952）》，北京大学出版社2011年版，第346页。

后，院子就没有了。旧址上盖了楼房。最后就剩下一棵大槐树。沈龙朱说："我和小伙伴们去那里寻找，只能看看大槐树了。我们少年时代在那里生活，对大院充满了怀念。"

老教授家的小孩子们重新聚会，是在2005年，是由闻一多的侄子、闻家驷的儿子闻立树倡议起来。闻立树住在首都师范大学，沈虎雏住在北京工商大学，两家离得近，还有几个小伙伴，就有了联系。随着各自退休，空闲时间多了，回忆也就多了。

沈龙朱说：

> 一开始我们是要聚一次的，都是原来北大那个院子里的小学生、中学生，最大的是江家的大儿子，他是高中生。这些人相聚到一起的时候，我们就提议大家写点什么。
>
> 起初，闻立树是非常严肃的。他是师范大学政治教研室主任。他认为要写就要要求很高，就一定要谈政治，谈变化，谈这些老先生的成就。我认为，这样一卡，谁还能写？冯至的孩子冯姚平提出："这叫人怎么写啊？"我在会上提出来："如果是这样，我就写不出来了，我就拿一个旧的东西顶上。"我的观点是，孩子们聚到一起，主要应该讲讲当年愉快的事情。
>
> 后来，有些人是按照闻立树的要求写的，冯姚平写的也比较严肃。这样起了头，大家就都写吧，管他写得怎么样，别要求那么高，大家还是写了不少东西。

在一百零七间房里住着近二十家北大顶级教授，他们的孩子们有多少个呢？准确的数字没有，但是粗略地统计一下，还是有不少。他们经历了"父辈"从自由主义知识分子到思想受到约束的痛苦转变。因此，这些孩子们的写作，就变得有意义起来。从筹划写作到2011年7月正式由北京大学出版社出版了《中老胡同三十二号》，经历了几年的时间。

沈龙朱说："能够出版，主要是那个院子比较特殊。我们本来也是弄着玩的，最后弄到了北大出版社。后来北大出版社找这些人又去开了几次会，才算是定下来，前后大概两三年了。"

即使拖了这么久，也不是中老胡同32号院故事的全部。沈龙朱说："也有当年我们没有见过的。我离开是1952年了，1951年在院子里出生的孩子我就不认识了。还有，跟我们玩不到一起的，我也都不认识。"

在2011年夏天采访过程中，沈龙朱刚刚拿到这本书。他说："我和弟弟都是以前写的老东西。其中一个还是你拽着我写的关于巴金的文章。"

1950年，沈从文就不在北大教书了。到了1952年，大规模的院系调整，北京大学离开沙滩，中老胡同32号院便慢慢归于沉寂。沈龙朱说："北大教师好多宿舍群，但这个是比较集中的，而且最靠近北大。院儿里住的都是北大教授，后来大部分都还是。"随着院系调整，从这里全部搬离。那么，这些孩子也随家人离开了中老胡同。中老胡同32号成了一个永远的记忆。

他们生活在那里的几年，中国社会发生着巨变。他们的父辈都是国共争取的对象，到台湾，还是留在大陆，这是一个问题，是决定父辈的问题，也是决定孩子们命运的问题。而这里的教授齐心协力，选择了留下，为即将成立的新政权服务。就在两大政党为人才暗中较劲的同时，社会风气也因管理空隙发生着动荡。不过，孩子的心不会永远为阴云弥漫。沈龙朱说：

> 那时候外头尽管非常的混乱，但是大家玩得非常开心。记得外面到处都是特务打人、砸车。我们年纪小，也不管外头的事情，上学回来就是猛玩。
>
> 一次，我用自行车带着弟弟，把别人的自行车后挡泥板撞弯了。领着人家去修理自行车，我提了很高一摞钱去。记得钱非常沉，估计有好几百万。
>
> 教授们都是刚等发钱下来，赶紧买米买面，就怕钱再贬值、东西涨价。因为钱贬值快极了。拿到钱，根本就数不过来，都是一沓一沓地数，而不是一张一张地数。
>
> 爸爸妈妈的心思有些是知道的，也管不了，也管不着，还不上

心父母的事情。在院子里玩的时候,也不交流父辈即将面临的命运挑战。

附:与沈龙朱一样住在中老胡同32号院的北大教授家的孩子们

姓名	性别	父亲姓名
朱世嘉	女	朱光潜
朱世乐	女	
冯姚平	女	冯至
冯姚明	女	
袁尤龙	女	袁家骅
袁文麟	女	
张企明	男	张景钺
沈龙朱	男	沈从文
沈虎雏	男	
庄建钿	女	庄圻泰
庄建镶	女	
江丕桓	男	江泽涵
江丕权	男	
江丕栋	男	
陈琚理	女	陈友松
陈重光	男	
芮太初	男	芮沐
芮晋洛	女	
孙超	男	孙云铸

续表

姓名	性别	父亲姓名
闻立树	男	闻家驷
闻立鉴	男	
闻立荃	男	
吴小椿	男	吴之椿
吴小薇	女	
吴采采	女	
陈莹	女	陈占元
费平成	男	费青
彭鸿远	女	俞大缜
贺美英	女	贺麟
王汝烨	男	王珉源
周浩博	男	周炳琳
孙捷先	男	孙承锷
孙才先	男	
孙仁先	男	

6 父亲离开北大，母亲决定离开中老胡同，入住交道口的大头条

在中老胡同32号院，沈从文经历了自己一生中最痛苦的日子。沈龙朱听说北大民主广场上有关于父亲的大字报，就跑去看，看了回来照直说给家人："挺长的呐，题目叫《斥反动文艺》，说爸爸是什么粉红还是桃红色作家，也骂了别人，不光是爸爸。"

这篇文章的作者是郭沫若，他有一个经典论断："特别是沈从文，他一直有意识地作为反动派而活动着。"

沈从文受不了，精神发生错乱，以致自杀，幸而沈龙朱在家，救了父亲一次；后来，沈从文再次割腕，试图了结人生。

这是1948年3月。

既然父亲已经被定性为"反动派"，北大的教授是做不成了。他不仅放弃了写作，而且离开了过去熟悉的文化圈，进了历史博物馆工作。沈从文进"革命大学"接受新的教育，这期间，黄永玉夫妇从香港来京住了一个多月，沈从文已经从压抑中渐渐挣脱出来。黄永玉在《太阳下的风景》一文中说：

1950年在中老胡同跟表叔表婶有过近一个多月的相处。他才四十八岁。启蒙的政治生活使他神魂颠倒。每个星期天从"革命大学"回来，他把无边的不安像行装一样留在学校。有一次，一进门就掏出手巾包，说是给小黑蛮捉到一个花天牛，但手巾包是空的，上头咬了一个洞，弯腰一看，裤子也是一个洞，于是哈哈笑着说："幸好没有往里咬。"

1949年8月之后，沈从文就到历史博物馆上班了。而中老胡同32号院属于北大。北大给沈从文家下了"搬离通知"，让沈家搬走的理由是沈从文从北大"离职已久"。张兆和觉得"非走不可"了。

1951年10月，历史博物馆派沈从文到四川内江参加土改。
沈龙朱回忆说：

　　父亲到内江参加土改，我们在北京搬家。也许母亲的想法是，父亲已经不算北大的人了，就不想在那里住了。我和弟弟还不懂，反正是妈妈做的决定。
　　我们在交道口大头条租了房，北面是一家医院。我们住在医院南边的院子里。这是一座两进四合院，我们在东北面的院子住，紧贴着马路。
　　院子正房三大间，全部由我们家租了下来。再加上一个小的黑屋子，另有一个厨房。三大间都是打通的，就像是个大堂，中间没有墙，我们用书架子隔开。当然，院子里还有其他人家。
　　租金是多少钱，我也不知道，反正记得还是用老的纸币，几万几万地拿。
　　交道口大头条新居的条件也谈不上好。因为是正房，房子比中老胡同的高，所以冬天取暖用火就厉害了。这样，冬天就需要一个很大的炉子，要不就会很冷。

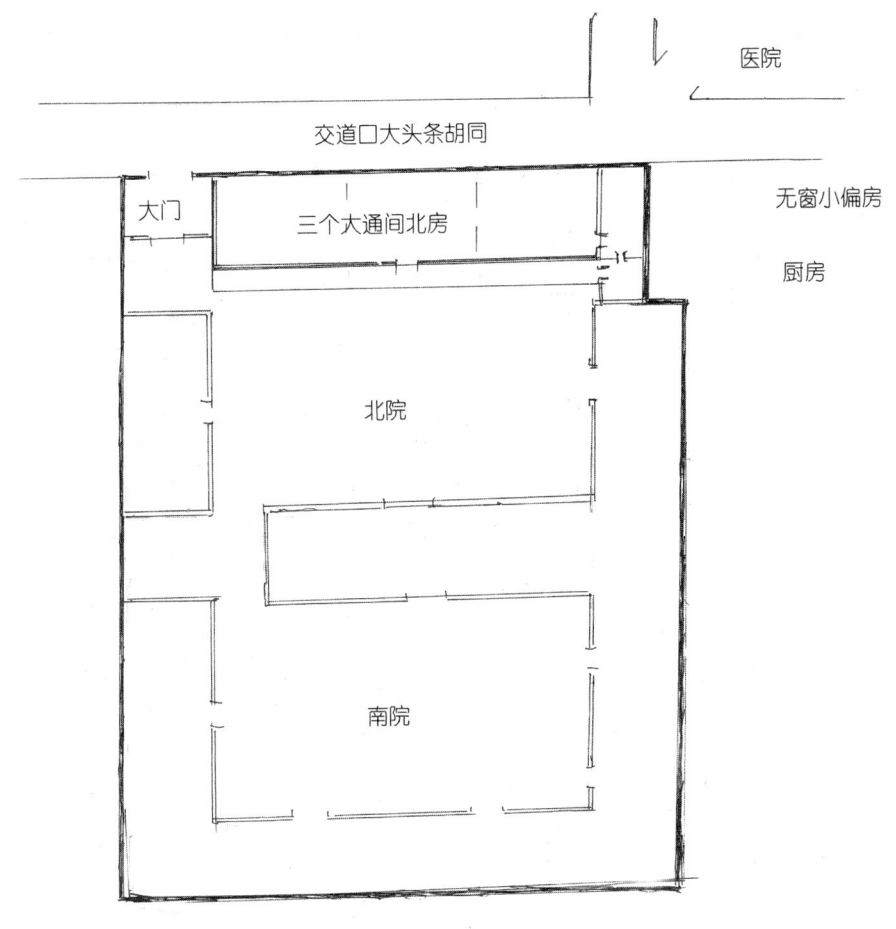

大头条平面图,沈从文家住在贴近胡同的三间北房。(沈龙朱 绘)

关于租金,虎雏说:"房租每月二十七万元,比妈妈的工资的三分之一略多。而装修也花了二十七万元。"沈龙朱记得,在交道口大头条的院子里,几户人家住得都比较亲密。前院有三家,后院只一家。母亲到"革命大学"学习,学习结束后就被分配到和平门外北师大附中教书去了。因为母亲到了师大附中,所以沈龙朱也就从四中转到师大附中(上高中)。

交道口离师大附中很远,沈龙朱就骑自行车上学。幸好东直门还有一个同学,他俩就约好一起走,相跟着来回。他的这个传统是风雨无阻,因为东直门的同学比他还要远。沈龙朱骑自行车赶长路的传统一直保持到接受我采访的2011年。他在北京城里,无论到什么地方,都是骑车去。从南城到海淀,三个小时的路程对七十多岁的他来说,不在话下。

家搬了,父亲还在四川。远在四川的沈从文知道搬家的事情。他在给龙朱的信中说:

> 你们可搬了家?搬了好,我们没有权利住下去的。不过,地方太僻,和一切隔绝,即和图书馆还隔得那么远,要读书也无可为力。但是,只要你们觉得好,也就成了。我希望回来看看,如有什么人要家庭教师,交换房子住,地点又恰近北海和图书馆,我们就来打个交道吧。

沈从文从四川回到北京,只能找到交道口大头条来报到。沈虎雏在《团聚》一文里,写到了这段生活:

> 这年寒假,爸爸同志的家属再也赖不下去了。我们只好告别大院,在交道口大头条胡同租私房住下。他从四川疲惫不堪拖着行李归来时,站在院门询问沈从文在不在里边住。

不久,母亲张兆和的工作由和平门外调到了西郊师大附中二部。那是随解放军入城的唯一一所由共产党创办并由老区迁入北京的中学。分别以张家口市立中学、晋察冀边区联合中学、华北育才中学为名,迁入北京与师大附中合并,算北师大附中二部。1955年正式定名为北京一〇一中,郭沫若题写了校名。

在圆明园遗址上,这所红色中学扎了根。张兆和住在学校认真做教师,每次回家都要奔走一次长路。而此时的沈从文已经彻底放弃了文学梦想,在文物世界里寻找自己的一点价值。他的保护式的自我放逐,并没有得到孩们的理解。沈虎雏回到家里，再没有了曾经的快乐、曾经的温暖。为什么革命成功了，国家独立了，人却开心不起来了？这正是成长的烦恼，人要离开父母的羽翼，到大社会中经受不曾经受的风雨。沈虎雏在《团聚》里详细地描摹了自己的心境：

> 这小院住着不多几户，邻居净是女孩，几张嘴一天到晚说笑不停，使我觉得很冷清。大（指沈龙朱）在极远的地方读高中，活动特多，很晚回来，同我做伴机会少，于是我每天先在学校玩够了再回家。家里多半只有爸爸一人，总是伏案在写他的文物材料，我回来他才转过身，同我谈点什么，也趁机休息一下。
>
> ……
>
> 其实若没有女孩们叽叽喳喳，我真可以扣两回麻雀玩玩。从爸爸进"革大"之前，来看他的朋友就一天天稀少了。搬到这儿以后，离老朋友远，来往机会更少了。但怎么可以发牢骚呢？归根结底，是他自己落在时代的后边，我们得帮助他赶上去。但是谈何容易？我自己还进步很慢，哪有那个水平呢？
>
> 妈妈教中学，当班主任，星期日下午又匆匆往圆明园赶，路上要两个多小时。这晚上，家里更觉冷清。在寂寞的家里，唯有思想落后的爸爸，跟我待一块的时间多。明年，大就进大学了，他住校去，我更寂寞……

父亲的朋友们绝少来往了，母亲和哥哥在家的时间都短，念中学的沈虎雏和一个跟不上时代的父亲在一起，感觉到了前所未有的寂寞。不久，家里来了一个客人，这是沈从文湘西的亲戚黄永玉。黄永玉的到来，使家里多少呈现出一些难得的生气。黄永玉是受沈从文的鼓励，从香港回来建设新中国的。他在《太阳下的风景》一文中写出与沈虎雏完全不同的感受：

> 那是北方的二月天气。火车站还在大前门东边，车停下来，一

个孤独的老人站在月台上迎接我们。我们让幼小的婴儿知道:"这就是表爷爷啊!"

从南方来,我们当时又太年轻,什么都不懂,只用一条小小的薄棉绒毯子包裹着孩子,两只小光脚板露在外边。在广东,这原是很习见的做法,却吓得老人大叫起来:"赶快包上,要不然到家连小脚板也冻掉了……"

时间是1953年2月。

我们坐着古老的马车回到另一个新家,北新桥大头条十一号,他们已离开沙滩中老胡同两年多了。在那里,我们寄居下来。

……

现在租住下的房子很快也要给迁走的。所以住得很匆忙,很不安定,但因为我们到来,他就制造一副长住的气氛,免得我们年轻的远客惶惑不安。晚上,他陪着我刻木刻,看刀子在木板上运行,逐渐变成一幅画。他为此而兴奋,轻声地念叨一些鼓励的话……

7 在拥挤的东堂子胡同，
一度不好意思回家，回家也就是干活

到了1953年，历史博物馆在东堂子胡同给沈从文分了宿舍。这个新住家在东单红星电影院对面。他的湘西老乡刘祖春回忆起东堂子胡同的沈从文，这样写道：

> 那是历史博物馆分配给他住的，在米市大街东堂子胡同一个大杂院里。走进小小头门，迎面一条狭长的不过五尺宽的小巷子，快走到底，便看见一矮一高两堵涂满白色石灰墙。这是大院公用的厕所。走到厕所前，向左跨一步，进了院，与这公共厕所为邻第一个门便是从文家……掀开门帘，头一间小屋，中间由一个结实的朴质书架隔断，里面半间是厨房，外面半间放一张小圆桌、几张独凳，算是饭厅。转身往里迈一步进入内室，就是从文他一个人活动的那块小小天地，小得可怜的一块地方。靠西墙一张书桌，南面一张旧藤椅；一张床放在靠北墙处。到处摆满了书：现代平装书、线装书，成本的拓片和画册。他写东西用的桌面像是从书堆中挖出来的，那么一点点宽的地方。不知为什么，我一走进这个小得可怜的

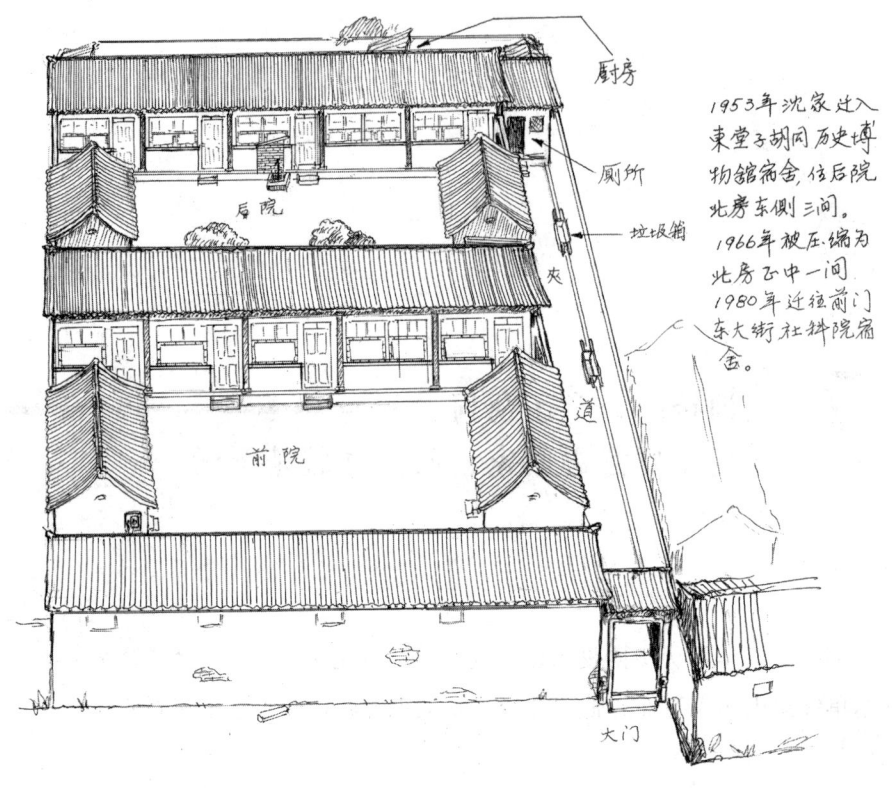

沈从文在东堂子胡同历史博物馆宿舍的家。（沈龙朱 绘）

家，总使我联想到他20年代刚进北京那个"窄而霉斋"。

沈从文给大哥沈云麓的信中，也说起自己的这个局促的新宿舍，条件异常艰苦。但想明白了人生价值的沈从文，没有抱怨，一心想着工作：

> 我已迁入宿舍住。还是三间房子，白天有极好太阳照满房子中，可是我却一天亮不久即离开宿舍，到上灯后才回住处。来时向一个亲戚借了个床铺，前几天取回了。我这几天就稍微发挥了一点创造精神，用五个书箱（三大二小），三个煤油桶（一翻身就咣当

一声），十多函旧书，一块一尺半宽七尺长床板，三块二尺方书箱板，拼拼凑凑成一个床，对付下来了。到礼拜六时，再和孩子们"孔融让梨"似的互让，一个上床，两个在地面想办法，打地铺的且多些安定感。生活虽这么样，一切还是很好。因为时时刻刻感到国家可爱，个人能够这么生活，已够好了。每天只想怎么样多作点对国家对人民有益的事就更好些。

住在东堂子胡同这里的，都是历史博物馆的人。专家自然是有的，说明员和普通工人也都住在这里。两进院，分前后两个。前面一进院里，住着展览部主任，也有普通员工。

沈龙朱说："北房共有五间，我们住的是东边三间。北房最东面是厕所，我家与这个公共厕所隔一堵墙。这个厕所前面就是东房，东房墙檐底就对着我家的门。这样拥挤的院子，我家三间房只有西边一间对着大院有阳光照射，另两间房子基本上见不上阳光。我家尽西边那间房门口，是一个自来水龙头。很窄很小的后院，盖起了一间小厨房。住在西面的隔壁人家开了一个小门，通向另一个很窄很小的后院。"黄永玉在沈从文搬出交道口大头条家入住东堂子胡同之前，离开了沈家。他回忆说：

我在中央美术学院教学的工作一定，很快地找到了住处，是在北京东城靠城边的一个名叫大雅宝的胡同，宿舍很大，一共三进院子。头一间房子是李苦禅夫妇和他的岳母，第二间是董希文一家，第三间是张仃夫妇。然后是第二个院子，第一家是我们，第二家是柳维和，第三家是程尚仁。再是第三个院子，第一家是李可染，第二家是范志超，第三家是袁迈，第四家是彦涵，接着就是后门了。院子大约有大大小小三十多个孩子。一来我们是刚从香港回来的，行动和样子都有点古怪，引起他们的兴趣；再就是平时我喜欢跟孩子一道，所以我每天要有一部分时间跟他们在一起。我带他们一道玩，排着队，打着扎上一条小花手绢的旗帜上公园去。现在，这些孩子都长大了，经历过不少美丽和忧伤的日子。直到现在，我们还保持了很亲密的关系。

我搬家不久，从文表叔很快也搬了家，恰好和我们相距不远。他们有三间房，朝南都是窗子，卧室北窗有一棵枣树横着，映着蓝天，真是令人难忘。

儿子渐渐长大了，每隔几天三个人就到爷爷家去一趟。爷爷有一具专装食物的古代金漆柜子，儿子一到就公然地面对柜子站着，直到爷爷从柜子里取出点什么大家吃吃为止。令人丧气的是，吃完东西的儿子马上嚷着回家，为了做说服工作每一次都要花很多工夫。

沈龙朱高中毕业，本来想考中央美术学院。这不知道是兴趣，还是与表哥黄永玉经常来家里有关。但是学校老师说，像你这样的好学生，应该考理工科，对国家建设有更大的好处。既然是为国家好，沈龙朱就学了工科。但是在那之前，他跟着黄永玉学了一段时间绘画。他说："家里跟美术学院非常近，所以我到黄永玉家很方便。他是先住在大雅宝胡同，后来住在帅府园。"

沈龙朱于1953年考上北京工业学院，学校在西郊，而家在老城中心。这样，他只有礼拜天有时间。如果学院礼拜天有活动，他就更没时间回家了。而那时的活动，还经常有。

三间房，一家人住着也还凑合。沈龙朱和弟弟从学校回来住一间，父母住中间的一间，算是真正的卧室。另一间前后隔开，后面一半是厨房和保姆住，前面一半是吃饭的地方。沈龙朱1957年成了"右派"，头上有了一顶坏帽子，影响了家庭。他说："等到我'戴上帽子'以后，就不好意思回去了。1957年到1958年间，有几个月我干脆就不回去了。"这样，第三间房索性给保姆住了。

沈龙朱把自己的遭遇陆陆续续用书信的方式告诉了父亲。

后来，沈荃的女儿沈朝慧上高中，从湘西来到北京住在家里。她和保姆

沈从文与家人（1958年）。

住一间。这样，沈龙朱和弟弟回到家里，只好打地铺，或者几个箱子一摞就可以睡了。

1963年，弟弟沈虎雏结婚了，小夫妻在隔开的那间房子后面添加了一些东西凑合着住下。很快，爸爸从老朋友林宰平家借出一小间房来，沈虎雏夫妇便搬出去住了。

沈虎雏的女儿沈红出生后，家里更加拥挤。那时孙女沈红和奶奶张兆和住一起，所以沈从文只能让位了。那时候是单休日，沈龙朱一般是星期六晚上回来，住一晚上，第二天在家里待一天，星期天晚上离开家到单位。沈红的降临，家里没地方住了，沈龙朱干脆星期天早上回来，下午离开家。

沈龙朱说：

"文化大革命"当中，家也住在这里，但是我们兄弟都分开住了。念书的时候，我住在集体宿舍。1958年我开始在学校工厂当学徒，也一直在集体宿舍住，户口都在学校。

回家，只能在星期六和星期天。回去，也是为了帮助家里干点活，比如说安炉子、拆炉子、捅烟囱这些事情。甚至于二姨和周有光他们家里捅烟囱，装、拆、包扎起来，挂起来，这些事都是我干。干完活儿，姨妈给我做一顿好吃的。妹妹沈朝慧家的这些事情，我都干过。

我是一个普通工人，她们家男人都在干校或别的地方，所以这些事情我就来帮着做做。

这期间，沈龙朱和父母也不得不用书信联系。但是父亲母亲给他的那些信大都已经没有了。他说："因为我住集体宿舍，爸爸妈妈给我的信我都没有保存，在集体宿舍看完了，连放的地方都没有。记得有一次我住医院，出院回来后我的箱子都稀里哗啦地开着，自己的一些衣服都不知道怎么回事就没了，所以那时候没法保存。其实爸爸给我写了不少信，但是我一封都没有保留下来。"

8 运动一个又一个·
给家里引来灾祸·家越来越小了

"文革"横祸袭来,沈从文在东堂子胡同的三间房,不得不把东边的两间腾出来让给一个姓张的工人师傅使用。自己家只保留了中间一间,这一间有单独的一个门。而腾出去的另外两间,从别的一个门进去。

本来就紧张的房子为什么还要让出来呢?

沈龙朱说:

> 这全是我惹的祸。我戴着帽子,摘了帽子也还是"摘帽右派"。
>
> "文革"开始后,红卫兵押着我回去抄家。他们押着我,大家都是骑车去的。回到家里,一边批判,一边到处搜。搜的目的,主要是想搜出点房契、地契之类的东西。实际上,这些东西家里根本就没有。
>
> 红卫兵找不到最能代表家庭坏的房契、地契,但看到很多的书和唱片,就认为书和唱片应该有问题。
>
> 唱片其实都是我和弟弟买的,是捷克、德国进口的,很好的

三十三转的唱片。因为父亲也喜欢,我们兄弟每人每月拿出工资的十几块、七八块买张密纹唱片,多半是交响乐、小提琴协奏曲、钢琴协奏曲……

挑头去抄家的同事叫马××,他还把沈家人排成一排听他训话。沈龙朱平时与工人师傅吃住干活都在一起,关系处得不错。后来几个人步行串联穿越山西到延安,其中就有马××。沈龙朱说:"抄家并没有使我们结仇,大家照样来往。连我都不理解父亲,一般工人去抄家,就认为父亲是反动文人。他们本来不怎么太懂,大家都不懂,'文化大革命',没法懂。"

红卫兵主观地认为,沈从文收藏的是黄色唱片。他们不懂英文,为了证明查出来的真是黄色唱片,专门派人回学校请了一位英文教师。这位老师来看了看,确实不是黄色的。但即使这样,唱片也都被拿走了。红卫兵们逼着家里专门腾出一个房间,把书、信都塞进去,封存起来。

1972年,沈从文在东堂子胡同家中,这里也是他的工作室。

发生了这件事情以后，历史博物馆的造反派觉得：眼皮底下的"反动派"，自己不去抄，反而让别的单位的革命派抢到了前面。于是，他们也组织起来，到沈从文家抄家、造反。历史博物馆的造反派接连抄了六七次家，有些书信被搜走了，大量的书被封存了起来。

历史博物馆造反派认为，像沈从文这样的"反动派"，不应该有好的待遇。这些房子应该让那些受苦的工人阶级来居住。于是，家里只好把两间连在一起的屋子腾出来。这样，家里就更没有地方搁东西了。

末了，封存的书要还回来，实在没有地方放了。因为就剩下那一间房子，房子里头还有一些过去的大木箱子。沈龙朱记得，那些大木箱子有些是广西开明书店抗日战争期间印的《长河》《边城》，土纸本的书，纸张泛黄，印得很差。好像那时候出版社不给稿费，给了一部分书。这些书印象中还是从昆明运过来的，搁在那里好长时间没有用。

沈龙朱作为家里最强壮的劳力，因为失去了人身自由，也没法回家帮助整理。家里一个劳力也没有，张兆和就与黄永玉的爱人梅溪一起，借了辆三轮车。两个人也不会蹬，推着车把这些东西都当废纸卖了。沈龙朱说："那些版本如果留下来，可能个别的还有些保留价值，至少是抗日战争时期的。"

9 从咸宁干校到丹江口干校，父亲渴望回北京搞《服饰研究》

"文化大革命"发展到1969年秋天，沈龙朱的母亲被下放到了湖北咸宁干校。

"干校"是干什么的？1968年10月，毛泽东批示："广大干部下放劳动，这对干部是一种重新学习的极好机会，除老弱病残者外都应该这样做。在职干部也应分批下放劳动。"① "下放劳动"是对知识分子改造运动的延续，不仅思想要改造，身体上也要践行。正如后来被称为"五七指示"的毛泽东的原话所讲："……军队应该是一个大学校，即使在第三次世界大战的条件下，很可能也成为这样的一个大学校，……这样的大学校，学政治，学军事，学文化。又能从事农副业生产……"

已经三十五岁、对自己未来还没有把握的沈龙朱在学校工厂做工。听说母亲要离开北京被下放到湖北，他赶回家去帮助母亲把所有要带的东西弄好。这时候，弟弟一家已经定居四川；父亲身体不好，不能出门。龙朱把母

---

① 贺黎、杨健：《无罪流放·前言》；载自贺黎、杨健：《无罪流放》，光明日报出版社1998年版，第2页。

亲送到火车上,母亲就随《人民文学》编辑部的同事们,南下走了。

他们到咸宁干什么?与张兆和在同一个干校的王世襄说:

> 刚到咸宁干校,"五七战士"开始围湖垦荒。一片向阳湖,十里荷花塘,原本波光潋滟,水产丰富。围湖造田,真是大煞风景。造田本为多打粮食,但地是板结的,种稻子得两年才能缓过气来,所以头一年收获不大。我们开始时,天天吃窝头,就水疙瘩咸菜。有时水疙瘩都长出红霉,洗一洗再吃。①

本来遵照毛泽东的意见,"老弱病残者"可以不下放。但是,六十七岁的沈从文在张兆和被下放两个月之后,也不得不离开北京。沈龙朱说:"妈妈走后不久,接下来就是林彪的'一号令',疏散老弱病残,让他们投亲靠友去。"

1969年10月28日,沈从文给张兆和的信里,这样说:

> 我往何处去?大(指龙朱)是问题。因来京已五十年,真正老家应在此地。凤凰去不成,苏州是比较可去处,你生长地总比较熟,一二年后你可回来,但是否得再疏散,是否有住处?其他地方无一亲戚朋友可以投靠。所以和大商量,大也觉得,若真的提出,就说"和大儿子一道",有个照顾,也比较合理。至于去自贡(指沈虎雏居处),恐不易用作"老大爷"身份和之佩相处。即以教育红红而言,便不免多矛盾!

沈从文面临几个选择:第一,回凤凰老家,但老家没有亲人,回去不现实。第二,去苏州,但是那边欢迎不欢迎不知道。第三,到四川投靠次子沈虎雏,沈虎雏一家也希望他们去。但他想了想,觉得去四川不大合适。最理

---

① 贺黎、杨健:《无罪流放》,第113页。

在咸宁干校的张兆和。

沈从文在咸宁。(沈龙朱 绘)

想的是不离开北京,和龙朱在一起。

但是,要求必须离开,沈从文决定去湖北找张兆和。他想来想去,还是和老伴在一起比较合适。这个选择,领导也觉得好,答应到了干校,他们夫妻二人可以到一起住。

次子沈虎雏在四川惦记着父亲的去向。所以,向湖北出发前,沈从文给虎雏写了一封信。他写道:

> 你们收到这个信时,有可能我已上咸宁的车了。这是馆中昨日通知决定的。妈妈走时,还比较从容,我们可不免相当忙乱。这时正下午六点,一桌文稿,看来十分难过,虽允为好好保存,我大致已无可望有机会再来清理这一切了。比较难过,即近廿年搞的东西,等于一下完事,事实上有许多部分却是年青人廿卅年搞不上去的。也可能以后永远不会再有人搞的。但是库藏中却还有十万八万实物等着霉烂!我自然说不上什么了。
>
> 大哥大致明天用三天为理行李,可能还得带桌子、板凳!允许

一切饮食起居用具全带，必带。因为买不起，也买不到。住处闻分三种：一新，二民居，分别借住，三工棚。初去有可能去汀泗桥、咸宁民居住，等待新房子成后再去。我们是属于老、病、弱一类，大致在二上。一切得重新开始。离妈妈处闻在卅里左右，大致不易见到，除非是新居落成后有调动时……大致将老死新地。一切看条件去了。

当时上面通知说，除了煤球不带，其他的生活用品都要带。沈龙朱帮助父亲打包好东西，凡是能够带的书也全部装进行李中去了，还有大量的资料。即使这样，老房子里还留有很多东西。父母去干校了，北京只剩下沈龙朱一个人。他舍不得把家里剩下的东西丢弃。所以，沈龙朱坚持不腾那间房子。把东西存起来，锁了门别离了东堂子胡同。

西屋里住着一位姓王的主任，家里孩子多，住宿困难大。他和龙朱商量："可不可以让我的孩子到你家屋子睡个觉？"沈龙朱就开了门，王主任的一个孩子住了进去。这家人也不动沈家的东西，大家友好相处。

当时说是疏散，老弱病残的都要疏散。"林彪一号命令"的意思是，马上要跟苏联打了，凡是居住在城市里的老弱病残者，尽量疏散到乡下，躲开打仗的地方。响应号召，在城市主动报名"被疏散"的很多，包括一些领导。但是，历史博物馆最后真正下到咸宁的，只有三家。一个是沈从文，一个是修复青铜器的专家，还有一个是做拓片的专家。沈龙朱直后悔，自己和父亲太老实，一动员就出发，实际上不疏散也可以。

沈龙朱亲自把父亲和很多的东西，一直护送到咸宁。他本来以为送到目的地，一交接，就没事了，所以已经买好了回程的车票。车上东西全部卸下来，堆到广场上等待安排的时候，母亲所在的连队说："我们自己还没有地方住，怎么接待家属？再说，我们也没有收到上面下来的通知呀！"

人既然来了，总不能马上又回去。一家三口和几乎所有的家当、沈从文重要的书籍资料，就这样被晾在了野地里，束手无策。三个人中唯一的劳力，不仅在北京受一定的管制，不能延误，而且回程票登车的时间就要到了。没有办法，沈从文只好让儿子走。沈龙朱一肚子苦水，不知道怎样表达。强忍悲痛丢下父母,只身回到已经没有什么家可言的北京。

行李由张兆和盯着,大大小小的箱子撂在外边,沈龙朱走了。沈从文后来回忆说:

> 到六九年末,且被胁迫限定时日,疏散下放到湖北咸宁五七干校。到达指定目的地时,才知道"榜上无名",连个食宿处也无从安排。于岁暮严冬雨雪霏微中,进退失据,只能蹲在毫无遮蔽的空坪中,折腾了约四个小时,等待发落。逼近黄昏,才用"既来则安"为理由,得到特许,搭最后那辆运行李卡车,去到二十五里外,借住属于故宫博物院一个暂时空着的宿舍中,解决了食宿问题。

把东西和人都拉到干校的总部。那里有一排平房,沈从文初步被安排在那排平房的里头。住在这里干什么?沈从文说:"因为人已年近七十,心脏病早严重到随时可出问题的程度,雨雪中山路极滑,看牛放羊都无资格,就让我带个小板凳,去后山坡看守菜园,专职是驱赶前村趁隙来偷菜吃的大小猪。手脚冻得发木时,就到附近工具棚干草堆上躺一会会,活活血脉,避避风寒。夜里吃过饭后,就和同住的三个老工人,在一个煤油灯黄黯黯光影下轮流读报,明白全国'形势大好'。"

这个地方叫"452高地",沈从文住了二十天,给儿子虎雏写信报告:

> ……在京一经动员,我即不加考虑答应了。来到时,才明白不免增加人家为难。因为是头批下来,受特别照顾,暂搭故宫新宿舍住下。行李搁廊子下。到月终,本单位大部队三百人来时,可能一下火车即直奔另一个荒山挖煤处,担负挖煤工作。我们大致得同去。生活条件必比这里差得多,但是一定还是能适应,不必担心。唯距妈妈处近七十里,见面将不大可能了。因为一离北京,来到的又是二年前经过大动荡有几十万人武斗的地区。一切可想而知!

张兆和没有能够和沈从文住在一起，而是跟几个女同志住在老乡家里。沈龙朱说："红砖的房子还没有盖起来，所以母亲和同事们只能住在老乡家里。"沈龙朱不放心父母，找机会前去探亲，也去过那个老乡家。

沈从文来了，又老又病，夫妻两地，但总要安排吧。怎么安排呢？当时历史博物馆没有连队，不过，历史博物馆和故宫算是同一个系统。所以就把新来的三个专家安排在故宫连队里了。沈龙朱说："故宫连队离妈妈那个连队四十多里。故宫这个连队是在一个叫双溪的地方，是开煤窑的。母亲这边是叫向阳湖，任务是把湖水抽干了，种田。"

双溪，沈龙朱也去过。到了双溪，一开始住在大队办公室的楼顶上。上面有一圈就像廊子一样的地方，三家人就打地铺睡在廊子里。后来，一些东西存在大队办公室楼上，人搬到小学里面。沈从文就住在一个小学里头。不过，小学已经停课了，大家都在"闹革命"。历史博物馆的三家就都被安排在那里了。沈龙朱第一次去探亲，就和父亲住在小学校里。沈龙朱回忆说：

> 房子漏雨，漏得一塌糊涂。屋子外面高于房子里面的地面，所以洪水、泥沙就从外面直接灌进来。屋里面就汪着泥。
>
> 住在这里的人在屋里摞了一排砖，从门口一直排到床前，再从床边摞到箱子、柜子边上，再从床摞到书桌那个地方。只有像搭桥一样，父亲才能在屋子里走动，否则就只能蹚水。
>
> 屋子里的箱子、柜子上面，全得用塑料布盖着。床上面也拿塑料布撑着，所有的箱子、柜子下面得垒三个砖加高。因为房顶上面一直哗啦哗啦滴水。屋里地下都处摆着盆、痰盂，接上面滴下来的水。
>
> 下雨，住在里面的人，就得把进了屋子里的泥水，一盆一盆地倒到前面的院子里更低的地方去冲人家。幸好，隔壁住的是故宫的一些朋友，大家处得也很好，没有什么怨言。
>
> 父亲当时已经是七十多岁了，大家对他很好。同时去的两家才五十多岁。

沈从文在湖北双溪的第一个驻地。（沈龙朱 绘）

我们从沈从文给张兆和的信中，也可了解到当年沈从文在"漏屋"中的狼狈与自嘲式的"自得"。6月19日的信中说：

> 这里房子越来越湿，雨中有时得用四个大小盆子承接，恰好正有四个旧破盆带来，却想不到正得用……一共廿多间大小房子，恰好我住的一间大漏，当成一种"学习"，也平平常常了。

7月1日又说：

> 这里就是房中太湿，包括本区医生在内，凡是来到我房中的，都无不认为太湿。地下简直如雨后公路。我倒也居然适应下来了。

沈龙朱（中）偕新婚妻子马永晔到湖北双溪探望父母时，与沈从文合影。

沈虎雏（中）到丹江探望父母。

晚上有时雨较大时，有三处漏雨，只一处能接小半盆，在屋角有点点如桃源时情形，其余不久即自停了。

8月26日再次在信中说：

六点钟时这里来了大雷阵雨，是今年最猛烈的一次，房中上漏六七处，各种工具全用上还不抵事，幸好床位部分无事。最严重是地下外水浸入二处，直到床脚，幸亏张家父女为抢救，倒水七大盆，才缓和了攻势。但是我最放心不下还是你。计时正在路上，雨大，路生，雷激烈，狼狈必超想象以上！

住在名叫双溪的地方，双溪原不知道在哪里，此刻似乎都汇集到了沈从文住的小房间里去了。在这雨的浸泡中，沈从文坚强地挺了一年多的时间。到1971年秋，他和张兆和被调到了丹江口干校。老夫妻难得地团圆了。他在给虎雏夫妇的信中，表达了搬迁后的愉悦：

我们住的一间，比东堂子中那间大些，虽去大厨房极近，每天三顿有三百人来取饭取水，因后窗靠山，无人通过，所以十分清静，也少人来往。从清静说，有些像桃源……东东西西无丝毫尘土，桌子柜子都干干净净，所以妈妈十分满意，以为几十年住处，或数这里最好。

不论环境怎样变化，恶劣也罢，稍好也罢，沈从文最惦记的是自己的研究工作。在各项研究中，尤其惦记《历代服饰研究》。

沈龙朱回忆说：

在丹江口住了有半年。在这当中，父亲几次要求回来整理他的《服饰研究》。包括给我写信，让我当面向王主任提他要回北京搞

1972年,沈从文和妻子在丹江。

1972年,沈从文张兆和在丹江。

研究的要求。王主任说:"他那东西还没有批判呢,现在还搞什么呢?"

我知道这话对父亲会有刺激,但是我还是把原话告诉了他。

他要求把东西还给他,有些他要求改,有些要求补充东西,最后没人搭理他。

在干校,他凭记忆写了一些东西,都带回来了。后来就基本没有再丢了。

10 两个老人分住两处，像牛郎织女一样跑来跑去

想以工作的名义回北京根本没有人搭理，而沈从文颠簸几年之后，身体也明显更坏了。不得已，他向干校请了病假回到北京，理由是回北京看病。

只要不工作，不从事被批判的那些事情，回北京还是可以的。沈从文的要求在干校获得了批准。沈龙朱赶紧去找占着房子的王主任，与人家商量，意思是父亲要回来了，你们的孩子能不能搬出去住？王主任果然就让出了房子。

沈从文的同事杨文和1998年接受《人有病，天知否》一书作者陈徒手采访时说："我与沈先生做邻居将近十年，他住三间北房。'文革'中两间房被收回。他的那间小房里全是书，书围着他。他不串门，好相处，从不见他发火，在院子里坐着，常有客人来。我去他屋里，一谈起文物，他就讲个没完。"原历史博物馆副馆长陈乔说："沈从文从干校回到北京，他在东堂子的房子被一位工人同志在'文革'中强占。沈提出落实房子和著作出版问题，但迟迟解决不了。为了出那本服饰的书，打了一个报告到文物局，一直压着……王冶秋对沈有看法，认为沈是灰色的旧知识分子，是在旧社会培养的，要控制使用。那时沈找过我，发过牢骚。我只能做一些解释工作。我是

副馆长,只能提意见,没有决定权。房子、出版问题,我说了话没人听,工人不会给你搬出去,不会腾出房子。没办法解决,我无能为力。杨振亚馆长认为沈不是主要人才,并说'要走就走'。沈很有意见,后来带着激愤的心情离开历博。"

沈从文是回来了,但是"房子""身子""日子"三大问题,都让沈龙朱很揪心。沈龙朱自己也不能很自由,所以无法全力照顾父亲。好在那时有个好邻居——李师傅。

沈龙朱回忆说:

> 东屋的一个姓李的老工人,对爸爸好极了。那人看到爸爸一个人,感觉到他生活上有许多困难,就力所能及地帮助他。
>
> 他一个人,一日三餐都要自己做,有时候还大鱼大肉地做。煤球炉子经常灭。一会儿炉子灭了,一会儿东西烧煳了,这些是常有的事情。我有时候星期六过去,就给他带点东西,或者做点东西吃,能够帮点忙。但是他不许我动他的东西,因为摆得乱七八糟。
>
> 他在北京一边看病,一边干他的事。不仅没有人支持,还有人认为他一个吃闲饭的老人,还能搞出什么?
>
> 每天早上,他自己去街上买点奶,买点吃的东西回来。买点现成的东西自己拿回来能吃。那时候已经好一些了,不限制供应了。粮票什么都不那么太重要了。
>
> 有时候他自己还做红烧肉吃,他喜欢吃肉。其实,他血压高,大夫让他少吃肉,可是他照吃不误,有时候还自己弄点肘子吃。
>
> 他的日子过得还行,勉强能够独立过日子。

沈从文这样生活了半年。到了1972年8月,张兆和退休了,从干校回到北京。但是东堂子住家实在太小了,没有办法住下。怎么办呢?作家协会给张兆和在小羊宜宾胡同安排了房子。沈龙朱说:

要这个房子的时候,就有解决我户口问题的想法。当时妈妈还没有回来,要了这房子就考虑户口挂谁的好。妈妈让挂上我的户口。我说我是集体户,很少回来。妈妈说:"不行,就挂你的户口!"我只好把在学校的集体户口退了,这样才能来这里拿到这个房子。拿到了,我就开始施工。

我的户口从学校迁出的时候,学校就说:"你要移出去,以后就没有在学校分房子的机会了。"但是,我没办法,只好迁出来。说实话,那时候学校何时能分房子也还遥遥无期呢。

学校没地方了,我就只能每天骑自行车来回跑。

东堂子与小羊宜宾胡同隔着两里路。沈龙朱说:"东堂子胡同出去是南小街,南小街再往南一个胡同扎进去,就是大羊宜宾胡同和小羊宜宾胡同。两个羊宜宾是串在一起的。"

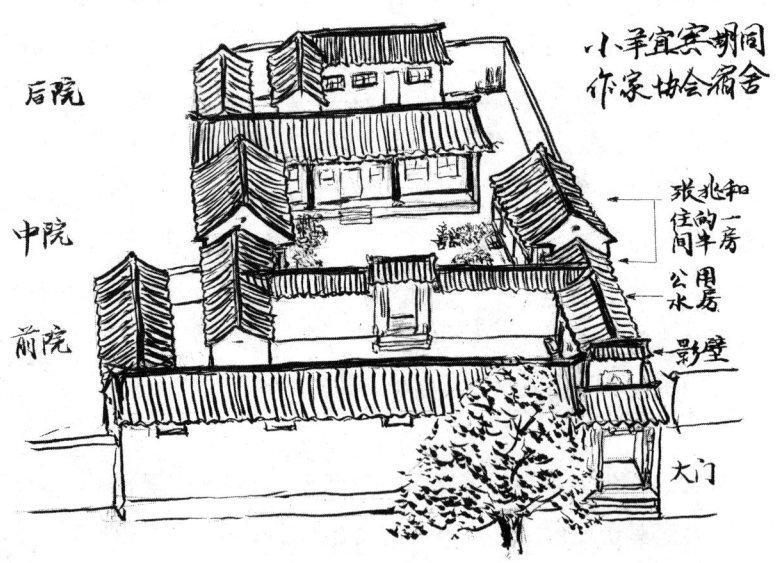

小羊宜宾胡同作家协会宿舍。(沈龙朱 绘)

1974年，沈从文在小羊宜宾寓所。

小羊宜宾胡同是作家协会的大院。作协给了张兆和院子里的东房，一大间，一小间。沈龙朱说："本来这边东房也是三间，靠北面的两间有人住了。南面的一大间，小门下去一个很高的台阶，是后来加盖出的一个小间。"

母亲还没到北京，沈龙朱就先去刷房子、打扫。他认为自己做这些事情是行家里手。小羊宜宾住处，厨房是公用的，大家在外头一起烧饭。

沈龙朱回忆说：

妈妈住在离爸爸两里远的地方，这样每天就可以去给爸爸送饭，照顾爸爸。有时候过去给爸爸打扫一下。

后来，爸爸晚上过来小羊宜宾吃饭。吃完，他带着第二天的早饭和午饭再回东堂子胡同。爸爸晚上不在妈妈这里住，因为晚上要工作。每天晚上提溜着一个小兜,走两里路,也等于是运动了。

爸爸那边,我就给他在门口搭了一个小枷子。因为门口有一个非常窄的小台阶,这个台阶正好放一个炉子,下雨就不行了,所以搭一个小棚子。这就是他的厨房。

妈妈回来的时候,我已经开始玩月季花了。小羊宜宾院子是一个很好的院子,我觉得妈妈回来了让她种点花。她退休回来六十多岁了,她也喜欢花,我说让她就玩玩吧。把人家地里的月季花挪了很多到妈妈那里,好极了。

11 "右派"沈龙朱三十七岁才结了婚,婚后家里条件更加难堪了

到1970年的时候,沈龙朱已经三十六岁了。因为有"右派"这个身份,他不仅政治上无法得意,而且耽搁了婚姻大事。一个"右派"工人,在北京连个老婆也没讨到。为什么呢?沈龙朱说:"因为人家一介绍,我就坦白啊。首先坦白自己过去的情况,你要觉得有问题,就干脆别碰,要不弄得后来不舒服。我一向是这种态度,但是别人却说我不诚心,问你为什么一开始就说这些东西啊?"

把"右派"这个事"捂住",沈龙朱觉得不舒服,认为是在欺骗。所以因为政治身份,沈龙朱一直打光棍。

1970年,沈龙朱被厂里评为"五好战士"。一边是"右派",一边是"五好战士"。沈龙朱是什么滋味?他获得一个"五好战士"的称号,要比别人难得多。他这个称号的获得,全是靠自己一点一点干出来的。当远在干校的沈从文知道儿子获得这样一个称号的时候,也感觉满意。沈从文在给张兆和的信中说:

> 大弟在学校这几年的行动表现,大致已得到厂中群众点头,

和工宣队点头，站的位置是对了。不过我写信还告他，还是要十分谨慎虚心，长处好好保持，弱点加以克服，进一步提高，向优秀老工人、老党员看齐，——特别是工作态度有些生硬处，决不要以为是个工人就必须这样，也改不掉。应注意到这一点……新的依靠对象，必然是忠实党员，有觉悟工阶，和在运动中为人正派，紧跟主席指示行动的干部。大弟成为"五好战士"有一定道理。（1970年4月15日）

在儿子的婚姻大事上，沈从文虽然有惦念，但也达观。他和妻子交流说：

我和你一样，以大弟品质、工作那么好，不会连一个爱人也找不到！"爱人，爱人"，总得人可爱才能同处同过日子！如果你说的，某公女儿式女孩，毫无可爱处，说思想如何如何，我多少还有点怀疑！我曾经熟悉过一些所谓有好思想的女孩，且入了党，但比起大弟小弟，可差得不知道多少！他既忙于工作，不怎么用心到这事上，我们也不用过于着急！（1970年9月10日）

1970年9月，沈龙朱获得一个探亲假的机会，就到咸宁干校去看望父母。在北京的舅舅张宁和拍电报给他。电报里，舅舅让哪天哪天以前，一定要从武汉赶到上海，"有人在那儿的谁家等你！"沈龙朱只好从命前去。实际上，两家还是有一点亲戚关系。沈龙朱多年后调侃说："是我的一个舅舅硬把我们拽在一起的。不知道怎么搞的，之后就混在一起去了。"

专门和我说起婚事的那次，沈龙朱这样说：

我去湖北探亲，忽然一个电话让我到上海相亲。我就只好去，去了以后就见到了我现在的爱人，彼此还说不清楚感觉。但从上海起程，她陪着我到了南京。从南京分手，她回苏北，我回北京。一面之后各自回家便开始了通信。

沈龙朱到工地看望妻子。

第二年,舅舅就说"你应该请人家到北京玩,她没有到过北京"。

沈龙朱写信邀请女朋友来;来了,住在白纸坊舅舅家。沈龙朱每天来回跑。就是这一次,两个人基本确定了关系。关系确认后,马永暐就回去了。

两个人1970年9月认识,到1971年4月,在苏北淮阴清江登记结婚了。一登记,两个人马上就坐船到南京,再从南京坐船到湖北看父亲母亲。沈从文1971年5月4日给张兆和的信中说:

> 大弟等来双溪,我极高兴,也可说近十年来最高兴事,你定必有同感!可惜天雨较多,不能和他们各处走走。房中得他和永暐料理一新……

马永晔在湖北双溪与沈从文合影。

他又给远在四川的虎雏写信说:

> 大带了他的新娘子,来住了四天。在招待所住,等于在此结婚,因为一登记即上路。来去坐船闻极舒服。五号即去妈妈处,也住了四天,即坐长江船回上海了。今天应早已返京。妈妈信转寄看看,可知到那边大略情形。在这里照了两卷相,下个月或可寄部分来。新娘子人很好,诸亲都放了心。只是分离远了点,一二年或者才可望把大调过南方。(1971年5月23日)

沈龙朱回忆说:

> 父亲住在一个姓陈的老乡家里,我就在那里待了两天。吃饭是在食堂。后来就又赶到向阳湖看妈妈,在妈妈那里待了两天,这就

1973年,沈从文和孙女沈帆。

两个孙女沈帆(左)、沈红(右)。

等于我们的蜜月。

那时候请假方便，我写了封信回单位，说要续假。马永暐到上海出差，我就跟着她到了上海。她在上海的工厂里监督人家生产巨型的工地用的吊车。我就闲着，到处去玩、去看朋友、看舅舅。当时窦家的人也算是很亲的，他们在上海，我的二舅也在上海。后来我们还去杭州看过她的亲戚。

玩了几天，我们就分开了，她到了她的苏北，我回到我的北京。

在父母两处一共是住了四天，还是分别住了四天？父子二人的表述不一样。沈从文说在咸宁就是结婚。但沈龙朱说："结婚是在北京结的婚，在集体宿舍，住的招待所。"

刚结婚的时候，沈龙朱是个纯粹的工人，干了十几年还是个四级工；马永暐是技术员，在水电系统物资公司工作，一年到头老是出差。沈龙朱说："我们结婚以后的几年，几乎老是待在工地上。"

到1973年，虎雏的女儿沈红要来北京上学，龙朱的妻子马永暐要来北京生孩子。为了照顾沈从文身体，想让沈从文回到小羊宜宾张兆和这边住，但因为孩子们都来了，沈从文到了张兆和住处，就没有地方住了。张兆和与沈红住里头的一小间，沈龙朱和爱人在外头用一个隔扇隔开了住。

马永暐在北京生了孩子以后，就又回江苏上班了。孩子先在北京留了一段时间，不久马永暐又带孩子回到了工地。于是，沈龙朱继续南去探亲，原来是到干校看望父母，现在是到工地上看望妻女。

沈从文、张兆和心疼在工地上颠簸的孙女，又把孩子接到身边，由张兆和带。家里还请了一个保姆。沈龙朱得回家住，家里有妈妈带两个孩子，还要给保姆一个住处。

沈龙朱说：

我回家，就在妈妈那个房子里，铺一个板子睡。家里有几个小柜子，睡觉的时候拼起来，我走的时候就撤掉。而沈红妈妈偶尔来一次，她只能睡地下。

家里是这样的条件，所以父亲还是一个人住在东堂子那里。

沈龙朱给弟弟的女儿取名沈红，给自己的女儿取名沈帆。他说："本来是平凡的凡，后来大家加了个巾字边，就成了沈帆了。"沈红、沈帆两个孙女跟张兆和住一起，挤得沈从文没有地方住，但在两边跑来跑去的过程中，沈从文也在孙女们的身上体验到了只有儿子时不曾有的乐趣。他在给四川的儿子、儿媳的信中说：

> 沈帆小胖妹妹，胖的程度红红来时必可以详细描写，永暐这次本决心带走，大致看到孩子如此壮实，便不至于一定要带走了。她的姨姨已同永暐来，人很好相处，即住在羊宜宾，大致可住一个月以上，再和永暐一道回去。一看胖妹妹的情形，大致也就觉得还是尽她留在北京好多了。因为据说永暐有个妹妹，在贵州都匀工厂，……生了个孩子，可十分狼狈，因供应上不大方便，孩子即瘦得多，又欢喜哭闹。这里小胖胖，却从不哭，一天总是笑！还在大的指挥下跳舞，红红伴唱，到红红唱完时，她也哼哼唧唧，笑得永暐和她姨姨十分开心。（1974年1月19日）

> 目下因永暐和她姨姨住小羊宜宾，红红和妈妈同住东堂子，天气冷，三个人挤在一床，她睡在中间，夜里极暖和，因此已不怎么咳嗽。白天既消耗大，晚上因此也睡得挺沉酣，甚至于翻身也少。住那边时，一切以小胖妹妹为主，她上学又早，因此吃、住都不怎么从容。到这里来后，便成了大王，什么也以她为重，吃得也好得多，所以特别活泼。所有来客，对她都有个好印象，奶奶因此虽忙些，还是觉得很高兴……在这边最好处，大致还是因为凡事站在奶奶一边，锻炼了她和爷爷斗争斗嘴的能力，极会咬字中辩论，将来也大有用处。昨天还自得其乐的说笑要反逆流，和爷爷斗争。（1974年2月1日）

12 从前门东大街到崇文门东大街，房子越来越好，人却不能工作了

家庭生活的温馨不足以温暖七十二岁的沈从文。按理，一般的退休人员，这个年纪有个和睦安乐的家庭也就够了。但是，如果那样的话，也就不是沈从文了。陈徒手在《人有病，天知否》中写道：

> "文革"渐近尾声，1974年七十二岁的沈从文找到馆长杨振亚，谈话中流下眼泪。他希望得到最后的帮助，但没有得到满意的结果。回来后，激动之中给杨振亚写了长信……

沈从文写道：

> 因为留在馆中二十五年，几乎全部生命，都是废寝忘食的用在这样或那样常识积累上面，预备为国家各方面应用，为后来人打个较结实基础，觉得才对得起党对我的教育、信任和鼓励。我放弃一切个人生活得失上的打算，能用个不折不扣的"普通一兵"的工作态度在午门楼上作了十年说明员，就是为了这个面对全国，面对世

沈从文（1982年）。（沈龙朱 绘）

界的唯一历史博物馆在发展中的需要，特别是早就预见到馆中少壮知识上差距越来越大，才近于独自为战的。在重重挫折中总不灰心丧气，还坚持下来。把不少工作近于一揽子包下，宁可牺牲一切，也不借故逃避责任，还肯定要坚持到底！

这些话在近四十年后，依旧有振聋发聩之感！

那么，在那艰难的二十五年间，沈从文做了些什么？他在给杨振亚的信中做了粗略的表述：

沈从文在给杨振亚信中表述的自己成绩

序号	专题名称	完成情况
1	中国古代服饰研究	完成
2	绸缎史	"拿下来了，我过手十多万绸缎"
3	家具发展史	"拿下来了"
4	前期山水画史	"拿下来了"，"我们新材料比他们（日本人）十倍多"
5	陶瓷加工艺术史	"拿下来了，也过手了近十万件"
6	扇子和灯的应用史	"拿下来了，也都可即刻转到生产上"
7	金石加工艺术史	"拿下来了"
8	三千年来马的应用和装备进展史	"拿下来了"
9	乐舞乐伎演出的发展资料	"拿下来了"

说了这么多之后，沈从文最后说："……馆长，你明白这个十年，我是用一种什么心情来爱党和国家，你就理解一个七十二岁的人，和你第一次谈话中流泪的原因了！"后来长期做沈从文助手的王亚蓉和王　在回忆文章中高度评价了沈从文对于历史分类研究的这部分贡献：

> 1969年冬天，这位年近七十、身患高血压、心脏病的老人同许多知识分子一样，被下放到湖北咸宁农村，赶猪守菜。但他并未丧气灰心，稍有闲暇，即将满脑子的丝、漆、铜、玉、花花朵朵，坛坛罐罐……反复回忆温习，除考虑《中国古代服饰研究》一书应增加的图像外，还就国内文物研究工作中，近于空白点的一系列问题，分门别类，拟出草目，默写了一大堆卡片。我们现在除古代服饰外，所进行的二三十专项研究，都是根据沈先生当年在农村

"搭起的架子"而进行的。他回忆那段生活,风趣地说:"在农村'五七'干校期间,对我的记忆力是个极好的锻炼机会,血压一度上升到二百五十,还是过了难关,可能和我用心专一,头脑简单密切相关。"①

历史博物馆也做过一些努力,比如解决一下房子问题。但是这些努力都不足以解决沈从文的实际困难。在1974年5月沈从文给陈乔的一封信中,沈从文写道:

> ……由丹江回来不久,就有人说到,照政策,应当把我原住房子退还,我也间接听到这一报告,后来又像办不通。后来,又告我东直门外左家庄三楼有两间半房子,我曾去看过,房子很好,只是还是住不下,没有足够放书处。两夫妇六七十岁了,搬煤饼上三楼,实在已没有那么大力气。更主要是去天安门或故宫,得换车两次,……一天换六次车,挤到个什么样子,就用不着我说,自会明白我不宜移过左家庄的理由是什么了。

遗憾的是,沈从文在历史博物馆,与领导的沟通总是不成功。住房问题得不到合理解决,很多工作无法顺利推进。

1977年8月,为了住房问题,沈从文给邓颖超写了信。在信中详细阐述了周恩来是如何重视《中国古代服饰资料》,自己在不断的运动中是如何坚持下来的。但是写信时面临的问题是住房。沈从文说:

> 七二年后,工作可以重新进行。但个人原有图书资料,业已散失一空,住处也改为一小间,约十六七平方,搁放新收资料,即难容纳得下,因此只好和家中人分开居住,生活工作,均感困难。请

---

① 朱光潜等著、荒芜编:《我所认识的沈从文》,岳麓书社1986年版。

求调整一下住处……房子并不要求太好，只希望老幼三代六个人住在一处，日常生活能得到一点照料，工作室能够把应用图书资料分门别类摊开。翻检查用时，不必我爬向高处找寻，使家中人为此担心跌倒。助手抄书、绘图，还有个空处可以坐下来从容进行工作。外边人来商请协助工作，借看资料时，还有个回旋余地，不至于影响到家中人，使他们生活工作受妨碍……估计能有四五间房子，就可望把这点有限生命，集中用到待进行工作中去。

我们不知道邓颖超接到这封信了没有，也不知道她此后做了点什么。几个月后，还是为住房问题，沈从文再给统战部部长乌兰夫写信，说因为住房紧张正浪费着自己的生命："对于国家来说，未免太不经济！"

在历史博物馆，可能房子问题始终无法解决。最后不得已，沈从文选择了离开。当然，也是中国社会科学院院长胡乔木经人介绍，觉到了沈从文的价值。

沈龙朱回忆说：

最后就把父亲调到了社科院历史所，成立了服饰研究室。这样，社科院就在前门东大街、北京友谊宾馆的边上的一个六层高楼上，给了父亲一个连客厅的小三间。父亲的住房问题终于得到缓解，住得比较宽敞一点了。

关于这个住处，沈从文在1979年12月11日给虎雏的信里说：

昨妈妈去看拟定的新住处，总拢来只比小羊宜宾大些些，共不及四十米。初步估计，还得另想办法。虽在人大会堂茶会时，周扬和巴金都提到"房子已为解决"，但实现却不知何年月，亦不知向何人询问。昨曾到木樨地丁玲、江丰等新住处看看，一单元分二组，或各五间，或四六各一，以江丰四间而言，真是高级之至！但

沈从文和孙女们(1983年)。

病后的沈从文与家人(1985年)。

照迁入者等级而言，多属副部长级，且为党员，我则至今还只算个四级研究员，那有希望可能？所以只能用善于等待方式，依旧在此拖下去……凡事"交付于天"！

1980年，沈虎雏一家三口从四川调回北京，曾在北门东大街这个不及四十平米的住处挤过一段时间。沈龙朱的妻子马永瞱借调到了北京，沈龙朱一家就一直住在小羊宜宾胡同。过了几年，小羊宜宾胡同那个院子也拆掉了。他们就搬离了小羊宜宾胡同，沈龙朱就没有再回去。

沈龙朱回忆说：

> 1986年，父亲已经病得不能干活了，国管局在崇文门东大街22号楼分配给他一个单元。那可是更大了，北面两间，南面一间，还有一个客厅、一个储藏室、一个大厨房、两个卫生间。后来沈红一直跟着奶奶住在那里。这样，我们一家三口住在那边。母亲这边人就少一点，爸爸妈妈、沈红、保姆就他们四个人。
>
> 爸爸在北京真正住得舒服的日子，可惜已经不能工作了。历史博物馆时期，三间房子的时候应该说还是可以的，因为当时大家都这样，很少有大房子。
>
> 崇文门东大街的房子我们认为太好了，从来没有见过那样好的房子。包括周有光他们家也是一直住得很小。

沈从文在北京的住处达十三处之多，但是，留下来的不多。除了最早的西西会馆和晚年居住的房子外，其余皆已湮灭。结婚和《边城》诞生地的"达子营28号"，北大文人聚集地和承载了最痛苦的沈从文的"中老胡同32号"，居住了四十年、完成了《中国古代服饰研究》的"东堂子胡同51号"，都可以作为"沈从文故居"保留下来，给历史一个交代，给子孙一个交代，但是都没有了。

沈从文一生中在北京待的时间最久。他说北京是真正的"老家"，因为二十一岁离开凤凰就没有打算再回去过。但是,北京除了有他的儿孙外,没有留下一个可以纪念他的地方。他活着为住房焦虑,走了,不留下任何痕迹。

附:沈从文在北京的住处

住处	地址	入住年龄	时间	单位或主要事情
第一处	杨梅竹斜街酉西会馆	21 岁	1923 年	看古玩,图书馆读书
第二处	西城小公寓	22 岁	1924 年	
第三处	北大附近小公寓	22 岁	1924 年	北大旁听课程
第四处	香山慈幼院	23—24 岁	1925—1926 年	图书管理员
第五处	汉园公寓	25 岁	1927 年	职业作家
第六处	达子营 28 号	31 岁	1933—1937 年	职业作家、编辑
第七处	中老胡同 32 号北大宿舍	44 岁	1946—1951 年	北京大学中文系教授
第八处	那王府			
第九处	交道口大头条胡同	50 岁	1952 年	历史博物馆说明员
第十处	东堂子胡同 51 号历史博物馆宿舍	51 岁	1953—1979 年	历史博物馆说明员、学术委员
第十一处	小羊宜宾胡同 5 号《人民文学》给张兆和的宿舍		1973—1983 年	
第十二处	前门东大街	77 岁	1979—1986 年	社会科学院研究员
第十三处	崇文门东大街 22 号楼	84 岁	1986—1988 年	社会科学院研究员

第五辑

物事说确

SHEN CONGWEN JIASHI

1 巴金帮爸爸给妈妈选了一套"定情物"

当年沈从文向张兆和求婚,跑到苏州去,带给情人的礼物之一就是全套的英文版《契诃夫短篇小说集》。沈龙朱说:"精装的,绿颜色皮,烫金的字。"

这套英文书是巴金从上海帮助沈从文挑选的。因为沈从文知道张兆和是学英文的,而沈从文自己不懂英文。沈龙朱说:"他自己不认识。在北京考大学时,他一句英文也说不出来。而巴金在法国留学,大概会好几种文字,包括世界语。巴金那时候崇尚无政府主义,特别喜欢世界语这方面的东西,当然他在文字这方面很熟的。"

朋友巴金懂英文,沈从文就找人家帮忙给女朋友买礼物。"当时买了不止《契诃夫短篇小说集》,还有很多其他的书。可能是一个舅舅在回忆里提到过。带过去很多书,送妈妈,都是英文的。"沈龙朱说,"妈妈觉得礼物太重了,最后真正留下来的就是这套,相当于是一个定情的礼物了。"

张兆和的四妹张充和回忆道:

> 沈二哥带了一大包礼物送三姐,其中全是英译精装本的俄国

巴金（20世纪30年代）。（沈龙朱 绘）

小说。有托尔斯泰、陀思妥耶夫斯基、屠格涅夫等等著作。这些英译名著，是托巴金选购的。又有一对书夹，上面有两只有趣的长嘴鸟，看来是个贵重东西。后来知道，为了买这些礼品，他卖了一本书的版权。三姐觉得礼太重了，退了大部分书，只收下《父与子》与《猎人日记》。

书目、作者略有出入，但都是俄国小说。那么，这套英文版的《契诃夫短篇小说集》有多少本？沈龙朱说："我不知道具体有多少卷，反正很多很多，是小开本。小开本，拿在手上非常方便。但相对厚，因为是精装嘛，非常漂亮。三十二开，比三十二开还小点。"

沈龙朱和母亲、弟弟都喜欢读契诃夫的小说。他说："以前我们家里比较着迷的就是契诃夫。"不过，他们读的是中文译本，是著名翻译家汝龙翻译的。沈家有整套的契诃夫小说，是汝龙送来的。一者，汝龙是父亲的朋友，一者，张兆和把沈从文送给自己的"定情物"转送给了汝龙。

多年后，沈龙朱和我聊天时说："这套书没有卖掉，送给翻译契诃夫的

不同版本的《沈从文别集》。

翻译家了。大约在1949年前后,爸爸妈妈的这套书送给了他。实际上,他就是以这套书为版本翻译的。"

20世纪50年代,汝龙翻译的《契诃夫小说选集》(27卷)由平明出版社出版。翻译家汝龙送给沈家一套,让沈从文对《沈从文别集》的出版有了一点想法。

沈龙朱回忆说:

后来,爸爸说想做小开本的《别集》。为什么想做成小开本呢?他就是看了契诃夫的英文版小说,觉得非常好。后来,他就跟妈妈商量,要把《别集》做成《契诃夫短篇小说集》那样的。他对那套书是有感情的。此外,还有历史的原因,那套书是巴金帮他挑的。

2 爸爸很早就开始玩照相机，但他很少能进入画面

　　照相机，沈从文早就有了。我在阅读《湘行书简》的时候，读到三十二岁新婚不久的沈从文回乡，一路上不断提及照相的事。可见他那时有一架照相机在身边。从他的文字中可以看出，他带相机，主要目的有三：一是给家中亲人拍摄照片留为纪念，二是感动于自然美景和巧夺天工的建筑进行风光摄影，三是把好玩的场景和人物记录下来给张兆和看。

　　1934年1月12日下午，沈从文在行程中写道："照片预备留在家乡给熟人照相，给苗老咪照相，不能在路上糟蹋，故路上不照相。"舍不得用胶卷，使得沈从文不轻易拍摄。次日下午5点，沈从文又说："你说，这七个日子我怎么办？天气又不很好，并无太阳，天是灰灰的，一切较远的边岸小山同树木，皆裹在一层轻雾里，我又不能照相，也不宜画画。"这句话透露出，摄影也是沈从文消遣的一种方式。14日下午再说："我回来时当为你照些水手相来，还为你照个吊脚楼的青年乡下妓女相来，只怕片子太少，到了城中就完事了。"接着写："船停到一个地方，名'兴隆街'，高山积雪同远村相映照，真是空前的奇观。我想拿了相匣子上去照一个相，却因为毛毛雨落个不停，只好不上岸了。"感动于景色，却没有能够拍摄下来，19日下

午的话是:"我的船昨天停泊的地方就是我十五年前在辰州看柏子停船的地方,我本想照个相已赶不及,回来时一定可把我自己照成柏子一样的。"

沈从文记录风景人物,有三种方式,一是用文字,二是用绘画记录,三是用摄影手段记录。文字成本低,尽情铺洒;绘画的成本也不高,所以在书简中有不少画作;摄影成本最高,但最逼真,是最直接的一种记录方式。所以文字不能为的时候,沈从文就绘画;绘画不能为的时候,才摄影。摄影,以其更客观更准确的表现,呈现着沈从文手中的相机功能。

沈龙朱对爸爸的相机有印象,他说:

> 那是个柯达,他自己买的,抗日战争以前的柯达,暗箱是伸缩的,镜头也是伸缩的,一打开,很小的镜头。
>
> 他以前照过很多相,包括在苏州的一些相片,可能都是用他那个照相机照的。还有,我的五舅舅是照相迷。爸爸自己照相,好像在云南照过一些,但真正留下来的相片,我手头不多。我们在一起照的机会也不多,他可能单独给你照,单独给我和妈妈照,单独给弟弟和妈妈照,但他自己参与进去的机会不多。
>
> 爸爸不是为工作照相,只是玩。但胶卷贵,难得,冲印也很麻烦,所以并没有拍摄很多照片留下。
>
> 那个时候,爸爸的相机上已经贴了两块橡皮膏了,伸缩暗箱漏光,不能用了。三舅张定和给相机糊上橡皮膏,涂上墨,已经坏到这样的程度了。

沈从文买了照相机,只把它用于一般意义的纪念性拍照,并未给自己的摄影术提什么要求。但是,这不等于沈从文不懂摄影。虽然他也曾说过,照相"只是从光影分配布置中见巧的艺术,其艺虽巧成亦不甚困难"[①],但他始终没有想过自己去从事这个工作。

---

① 《沈从文全集》(第12卷),第209页。

老柯达相机。（沈龙朱 绘）

沈从文的名篇《云南看云》，其实是观赏了摄影家卢锡麟的影展后的一些感悟。文章写于1940年的昆明，那时国家正遭受涂炭，昆明也遭受着日机的轰炸。沈从文说：

> 就在这么一个社会一种情形中，卢先生却来展览他在云南的照相，告给我们云南法币以外还有些什么。即以天空的云彩言，色彩单纯的云有多健美，多飘逸，多温柔，多崇高！观众人数多，批评好，正说明只要有人会看云，就从云影中取得一种诗的感兴和热情，还可望将这种尊贵的感情，转给另外一种人。换言之，就是云南的云即或不能直接教育人，还可望由一个艺术家的心与手，间接来教育人。
>
> 卢先生照相的兴趣，似乎就在介绍这种美丽感印给多数人，所以作品中对于云物的题材，处理得特别好。每一幅云都有一种不同的性情，流动的美。不纤巧，不做作，不过分修饰，一任自然，心

凤凰虹桥,1934年回乡留下的唯一照片。(沈从文 摄)

手相印，表现得朴素而亲切。作品成功是必然的。

可是得到"赞美"不是艺术家最终的目的，应当还有一点更深的意义。我意思是如果一种可怕的实际主义，正在这个社会各组织各阶层间普遍流行，腐蚀我们多数人做人的良心、做人的理想，且在同时把每一个人都有形无形市侩化。社会中优秀分子一部分，所梦想，所希望，也都只是糊口混日子了事，毫无一种较高的情感，更缺少用这情感去追求一个美丽而伟大的道德原则的勇气时，我们这个民族应当怎么办？

在沈从文看来，好的摄影作品，一样是可以教育人的。虽然可能只是一些风光摄影，但既然是艺术，就不能沉溺在极狭窄的圈子里，而应该对整个社会负责。从沈从文对卢锡麟摄影艺术的肯定，反映出其作为一个艺术家对于摄影艺术乃至一切艺术的态度。从作品反映的社会现实来反思我们每一个人在国家民族发展中要承担点什么。所以，这篇文章最后，沈从文说："……我觉得卢先生的摄影，不只是给人看看，还应当给人深思。"

自己有相机，并且有极深厚的摄影理念和极高的艺术悟性，但沈从文对自己没有这样的期许。他的艺术工具是笔，而不是相机。

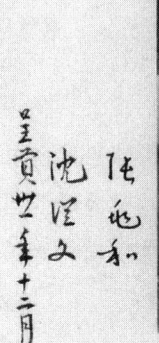

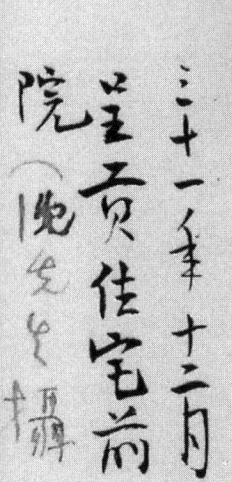

随着年龄的增长，对于摄影的热情也就不高了。镇日伏案工作成了沈从文的常态。到了沈从文被下放到干校的时期，沈龙朱有了自己的相机。他说：

干校时期我有照相机了。我是工人，早就自食其力了。我买的是海鸥照相机。我给父母、家人拍了一些照片，也不多。

3 家里两辆自行车，日本的，匈牙利的，都骑坏了

沈龙朱喜欢骑自行车。1946年从云南到苏州的时候，苏州外公家里有自行车。那时他十二岁，就疯狂地骑车玩了。在那时，骑自行车还算时髦；而到了晚年，骑车是为了环保和健身。

刚解放，张兆和先到华北大学参加政治学习，学习结束后被分配到北京师范大学附中教书。她本来是教英文的，但师大附中提出让她教语文，她也只好教语文。后来，她调到一〇一中学教书，离家很远，便住在学校，一个星期回家一趟。沈龙朱就在家与学校之间跑腿，他说："我一会去送送这个，一会又从妈妈那儿拿个东西回来。"

从北京老城区，到双榆树北京工业学院，再到一〇一中学，路程不近。怎么走？沈龙朱说："我骑车。我一向是骑车的。和平门念中学我骑车来回跑，双榆树读大学也跑。我骑车，能骑着呢。"

沈龙朱骑的是一辆怎样的自行车呢？

他说：

解放前，1947年，家里给我买的第一辆车，是日本车，二六

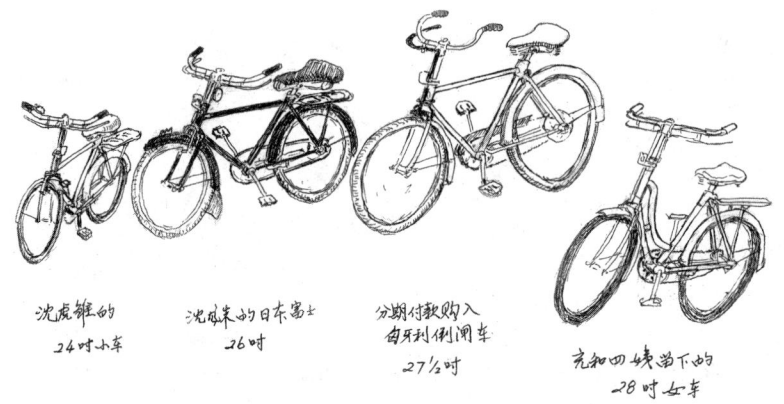

沈从文家曾经用过的自行车。（沈龙朱 绘）

的，结实极了。好像是拿美元买的，花了五个美元，因为人家不要法币。还是金隄先生帮我买的。

我骑这辆车时，把前面的富士山标志给撞掉了。那时候上学，天天骑自行车，换胎不知道换了多少次。

到了五几年，可以买匈牙利车了。父亲从单位以分期付款的方式，一百多块钱分了十二个月付完，给我买了辆匈牙利车。我就把原来那辆日本车转给了弟弟。弟弟在北京的时候也是老骑自行车，"文革"前，弟弟在第一机床厂。到四川自贡支援三线时，他就把那辆日本自行车带到自贡去了。自贡空气中的盐分高，自行车很快就被锈蚀了，锈蚀得厉害，后来就化掉了。

匈牙利车，我自己骑到70年代，结婚以后好像还在骑。后来，自行车架子断了，焊好继续骑。焊了骑，骑坏又焊，后来实在不行了，包括大梁上下都折了，彻底完蛋了，只能扛出去扔掉了。

骑匈牙利车一直骑到自己能够稍微多挣一点钱了，我就买了北京产二八车。

沈从文不骑自行车，张兆和会骑，在一〇一中学时曾经还骑过，但很少骑。家里不止一辆车，沈龙朱说："我一辆，我弟弟一辆。过去张充和还留下一辆，女车，二八的女车。妈妈不骑呢，我就骑，骑车来回跑。"

1947年后的数十年里，在越来越拥挤的北京，沈龙朱骑坏了四五辆自行车。在沈龙朱年轻的时候，他曾骑车到发现北京猿人的周口店，去过上方山的云水洞。还有一次，他骑车从北京出发，直达山海关，回来时取道天津，花了一个星期的时间。他感慨说："年轻时候是有劲。"

那是大学二年级或者三年级的暑假，沈龙朱在班里发起一个骑车远足的活动。全班很多人报名，几乎一半人都报了名，大家约好，一起骑车去一趟秦皇岛、北戴河。可到了最后，真正出发的时候，就剩下三个人了，没有一个女孩子，只有三个男同学。那两个男同学都很壮，沈龙朱说自己"又干又小"。

学生时代，带一点钱，带一点干粮，拿着学校学生会的介绍信，找当地学校住学生教室。三个人一路买一路吃。当时，面包还不盛行，他们主要买窝头和馒头吃，有时也下小馆子。所谓的小馆子，就是集市上那种路边的小摊，吃完继续赶路。

他们的目的就是玩，顺便检验一下自己的身体能否经受长途跋涉的考验。

沈龙朱回忆起这次经历说：

头一天到了玉田，我们的第一站，睡了一宿，在那里的一所中学。

第二天到了唐山北边一点的开平，在那里受到热烈接待。为什么呢？原来同学中有个部队来的大姐林一，她丈夫是那里部队的参谋，所以接待规格很高，也很热闹。人家拿出结婚用的新绣花被给我们盖。我们浑身臭烘烘的、脏兮兮的，跑了两天路了。在那里，我们很愉快地住了一晚。

第三天就到了北戴河。从北戴河出发又去了秦皇岛，然后就到了山海关。这几个地方跑遍了，就返程。

回想起这一路的经历，沈龙朱说："转了一圈，累。过了玉田以后，还有一段非常艰难的路。不是柏油路，是土公路。如果仅是沙土还好，有些地方干脆就是泥路。'晴通雨阻'，晴天，可以通；下雨天就停，不让走了。我们推着自行车在泥里走，车轮上全挂着泥，走一会儿，车轮就被塞住了；抠掉泥巴，走两圈就又挂上了。最后，我们干脆扛在肩膀上，走边上那个田埂，走了好几个小时，都是扛着走。过了这段，天晴了，噢，路好走了，心里愉快极了，接着走。"

一路有很好的风景看。可惜，他们没有照相机，也不会照相。沈龙朱家里虽然有，但他也不能拿，当时胶卷很贵。他说："我们负担得起吗？学生。那时候舍不得买，回来后冲印也得花钱呀。"所以他们根本就没想到拿照相机。

从北戴河回来，自行车受损不少。沈龙朱他们带着修理工具，需要补胎就补胎，需要修理就修理，大家都是学工的，修自行车对他们来说就是小菜。

与沈龙朱同行的两个同学，一个叫孙茂功，毕业后被分配到核工业部工作，但不久就去世了。据说和工作环境有关，核辐射。那时候，这些事都是保密的。另一个叫陈之森，后来定居在澳大利亚，前两天回来了，大家还聚了一次。

沈龙朱记得，家里曾有过九辆自行车：日本的一辆，匈牙利的一辆，一辆二四的，四姨留下一辆，一辆北京产的二八的，丢了一辆轻变速跑车，丢了一辆电动车。沈龙朱现在骑的是一辆电动车，还有一辆锂电二四电动车。说到现在，七十六岁的沈龙朱说："骑车去外地绝对不可能了。在北京市倒还是可以骑上车来来往往的，但已经没有年轻时候的劲了。"

4 弟弟用自己制造的第一辆车，支援抗美援朝

沈龙朱的弟弟沈虎雏，对"机器"格外着迷。少年时代，沈虎雏就特别喜欢自己"造机器"。沈龙朱回忆说："很小的时候，弟弟就喜欢。"沈龙朱仍记得在中老胡同32号院里的事情：

> 最早，弟弟还是一名小学生的时候，就自己做车。小学生能够做什么？锯子都拿不了。他买了四个手推车上用的铁轱辘。两个铁轱辘中间穿一个轴，两边各别一个钉子，刹住了，以免轱辘脱出去。
> 弟弟做的是一辆板车，结构很简单，不带把，动力便是他自己，用一根绳，拽着。
> 做好这个车的时候，正赶上抗美援朝。弟弟跟吴之椿的孩子吴小椿一起，拖着这个车到处去捡废铁，人家不要的东西、废料，捡来卖破烂，然后再把卖破烂的钱捐给抗美援朝。
> 吴之椿的孩子，后来是军区研究单位的负责人，搞无人飞机的，现在已经去世了。

沈虎雏制造的第一辆小板车车。（沈龙朱 绘）

弟弟沈虎雏喜欢机械，人小，还做不了什么大的物件，但却做了一辆手拉的小车。至少他感觉自己做了辆车。

初中毕业，沈虎雏不打算继续读高中，想直接念中专。沈龙朱回忆说："弟弟放弃上高中，一心想上国立高工。当时的国立高工就是北京市的中等技术学校，很吃香，毕业就干活了，能工作，能挣钱，能独立了。而且上学是公费，包吃包住，甚至连衣服都管。那时候，很多穷人家的孩子都希望考那里。"

什么是"国立高工"？

抗战胜利的1945年，百废待兴。有远见的知识分子意识到，国家未来要发展重工业，一定得培养自己的技术人才。于是， 1946年，"国立北平高级工业职业学校"成立,设有机械科、电机科、矿冶科三个科系。从法国图卢兹大学、比利时鲁文大学毕业的陈光熙担任校长。建校之初,学校在"顺承王府",第二年迁进了"庆王府"。1949年1月31日北平解放,人民政府购买了"醇亲王府"作为国立高工的新校舍。醇亲王府即"摄政王府",曾经是爱新觉罗·溥仪的家。1949年10月起,国立北平高级工业职业学校改称"国立北京高级工业职业学校";1951年1月1日又更名为"北京重工业学校"。从此,"国立高工"这个名字就成了历史。据说,西安理工大学的前身便是这个学校。

在更名为"北京重工业学校"之后的一段时间里,"国立高工"这个名字依旧没有被忘记,至少沈龙朱还是这样叫。

沈虎雏在《团聚》中说:"北京的中专学校吸力相当强,连外省学生也有不少跑来试一试。我第一志愿投考竞争最激烈的重工业学校。生怕考不上,心里老在打鼓。同时我又满意自己的重要抉择。我迷恋机器,热衷于亲手做个什么会动的东西,大约从六岁开的头。"

但是,不愿意读高中而直接念中专,儿子的这个决定,沈从文有点不乐意,并且努力想去扭转。沈虎雏在《团聚》中描写了沈从文的三次努力。这三次努力,虽然都是和风细雨式的谈话,但最终没有能够改变沈虎雏的决定。沈虎雏的目的就是离开家,离开伤害了父亲也伤害了家庭的文学。请看他们的对话:

父亲:弟弟,你还是多读几年书吧!妈妈同我都可以帮到你,把文章写好起。

儿子:我搞不了文!你跟老师都说我的作文有八股味。

父亲:有点也可以,多写写,懂得好坏,我就不叫你沈八股了。

儿子:我喜欢机器,这也挺好嘛!再说……

父亲:弟弟,学机器也很好。我们有条件供你读大学,大学也可以搞机器。我们希望你至少能读完清华。

儿子:我要现在就学,四年毕业,还赶得上为第一个五年计划出两年力。

父亲：你还小呐，不必忙着找事情做。

儿子：都十五了！你十四岁当兵比我还小。

父亲：弟弟，不读大学，我觉得很可惜，你又不是功课赶不上。

儿子：你也没读过大学，中学也没读过。爸，有用的人不一定都念过大学。

父亲：可是我非常之羡慕能进大学的人。当时实在不得已，程度太低，吃饭都成问题，没有机会呐。你没有这些障碍，放弃入大学机会，可惜了……

……

沈从文终于没能说动儿子，最后只好送儿子去上学。沈从文送出儿子很远，行李里被塞了些夏天暂时用不到的东西。他也许替儿子惋惜，但又勉强不得。是不是因为自己的遭遇让儿子对文学产生了偏见？反正这个送行让沈虎雏回味了一辈子，一直到父亲去世以后，这回味更成了《团聚》里的主要情节：

进了弯弯曲曲的烟袋斜街。窄街上，车后行李有点碍事，我推车拐来让去。这包袱太大了，好像我出远门，被塞进许多夏天用不着的东西。

"爸！我顺着后海北河沿很快就到学校，听说那是摄政王府。你到家没准天都黑了。"

"你知道，也是溥仪的家。坐车子小心点。"

我跨上车滑开。桥上剩下爸爸一人，他总是管骑车叫坐车。

这孩子终于走在自己选择的路上了。沿岸一段缓坡，车子轻松地加快。背后大包袱坠得车把有点飘，一定要稳住，别让桥上那人看见它晃来晃去。

沈龙朱只记得弟弟的学校在后海。他说:"不知道是不是王府,反正是后海。"

在沈虎雏发奋要做机械的那个年代,沈从文的文字也记下了沈虎雏的表现:"虎虎得一洋刨子,极兴奋。到天桥买回,工作了半天。院中土地已为收拾好。"沈从文说,虎虎"比龙龙聪敏,同时也不免有点自由主义、个人英雄主义,很肯劳动。一双手极会做工。一天做到晚,小院子的生产是一人作的"。

崇尚劳动,用自己的手去创造价值而不是迷恋没有多少用处的文字,这是那个只有十五岁的沈虎雏的想法。从父亲的描写和哥哥的回忆中,我们仿佛看到沈虎雏拉着自己的第一辆平板车,迎面走来!

5 崇尚交响乐,爸爸分期付款买唱机,我和弟弟买唱片

沈从文对西洋古典音乐——交响乐和奏鸣曲充满了浓厚的兴趣。沈龙朱不知道父亲对西洋音乐的兴趣是怎么来的,但他知道父亲欣赏西洋音乐起步很早。在云南时,沈从文曾带孩子们听交响乐。因为父亲培养了两个孩子对西洋音乐的兴趣,所以在那个时候,他们一家对张兆和的弟弟张定和在上海办音乐会充满了期待。

1946年,沈从文就写出了全家的这种期待:

> 属于孩子们的最大愉快,即战争胜利后,会有一天,全家飞到上海去,坐在一个大戏院楼厅的柔软舒服椅子上,和爱中国爱孩子的洋伯伯,同嚼点好吃糖果,参加音乐迷定和三舅舅的作品演奏会,看能在幕前作指挥演奏他个人的作品,并听听那些好听动人的歌声,和使人感动的巴掌声!从歌声和巴掌声里,都可以让我们温习一下过去国家的暗淡痛苦,以及挣扎的努力,也可以让我们想象未来种种幸福,等待它的慢慢实现。

实际上，这样听音乐会的机会不是特别多。更多的时候，他们是在家里听。沈龙朱记得，家里有了收音机以后，父亲听的永远是交响乐。沈龙朱说："50年代初，家里就开始买唱片，家里有电动唱机。唱机是妈妈分期付款买的，电唱机跟无线电插在一起，还不是双声道的，都是单声道的。唱片是英文唱片，很好的，但也是单声道的。"

关于沈从文听交响乐，徐城北的回忆文章也做了精彩的描述：

> 沈的房间也就十平方米，家具是老式的，大多还有点残破，毛笔、宣纸和各类文玩散乱充塞其间。成鲜明对照的，是一部簇新的外国留声机，摆在矮小的茶几上，每每与客谈话，他都要打开留声机，放起外国古典音乐。沈操着浓重的湘西口音，说话声音很轻，再加上外国音乐的忽高忽低、骤紧骤慢，所以来客能完全听懂的人并不多。沈也怪，他似乎并不要求对方完全听懂，他只是如淙淙流水不停地讲，不时伴以含义丰富而神秘的微笑。所放的古典音乐大约是他听熟的。他谈话的节奏通常也与音乐的起伏相应和。每到一个乐段结束，沈的谈话随之告一段落。他的"收式"十分特别——总是扬起右手，掌心向上，五指岔开，水平地旋转一下手掌。再"丰富而神秘"地笑笑，于是音乐与谈话一并停歇。

对这些乐曲熟悉了，沈从文的谈话可以和着音乐进行。真真的妙。音乐是和文学不一样的东西，因为其不可捉摸，所以比文字有更强烈的表达空间和表现张力。一个以文字为生的人，他说："凡能著于文字的事事物物，不过一个人的幻想之糟粕而已。"为什么呢？沈从文的理由是：

> 表现一抽象美丽印象，文字不如绘画，绘画不如数学，数学似乎又不如音乐。因为大部分所谓"印象动人"，多近于从具体事实感官经验而得到。这印象用文字保存，虽困难尚不十分困难。但由幻想而来的形式流动不居的美，就只有音乐，或宏壮，或柔静，同

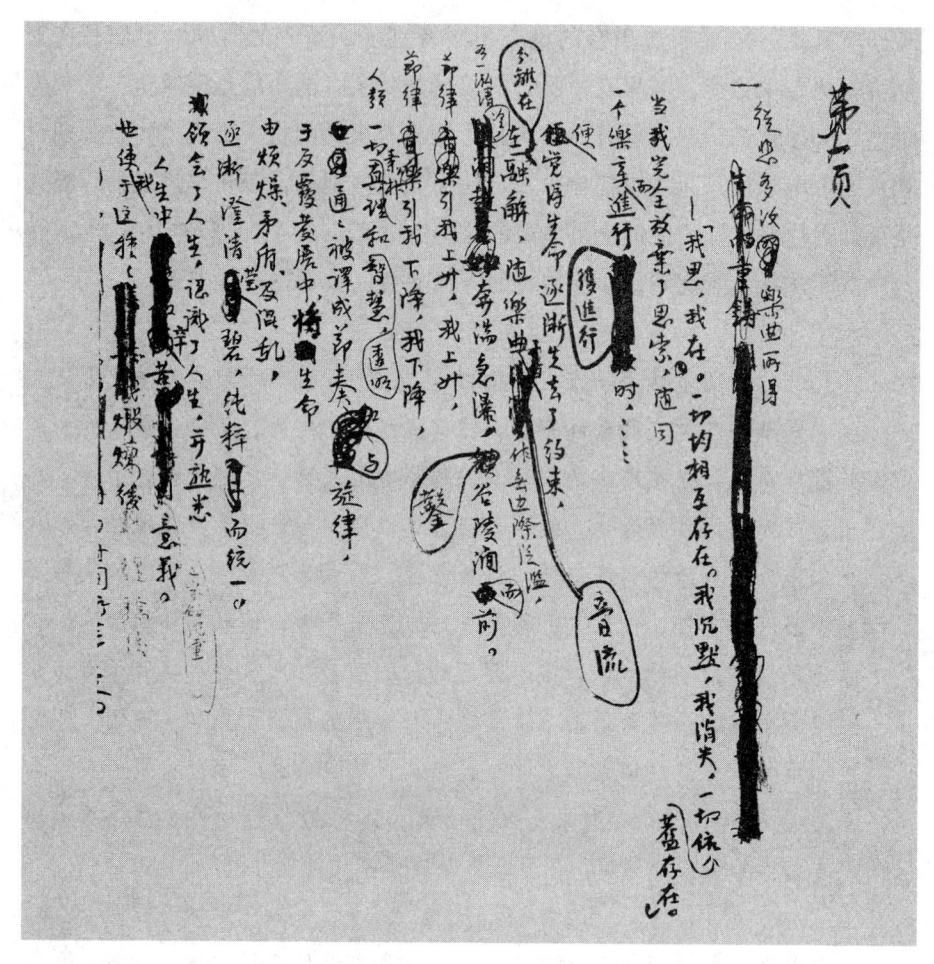

《从悲多汶乐曲所得》残稿

样在抽象形式中流动,方可望能将它好好保存并加以重现。①

"宇宙"是什么?"生命"是什么?"永恒"是什么?文学表达不清楚的,沈从文在音乐中,尤其是西洋交响乐中听到了这些。他说:"宇宙实在

---

① 沈从文:《烛虚》;载自《沈从文全集》(第12卷)。

是个极复杂的东西,大如太空列宿,小至蚍蜉蟋蚁,一切分裂与分解,一切繁殖与死亡,一切活动与变易,俨然都各有秩序,照固定计划向一个目的进行。然而这种目的,却尚在活人思索观念边际以外,难于说明。人心复杂,似有过之无不及。然而目的却显然明白,即求生命永生。永生意义,或为生命分裂而成子嗣延续,或凭不同材料产生文学艺术。也有人仅仅从抽象产生一种境界,在这种境界中陶醉,于是得到永生快乐的。"

沈从文对于自己在音乐上的感悟能力和表达能力有自信,他说:

> 我不懂音乐,倒常常想用音乐表现这种境界。正因为这种境界,似乎用文字颜色以及一切坚硬的物质材器通通不易保存(本身极不具体,当然不能用具体之物保存)。如知和声作曲,必可制成比写作十倍深刻完整动人乐章。

深刻、完整、动人的乐章,沈从文要表达什么?他举例,自然界的一切都有生气,青蛙跳跃、母牛唤子、船人斧声,都是动人的。而花色引发回忆与联想。甚至"美目含睇,手足微动,如闻清歌,似有爱怨……稍过一时,一切已消失无余,只觉一白鸽在虚空飞翔。在不占据他人视线与其他物质的心的虚空中飞翔,一片白光荡摇不定。无声、无香,只一片白。"沈从文说:"《法华经》虽有对于这种情绪极美丽形容,尚令人感觉文字大不济事,难于捕捉这种境界……生命之火燃了又熄了,一点蓝焰,一堆灰。谁看到?谁明白?谁相信?"

对于虚无生命的体验与表达,沈从文以为文学没有做到,而交响乐做到了。他说:

> 凡此种种,如由莫扎克(即莫扎特)用音符排组,自然即可望在人间成一惊心动魄佚神荡志乐章。目前我手中所有,不过一支破笔,一堆附有各种历史上的霉斑与俗气意义文字而已。用这种文字写出来时,自然好像不免十分陈腐,相当颓废,有些不可解。

在1940年，沈从文用《烛虚》中的大段文字表达了自己对音乐的看法。可惜，那个时候，整个社会以为抗战歌曲就是音乐，所以一直到现在，沈从文的音乐观并不为人所了解。而心目中的真正的音乐，沈从文只能听世界级大师的表达。不是具体的歌词，而是可以没有歌词的更高境界的对生命的阐述。

沈龙朱说："我和弟弟两个人都各自有点工资了，就是四十几块三十几块的工资。我们两个人各自拿出八九块钱来，甚或是十三块钱来买一张英文唱片。"新华书店唱片门市部在王府井北边，沈龙朱和弟弟专门到那儿去买。他俩每个星期过去看过唱片后，回家便商量你买这个我买那个。买回来，搁在家里头，家人一起听。

1959年1月1日，沈从文给大哥沈云麓写信说：

> 我们又过了个年。孩子们回来，谈了半天机器，我在旁听，一点也不懂，觉得真是两个时代的人和事！两人作了一天工，手都黑油油的，怪有意思。家中四个人，只有个共通使用的器具，即一个大收音机，和几十张悲多芬（即贝多芬）等片子，能在一种音乐中听出共同理解的东西。这时节兆和出去看旧戏，两个孩子上了书店，我就一个人坐下来听悲多芬作的《罗曼斯》守岁，正和一个亲密好友一样。

沈龙朱说：

> 爸爸并不是系统地说音乐说明、反映了什么问题，他说不出来。但他觉得好，就是好。爸爸感兴趣的，他会在唱片上用毛笔写上字，可能是莫扎特，用中文写上。他英文看不懂，便告他是莫扎特的第二协奏曲……他就写上："莫扎特协奏曲，好！"打一个惊叹号，毛笔字写在唱片当中的纸片上头。认为好的，他都会在上头写一点文字，然后反复听。
> 我们听得也好，也不光是现在才培养的。实际上在云南时，就

已经有机会听音乐了。联大的学生服务社每个星期有演讲,洋人办的一个小教堂,叫"文林堂",每星期有唱片欣赏,所以这是影响的因素。后来,家里头就攒了不少唱片。

沈龙朱和弟弟每个月能够买一张两张唱片回去,家里的唱片积累到了七八十张。为了这些唱片,弟弟沈虎雏还专门做了一个柜子存放。沈龙朱说:

手巧能干的弟弟虎雏。(沈龙朱 绘)

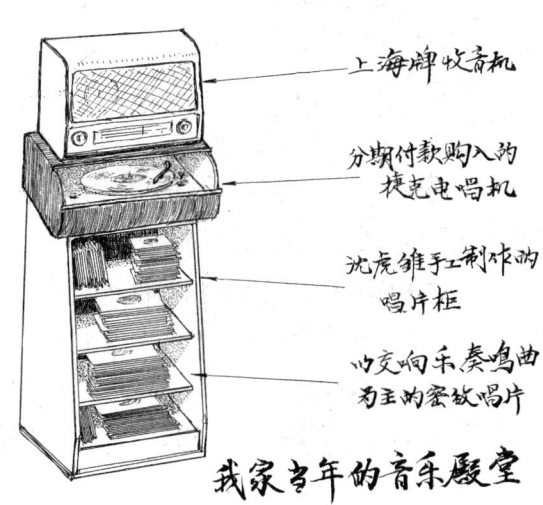

我家当年的音乐殿堂。(沈龙朱 绘)

弟弟什么都会。他手工做了个柜子，上头是唱机，唱机上头放无线电，是方的无线电。唱机是前头拉门，后头有个长条。无线电下面是唱机，唱机再底下就是柜子。柜子一格一格的，满的。柜子放不下，不够用了，就搁在别的地方。

唱片多了，几十张，七八十张，选起来就有点啰唆。唱片有些是七十八转的，快的老的唱片，很短时间就放完了。这种唱片过去有一批，交响乐的，五六张，后来买到密纹唱片就把老唱片搁到一边去了。密纹唱片也有大有小，每分钟转十三转半的，容量就很大了，四十几分钟，半个钟头一张，也不用像以前那样换针，就好多了，可以听下去。

所以，家里经常有交响乐的声音，妈妈也听。各自做各自的事，一面播着音乐，爸爸趴在桌子上，一面写东西，一面在听。不行他就换。

沈龙朱回忆："我们在这上头'上瘾'了，也有兴趣。而现在因为外头没地方，音响就都收起来了。"

这部沈家用了多年的唱机哪里去了？沈家把唱机捐赠给了湘西凤凰的沈从文故居。但是，后来他有一次回去，觉得不像家里原来的那个旧唱机了。他不知道为什么换了一个，反正不像家里原来那个。而唱片，有些丢了；有些被没收后又被还了回来，其中一部分便送了一些给凤凰。

父亲沈从文非常喜欢交响乐，所以一直到他去世，即使是遗体告别仪式，沈家也没用哀乐，而是由沈虎雏选了一个交响乐作品播放。沈龙朱说："沈虎雏音乐上也比我深，深得多。"

同样，沈从文对中国传统戏曲也非常喜爱。在他的书信中，他曾多次表达欣赏戏曲表演的感受。不过，沈龙朱不记得家里有昆曲唱片。京剧唱片很多，不过家里没有买过。倒是沈从文得意的学生汪曾祺的《沙家浜》，沈龙朱记得家里有，是密纹唱片。因为是新的，买回去，也听；甚至交响乐《沙家浜》也买过，也听过。

6 父亲书信留下完全是"专案组"的功劳

沈从文用自己的后半生,孜孜不倦地研究文物,留下数目庞大的论著和文献。但是,研究沈从文文学成就的,对沈从文物质文化史贡献不了解,而研究物质文化史的人却没有深入研究沈从文文学方面的贡献。所以,在物质文化史领域如何给沈从文一个定位,至今是个空白。

沈龙朱对此也深有感触。他说:"在沈从文一百周年诞辰的时候,曾开过一次座谈会,我和弟弟都去了。说实在的,很多人的发言给我印象不是很深。现在鲁迅博物馆的孙馆长,当年在历史博物馆待过。他与父亲交往怎么样,我不知道。他的专题发言也没有给我太深刻的印象。"

那么,究竟沈从文对国家历史博物馆的建设做了哪些贡献呢?我觉得这方面的研究比较欠缺。新开馆的国家博物馆有不少有意思的专题展览,有的是突出个人的。我想,为什么不办个"沈从文与国家博物馆建设"的专题展览,来纪念这位把半生心血倾洒在文物研究上的大师?

沈从文是把物质文化史和文学糅在一起,打破了文学和物质文化研究的界限,并在两者间寻找中华民族的生命史、心灵史。这个印象我是在阅读中产生的,但是,写专门的论著需要一些时日。

《沈从文全集》三十二卷,其中文学创作十七卷、物质文化史五卷,而书信就占了十卷。在漫长的生命历程中,尤其是在历次运动中,沈从文无法把自己对社会现实的认识写成文章发表,但在与亲友的通信中,他可以表达。沈龙朱说:"很多政治上不能公开说的,跟要好的一些朋友是可以说的。跟这些人他敢说,他知道他们不会把他'扔'出去。"于是,这十卷书信,便是思想者沈从文留给我们的一份巨大的精神财富,是他的一部思想史与心灵史。

爸爸的书信能够留下来,不是我们家里面保存的,完全是专案组保存的。要不是专案组,我们这些东西早没了。"文化大革命"中,专案组还是做了不少事的,一页一页地编了号,分类很整齐,少部分被退回来。"文革"当中,书信要是留在家里,很可能会被处理掉,或者被烧掉。

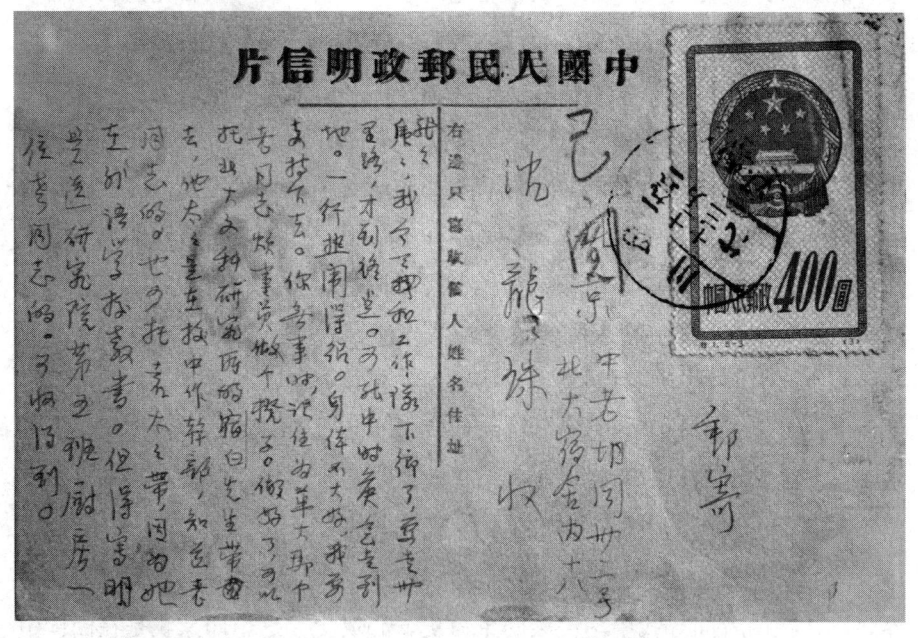

明信片,被专案组批上了"已阅"。

当然，最可惜的就是早年爸爸给妈妈的信，一大堆。妈妈当时还是很珍视这个东西了。为了防备丢失，妈妈在1935年带着我回苏州的时候，专门把这些东西带回了苏州，存在一个比较要好的朋友家里的，结果还是丢掉了。

爸爸早期给妈妈的书信，在妈妈的日记里引用了，所以保存下来一些。其实，妈妈的日记留下的也不完整，我们看到的也就是那么一点。是偶尔翻出来的一点东西，看了觉得很重要。这些东西能够说明一点问题。

现在，学界在书信上动脑筋的人，沈龙朱觉得是很多的。他说："不止一个人在琢磨沈从文的书信。最近，吉首大学的吴老师做了两本书，重点在'湘行'那一块的书信。"

沈从文不是藏书家，但是家里买的书还是很多。这些书都没有了。沈龙朱说：

原来三间房子，爸爸的，连保姆的带我们的，每个屋子都堆了很多书。家里不仅有很大的书架，还有专门的屋子放书。"文化大革命"中，房子一压缩，家具只好送了邻居。书没地搁，就由我妈妈和黄永玉的夫人张梅溪推着借来的三轮，当废品几分钱一斤卖了。

书从家里清理掉的时候，爸爸在牛棚里。即使他在家也没办法。因为没地方搁，搁到院子里，淋雨啊。原来造反派把书全堆到一个小屋里去，全扣了下来。后来小屋要腾给人家了，书就被一齐清除出来了。

从干校回来以后，爸爸陆续又找了些书。他觉得需要的，就再买回来。那是70年代以后的事了。现在书在沈红那儿搁着。

7　酿米酒・做布鞋・织毛背心・妈妈蒸的开花馒头很漂亮

张兆和因为有了沈龙朱、沈虎雏，她把更多的精力投入了家务，没有发展自己的事业。沈龙朱说："妈妈原来也写过东西，爸爸也鼓励她写过，但确实是顾不上来了。"

即使有繁重的家务，张兆和也尽可能在外面做事以贴补家用。她本身不太愿意依赖父母，她一边支持沈从文的事业，一边努力支撑整个家庭生活的运转。

张兆和带着孩子们到了云南之后，住在乡下，遂有机会开始教书。

沈龙朱说：

先是在孙伏熙的难童学校，然后在育侨中学。那里有一大批华侨，后来参军走了。到加拿大的陈至让，是妈妈教过的非常好的学生，学医的，后来保持着联系。

育侨中学解散后，妈妈到桃源建国中学教书。抗战胜利回到苏州后，妈妈在乐益女中教过至少半年，我们也在那儿。

解放以后，妈妈一直在师大附中、一〇一中学教书。

1954年，妈妈得了胸膜炎，病了半年多。萧乾就动员她，并想办法把她调到了人民文学杂志社做编辑。

爸爸对妈妈调到人民文学杂志社没有意见。调过去做编辑,对妈妈来说,工作上不是太难的事。她改稿子非常细,认真极了,好些人都怕她,包括爸爸都怕她。爸爸的东西有时候她是要加以监督的!

在外面忙碌的张兆和,回到家里也闲不住。真是如一首民歌唱的那样:"太阳歇了还有月亮,月亮歇了还有太阳。男人歇了花照开,女人歇了日子就歇下来了。"沈从文的生活能力不强,加上专注着忙自己的事,全家的杂务除了保姆干,张兆和就要做很多。

沈龙朱说:"妈妈是很厉害的,别看她是大家小姐,后来家务事都学会了。其实很能干的。"张兆和做家务,让儿子都觉得"特别精彩"。沈龙朱至今记得,在云南,母亲拿咖啡铁罐头壳做鸡蛋糕。张兆和把鸡蛋和面粉和好,连同一些葡萄干,一起放进罐头壳。上下都盖严了,拿炭在罐头盒的上下烘烤。她在桃源等几个地方都这样做过。

沈龙朱说:

> 旧毛衣没办法穿了,妈妈把几件破毛衣收拾起来,拆了,然后把旧毛线洗了烫了。我们撑住毛线把,她再缠成球,然后重新织。毛线是断的,妈妈就一截一截接。用这样的毛线,妈妈还给我织了一件毛背心,四方块的,浅咖啡色与红搭配,非常漂亮。我记得还有照片。

> 过去哪能都是买鞋子呀!我们的布鞋怎么办?妈妈自己学着打袼褙做鞋底。她打袼褙,我们就跟着打袼褙,当玩似的。袼褙做鞋底,拿锥子纳鞋底,妈妈都干。鞋帮子她也能做,但上鞋不会,得请真正的鞋匠去上。周围做鞋的人也都不会上,加上没有撑住成形的鞋楦子。妈妈为我们做布鞋,也做她穿的布鞋。

> 爸爸不怎么穿布鞋,一般穿旧皮鞋,始终穿。他那双老皮鞋穿好多年。

能蒸出开花馒头的脸盆。（沈龙朱 绘）

我们家里自己蒸馒头吃。没有蒸笼，妈妈专门去买了一个笼屉，两个洗脸盆扣起来，底下生火。怕漏气怎么办呢？妈妈拿湿毛巾压在缝里头扣上。蒸出来的是非常漂亮的开花馒头。

妈妈还会酿米酒。爸爸从来不喝酒，但喝妈妈酿的米酒。

附：张兆和工作单位变化表

工作单位	时间	地点	职责
友仁难童学校	1940年秋起	云南昆明呈贡	英语教师
育侨中学	1941年秋—1943年初	云南昆明呈贡	英语教师
建国中学	1944年起（约一年半）	云南昆明桃源	英语教师
呈贡中学			
乐益女中	1946年7月（约半年）	江苏苏州	英语教师
北师大附中	1949年冬起	北京	语文教师
一〇一中学	1952年	北京	语文教师
人民文学杂志社	1954年	北京	编辑

8 爸爸的画与字·爸爸不太愿意让妈妈看他的稿件

沈龙朱喜欢画画,有兴趣的时候,会忽然渴望把一个记忆中的形象画出来,比如说人,父亲的形象、母亲的形象、巴金的形象、二姨父周有光的形象等。他把生命中影响了他、给他以无穷温暖的这些面孔,在一张全新的纸上画出来。他说自己画画死板,和工程画似的,如在结构、位置、阴影等方面。他可以"用很笨的办法弄得还算像",但是很费工,自认为没有艺术价值。

而在沈龙朱眼里,父亲的画却不一样。虽然沈从文自己没有刻意做画家的想法,但信手拈来,零星画过一些画。沈龙朱说:"爸爸的画,不少人觉得很好,我觉得有些也不错,但就他那个风格,或者他那种笔触、味道,我就画不出来。"

至于沈从文的字,手稿中简化字和繁体字并用。现在通行的简化字,在过去也已经存在了。因此,沈从文手稿中的字可能在繁体字体系里不太标准,在简化字体系里也不太标准。沈龙朱说:"爸爸用的简化字不标准是有可能的,并且不是一下变过来的。"沈龙朱自己写字,有时候也不自觉出来一个繁体字,反而简化字怎样也想不出来。

《湘行速写·桃源上四十里》。（沈从文 绘）

《湘行速写·柳林岔》。（沈从文 绘）

《湘行速写·沅陵近边》。(沈从文 绘)

沈龙朱和弟弟沈虎雏看父亲的手稿大体上没有问题。沈龙朱说:"有些还要连猜带蒙。看他的信,有好多东西我和弟弟还要讨论,要研究。因为字太草了,草字还是行书,还是什么,或者都不是了。"

兄弟俩和妈妈比起来,在认父亲的字上,就差多了。沈龙朱说:"妈妈就更看得明白。她看爸爸的东西太多了,除了以前的情书以外,看他的稿子很多很多。尽管有时候爸爸不太愿意让她看,怕她管得太严。"

给太太写了那么多美妙文字的沈从文,难道会不愿意让张兆和看自己的稿子?

沈龙朱说:

沈从文给黄永玉的信。

小说《来的是谁？》手稿。

过去，爸爸有些文章是不太愿意给妈妈看的。好像好多作家都是，不太愿意让自己的老伴看，怕管得太严了。看了，她要唠叨唠叨，不听又不行，听了又违背自己原来的想法。照老伴意见一改，文章不太调皮了，也不太自由了。

但解放以后，非得妈妈把关不可了。妈妈是《人民文学》编辑，爸爸只好听妈妈的了。妈妈可能会在韵脚等一些方面提醒一下，还有就是政治上把把关。

一次，爸爸跟几个作家一起走了趟井冈山、瑞金、南昌，还有庐山也待过。一路走一路写字、作诗。本来是各自要写文章的，结果到后来谁也没有写出真正的成果。爸爸只几首诗想在《人民文学》上发表，和妈妈讨论。

但爸爸还是没写下去。那时候受政治要求，写那些东西他必然要跟政治结合在一起。写那样的东西，就不能调皮，不能像写逃学那么自然、自如。政治环境决定的，不太可能自如啊。那个时候应该这样来看，我理解的。创作限制太多，就没有自然的气息，就不可能写出很舒畅的、很舒服的东西了，就剩下喊口号了。有些东西真是口号。

9 《沈从文全集》里的一千五百封书信

沈从文爱写信，爱写长信，爱频繁地写信。我不知道这是不是沈从文的特点，但是中国现代作家在"全集"中收录书信量大的，我以为他算一个了。沈龙朱说：

> 爸爸喜欢写信。他写信的时候，好像觉得自由得很，可以敞开来表达自己的观点，因为这是私人的交流空间。
>
> 对外，爸爸不会乱写。要写，那就是他真正有看法了，有很准确的看法了，或者是他认为有很准确的看法了，才写。
>
> 不过在早期，他批评人家也有点糙，也不是很准确。自己有了观点，就胡噜出去了。胡噜出去的话也不一定正确。

书信这种一对一的交流，沈从文可以坦率地说出自己也未必认为正确的想法。在《沈从文全集》中，纯书信就占了十卷，共计一千四百七十六封信。而《沈从文全集》散文、杂文、文论各卷中也有书信收存。粗略统计，这样的信有一百二十二封。

孙文、张康、左小二、扬上区公所里，家和廿米位军专工作于部把年过了，先是一个难奇的年。今天已如今，专校子里工作你满意的，斗争的声音下去，分别负责的目皇帝此起来。这个年华主义利益子上个荣家去了的，二宫要害主我。因为这几字哮喘喉疼萝子上同水找不方便。我只好教票了。这实到此学上去和那十几户萝家佳户读或下话，是把有好家的我什么都的学，此事越多越如。我住的是中队部，也即此军中的指挥部，不等是土改战斗奔深，因这也多此泥浸居和土阶战士一起，说老和萝十一卷，小组中种人是耶如，不去县委的，但三个月来，多把稿院中人大都熟习了。不同的人和静止的地前景，大都热写了，理解这个是有用雪的。村马是我的养，问题议卫老不雄乎了人和土地，走雄乎了两专依名，间你，以及许多人因情乘不同的，也就是我们养问题，或件上雄太难已理到，但是因地方传说不同，也通工而不尽斗可弹也

这些多件上说自不是得的，申读地对于工作多有用来的

注望难
国着议望老

内江书信长卷（局部）。此信写于1952年1月29日，发自四川省内江。是沈从文参加土改工作队时写的家信。原信写于两页四川竹纸上，此为第1页，页面实际尺寸为1100毫米×230毫米。

《沈从文全集》所收书信统计

卷名	作品集	书信（封）
《沈从文全集》第11卷	《遥夜集》（19封）《湘行散记》（35封）	54
《沈从文全集》第14卷	《北平通信》（14封）	14
《沈从文全集》第17卷	《废邮存底》（12封）、《新废邮存底》（9封）、《新废邮存底续篇》（23封）	44
《沈从文全集》第18卷	书信·1927—1928年	224（含张兆和信件）
《沈从文全集》第19卷	书信·1949—1956年9月	130（含张兆和信件）
《沈从文全集》第20卷	书信·1956年10月—1960年	173（含张兆和信件）
《沈从文全集》第21卷	书信·1961—1965年	146（含张兆和信件）
《沈从文全集》第22卷	书信·1966—1971年	161
《沈从文全集》第23卷	书信·1972—1973年	120
《沈从文全集》第24卷	书信·1974—1976年	128
《沈从文全集》第25卷	书信·1977—1979年	151
《沈从文全集》第26卷	书信·1980—1988年	237
共12卷	61年	1588封

除了已经发表过的一百二十二封信，收入全集的一千四百七十六封信多数是未发表过的。在筹划《沈从文全集》九年时间里，搜集到这样数量的书信确实不容易。但是这些书信远非沈从文一生所写书信的全部。

家人觉得第一遗憾的，就是沈从文给张兆和的情书丢失了。沈龙朱说："特别是爸爸的情书，我们一点都没得到，当年在中国公学的情书，大概就一封。原因是什么呢？日本鬼子轰炸苏州时丢失了。妈妈很认真地送回苏州朋友家藏起来，结果在轰炸中丢失了。当年不在意的时候，妈妈把这些信交给胡适,让胡适还给沈从文;后来成为一家人,她当然是很在意的。"

沈从文在最好年华写给一个最好年华女子的情书,很可能是沈从文最美的文字。遗憾的是,没有了,至少现在还没有找到。至于是不是最美,沈龙朱说:"那就不知道了,没看过。"接着微微笑着说:"希望看一看,妈妈也说是太可惜了。"

而沈龙朱自己保存下来的爸爸书信,也不全。在大学期间,他销毁了太多爸爸写给自己的信。

除了丢失的,在已知的沈从文书信中,有些也未必全。

沈龙朱说:

> 黄永玉家肯定有,我们没有完全拿到,只是拿到一部分。他的事多,人也忙,整理不出来。他一天到晚要应付很多客人,岁数也大了。我们去谈过这事,但只是偶尔有一封。比如他女儿黑妮突然来了,说爸爸让她交给我们一样东西。哦,就是写了一半的小说。
>
> 汪曾祺家里应该有好多爸爸的信,我们找他要过。汪朗拿过一部分来,但我们估计可能还有。他们也可能整理不过来,这是其中一个重要的来源。
>
> 还有一位叫向远宜,笔名萧离,原来是报纸记者,跟《大公报》的徐盈是同一辈的,也是湖南人。父亲跟萧离信件来往比较多。当时,他还在世,但已经神志不清了,搬过几次家,后来搬到他孩子家了。我们跟他孩子提过,他孩子大概也没时间,顾不上整理。

沈龙朱说:"收集爸爸的信,主要有几种方法。第一,爸爸去世后,有人主动送上门来的;第二,知道爸爸生前和谁联系多或有联系,家人去要到的。

有几个沈从文的研究者,都是非常主动地与沈家联系。聂华苓发现沈从文的文字或者一点线索,马上就转交或告诉沈家。其他的独立研究者也一样。沈龙朱说:凤凰一位很普通的苗医,因交流问题与父亲有过通信,他把信主动交给文化局,文化局把复印件给了我。"

也有沈从文书信拥有者提出条件的。有个人说:"我这里有封信,你要

凤凰苗医欧志安（左）向凤凰县文化局捐赠了沈从文给他的信。

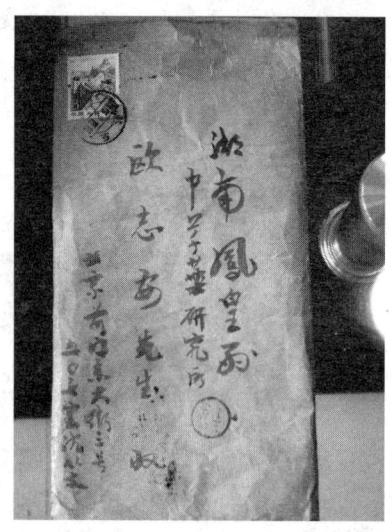

给欧志安的信。

不要？如果要，你就帮我孩子办出国。"沈龙朱只好说："我们不要了。"沈龙朱遗憾地告诉我说："我们家人都没出国，怎么能有渠道帮助他出国？"不过，提出要求的极少。

各种书信、文章汇集到沈从文家中，沈家人都要认真核实："是不是沈从文的？"沈从文使用的笔名比较多，有些乍看是他用过的笔名，实际上不是他的；而另一些，笔名很陌生，但文字味道、相关历史条件综合起来考虑，可以肯定是他的。

沈从文的书信、作品鉴别工作，在张兆和活着的时候，由她最后定夺；张兆和去世后，主要由沈虎雏负责。

为了出版《沈从文全集》，退休前后的沈虎雏几乎投入了全部精力，这个从前不愿意步父亲后尘的孩子，在父亲到了晚年时，终于幡然悔悟，为梳理爸爸的经历与文字，做了太多的工作。而哥哥沈龙朱在电脑上录入爸爸的书信。本来沈家请人来录入，花了很长时间，回过头来很多字不认识，还要问。与其这样，沈龙朱觉得不如自己直接录入。录入好，校对一下，交出去。尽管沈龙朱操作电脑并不流畅，用手指一个个地键入，但他很乐意也感觉有责任把父亲纸上的文字转化成可以广泛使用的格式。

说到《沈从文全集·书信卷》的编辑思路，沈龙朱说：

> 爸爸留给我们的是什么东西，我们就拿出来什么东西。我们提供给人们的就是原始史料，我们不加评价。这封信怎么样，那封信怎么样，说谁是对的，说谁是错的，我们一概不加入自己的观点。
>
> 爸爸信里说的东西，有些是对的，有些是错的，这是必然的。但这全是事实。在那样的历史阶段，有正确的看法，必然也有错的东西混杂在一起。
>
> 评价是别人的事情，我们家属能做的，就是原貌呈现。

沈虎雏曾和我说："沈从文留下了这些文字来阐述他的观点。遗憾的是，被他批评的人都已作古，没有说话和反驳他的机会了。"

10 爸爸的两个老师·
三位伯乐郁达夫、徐志摩、杨振声

沈龙朱说:"爸爸一生比较尊重的,称之为老师的,有两个人:一个是他老家的小学老师叫田笛石,一个是林宰平。爸爸真正念叨叫老师的,就是这两个人。"

为什么只有这两个?沈龙朱不完全知道。田笛石是沈从文在凤凰老家上小学时的老师,当然是正式的老师了。至于林宰平,沈龙朱说:"爸爸敬重林庚的父亲林宰平,认林宰平为师,可能是因为20世纪20年代人家对他的文章有过一些指导或者推荐。这是我个人的感受。"

田笛石,就是田名瑜,凤凰县城人,1890年出生,1981年去世。曾参加同盟会、南社,出任过《沅湘日报》编辑兼总经理和湘西几个县的县长。1949年后,在中央文史研究馆从事文史研究。1916年,二十六岁的田笛石在凤凰县高小教书,十四岁的沈从文也于这一年升入高小读书。沈从文在田笛石门下学了一年国文。这一年中,田笛石把湘西人对于中国社会的杰出贡献讲述出来,开拓了沈从文的视野,为他日后立志报国埋下了种子。

林宰平是国学大师,生于1879年,1960年去世,曾任教于北京大学和清华大学。1925年,林宰平从报纸上读到了二十三岁的沈从文的散文《遥夜》,非常欣赏。他说沈从文是"天才青年",他认为《遥夜》"全文俱佳","实在能够感动人"。从沈从文《遥夜》的情绪中,林宰平引申开去,说:

> 我们以为现在学生们,尤其是大学生,应该有个共同的目标,即是立志要在天地间做一个人,不要随随便便混过了有用的光阴。

林宰平以为《遥夜》是一个颓废的大学生的作品。事实上,当时沈从文的处境,距离"颓废"还远得很。他"颓废"?他没有"颓废"的资本。所以,读了林宰平报纸上的文章以后,沈从文给林宰平写了一封公开信。信中说:

> "凄清,颓丧,无聊,失望,烦恼,"当然不是什么立志改良社会,有作有为,尊严,伟大,最高学府未来学者的应有事情。人生的苦闷,究竟是应当或否?我想把这

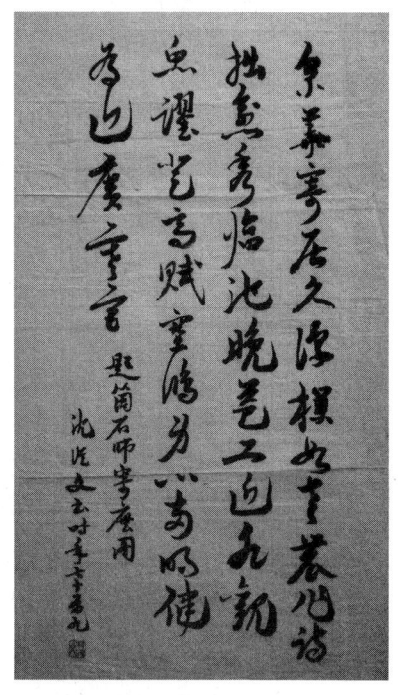

沈从文为田篔石师题诗。

林宰平师。(沈龙朱 绘)

大问题请学者们去解释。至于我这种求生不得,于生活磨石齿轮下挣扎着的人呢?除了狂歌痛哭之余,做一点梦,说几句呓语来安置自己空虚渺茫的心之外,实在也找不出人类夸大美满的梦来了!无一样物质来送我浪费,所以留恋于生的,自然只有浪费这生命。从浪费中找出一点较好的事业来干吧!可惜想找的又都悬着"此路不通"的牌子。能够随便混过日子,在我倒是一桩好事!

一来一往,身为大学教授的林宰平,倒更想认识这个青年了。他主动找到沈从文并请沈从文到家里聊天。当了解到沈从文的真实处境后,林宰平在经济上、精神上给沈从文以极大的帮助。

帮助沈从文的不仅仅是林宰平。

沈龙朱说:"初到北京,父亲在万般无奈的情况下,给郁达夫写信。没想到郁达夫会那么对待他。"关于郁达夫去寓所看望沈从文这件事,沈从文写过很多文字,郁达夫本身也有文字。沈龙朱回忆说:"爸爸跟我们说过很多次,这件事情他是相当感动的,因为当时他确实很困难。"

1924年11月13日,二十八岁的郁达夫带饥饿困顿中的二十二岁外地青年沈从文出去吃饭,干脆就把自己的围巾给沈从文围上,然后掏出五块钱付饭钱,剩余三块多钱全给了沈从文。郁达夫回去后写了一篇文章,在报上公开发表。这个文章并不是夸沈从文的,而是描述一个文学青年的难处。

对社会弊端多了些了解的郁达夫,在1924年11月16日的《晨报副刊》上发表文章,问沈从文道:

> 引诱你到北京来的,是一个国立大学毕业的头衔;你告诉我说你的心里,总想在国立大学弄到毕业,毕业以后至少生计问题总可以解决。现在学校都已考完,你一个国立大学也进不去,接济你的资斧的人,又因为他自家的地位动摇,无钱寄你,你去投奔你同县而且带有亲属的大慈善家H,H又不纳,穷极无路,只好写封信给一个和你素不相识而你也明明知道和你一样穷的我,在这时候这样的

状态之下，你还要口口声声的说什么大学教育，"念书"，我真佩服你的坚忍不拔的雄心。不过佩服虽可佩服，但是你的思想的简单愚直，也却是一样的可惊可异。现在你已经是变成了中性——半去势的文人了，有许多事情，譬如说高尚一点的，去当土匪，卑微一点的，去拉洋车等事情，你已经是干不了的了，难道你还嫌不足，还要想穿几年长袍，做几篇白话诗，短篇小说，达到你的全去势的目的么？大学毕业，以后就可以有饭吃，你这一种定理，是哪一本书上翻来的？

像你这样一个白脸长身，一无依靠的文学青年，即使将面包和泪吃，勤勤恳恳的在大学窗下住它五六年，难道你拿毕业文凭的那一天，天上就忽而会下起珍珠白米的雨来的么？

现在不要说中国全国，就是在北京的一区里头，你且去站在十字街头，看见穿长袍黑马褂或哔叽旧洋服的人，你且试对他们行一个礼，问他们一个人要一个名片来看看，我恐怕你不上半天，就可以积起一大堆的什么学士，什么博士来，你若再行一个礼，问一问他们的职业，我恐怕他们都要红红脸说，"兄弟是在这里找事情的。"他们是什么？他们都是大学毕业生吓，你能和他们一样的有钱读书么？你能和他们一样的有钱买长袍黑马褂哔叽洋服么？即使你也和他们一样的有了读书买衣服的钱，你能保得住你毕业的时候，事情会来找你么？

大学毕业生坐汽车，吸大烟，一攫千金的人原是有的。然而他们都是为新上台的大老经手减价卖职的人，都是有大力枪杆在后面援助的人，都是有几个什么长在他们父兄身上的人，再粗一点说，他们至少也都是会爬乌龟钻狗洞的人，你要有他们那么的后援，或他们那么的乌龟本领，狗本领，那么你就是大学不毕业，何尝不可以吃饭？

我和沈龙朱说："郁达夫就像同情农民工一样。"
沈龙朱说："对对对。实际上是一种援助。在那种环境中，很多人看不

20 世纪 30 年代的徐志摩。（沈龙朱 绘）

20 世纪 30 年代的郁达夫。（沈龙朱 绘）

上农民工,觉得他们土得很,什么也不懂,竟然敢闯到这儿来。闯,困难是必然的,是应该的。而郁达夫的举动,对父亲是一种支持。"

沈龙朱早年就知道郁达夫跟鲁迅同一时代,并且是与之齐名的作家。郁达夫在印尼被日本人杀害,他也知道。虽然读郁达夫的书并不多。

可以被称为沈从文伯乐的,沈龙朱说:"一个是郁达夫,一个是徐志摩,再算下来就是杨振声了。"不过,对这几位先生,沈从文都没有称呼老师,只是称呼"先生",包括胡适。沈从文小学学历,因写小说有特点,徐志摩一个建议,胡适就让他去大学教书了。从这个角度说,胡适对沈从文是不错的,中国公学能够容纳一个小学毕业生来教书,这是从来没有过的事。沈龙朱说:"而且爸爸教书确实也没经验,口才又不好,口音也不对头啊。"沈龙朱记得,妈妈在家里也拿爸爸开玩笑。

1929年,妈妈在中国公学,是爸爸的学生啊。爸爸开的是选修课,不是必修的,学生爱听谁的听谁的。爸爸,一个小有名气的小说家来当老师了,学生们慕名而来看这个新人。他上头一堂课的时候，站在讲台上，半天说不出一句话来。于是，拿起粉笔写几个字："见那么多人，我害怕了，我第一次。"

爸爸拿粉笔在黑板上就这么写，等半天才说出来。但内容他很快就说完了，准备了半天的东西，很快就没有了。

沈龙朱说："妈妈好多次拿他开涮。"

即使这样一个沈从文，以胡适为代表的那一批自由主义知识分子对他是欣赏的。在大学为沈从文谋得一个岗位，保证他有稳定的生活来源，给他创造一个进步的条件。

在胡适提供的这个平台上，沈从文并没有干长久。沈龙朱说："干不下去的一个重要原因，就是追不着张兆和。父亲信里写了很多，说'不行我就离开这儿，省得我老惦记着这事'。于是，他先是去了武汉，又去了北平，后来去了青岛大学。"

徐志摩对沈从文很关心，帮助沈从文找工作，两人关系很好。1931年11月，徐志摩在空难中离世。

沈从文曾回忆道：

那时我正在青岛大学中文系教点书。11月21日下午，文学院几个比较相熟的朋友，正在校长杨振声先生家吃茶谈天，忽然接到北平一个急电。电中只说志摩在济南不幸遇难，北平、南京、上海亲友某某将于22日在济南齐鲁大学朱经农校长处会齐。电报来得过于突兀，人人无不感到惊愕。我当时表示，想搭夜车去济南看看，大家认为很好。第二天一早车抵济南，我赶到齐鲁大学，由北平赶来的张奚若、金岳霖、梁思成诸先生也刚好到达。

沈龙朱说："爸爸是专门从青岛赶到济南的。北京有些人也去了，都是朋友。这些过程他在我们很小的时候就给我们都很详细地讲过。徐志摩是爸爸很重要的好朋友。"

徐志摩的死对于沈从文产生了怎样的影响呢？沈从文自己说：

> 志摩先生突然的死亡，深一层体验到生命的脆弱倏忽，自然使我感到分外沉重。觉得相熟不过五六年的志摩先生，对我工作的鼓励和赞赏所产生的深刻作用，再无一个别的师友能够代替，因此当时显得格外沉默，始终不说一句话。
>
> 后来也从不写过什么带感情的悼念文章。只希望把他对我的一切好意热忱，反映到今后工作中，成为一个永久牢靠的支柱，在任何困难情况下，都不灰心丧气。对人对事的态度，也能把志摩先生为人的热忱坦白和平等待人的希有好处，加以转化扩大到各方面去，形成长远持久的影响。因为我深深相信，在任何一种社会中，这种对人坦白无私的关心友情，都能产生良好作用，从而鼓舞人抵抗困难，克服困难，具有向上向前意义的。

在青岛大学，杨振声走进了沈从文的生活。后来杨振声从青岛到北平组织了一个班子在编写中小学教材，包括朱自清等都在内。就叫沈从文也过来参加这个团队。

沈龙朱说：

> 爸爸的朋友中，我对杨振声的印象非常深。父亲叫他杨先生，我和弟弟叫他杨公公。他比父亲大，等于是长我两辈。
>
> 杨振声对父亲是蛮好的。1947年回到北平，父亲带着我们去看杨公公。当时我们住在沙滩中老胡同北大宿舍，杨振声住在南锣鼓巷，很近。看杨振声，也看胡适校长。
>
> 沙滩北大附近，文化人非常集中。1947年和1948年暑假，杨振声因为在山东待过很长时间，而北平市长何思源也在山东待过很长时间。何思源在颐和园里头有一个很漂亮的院子，有假山，有流水，有长廊，有大厅，有几个偏房。每年暑假，何思源把这个院子交给

在颐和园霁清轩,亦师亦友的杨振声和梁思成夫妇、张奚若夫人。

杨振声处理，可以请一些文人一起度假。然后我们家一家，冯至一家，还有好几家都在那个院子里住过。我至少两个暑假在那里度过。

我那会已经可以在颐和园的湖里学游泳了。加上清华大学在附近，很多爸爸的老朋友，包括湖南出来的老人吴瑞芝，带着我们去游泳，教我们游泳。杨振声的儿子杨起本事很大的，他是青岛训练出来的，自由泳非常漂亮，动作很协调，速度非常快，很快就到湖当中去了。

杨振声后来到东北大学担任行政职务去了，不在核心地区。他去世比较早，但他的影响，从文学角度来说还是比较大的。最近我看到报道，在地质大学的他的儿子杨起，地质学家，去世了。杨起，我们叫杨舅舅。云南那时候他上大学，我还在幼稚园，没上小学呢。

梁思成林徽因夫妇和沈从文的关系非常好。沈龙朱还没有见到这对杰出的建筑学家，就听父母讲他们的故事。后来，沈龙朱去过梁思成在清华大学的家。沈龙朱多年后回忆说："父亲应该说是非常崇拜他们的。你想，我父亲最困难的时候，就是1949年初，那时候还没解放，梁思成、金岳霖把他接到清华，住了一阵子，就是希望他能缓解思想上的一些压力，你说不是好朋友能这样吗？那时候清华已经算解放了，城里头还围城。"

沈龙朱说：

我想起梁思成当年设想保存老北京而没有保存下来，心里就不是滋味。前不久我看一个文章上提到，梁思成夫人林徽因亲自去找彭真谈城墙不要拆，她甚至跟彭真都吵。林徽因是个直肠子。

11 郭沫若很值得同情，
爸爸对丁玲是很尊重的

　　郭沫若的一篇文章，令沈从文几乎丧命。沈从文第一次试图通过触电自尽，恰是沈龙朱在家把父亲拦了下来。可以说，郭沫若是改变沈从文命运、迫使沈从文放下手中的笔转身去做文物工作的重大因素。沈龙朱说："郭沫若的政治结论太厉害了。不管沈从文留不留下来，都是自觉的反动派，都是自觉地站在国民党一边的。所以爸爸的压力很大。他没话说了，路被堵死了。后来对待沈从文的态度和许多做法，都是按照郭沫若划线方法来定的。"

　　不过，事情过去之后，沈从文不再说这个事情，并且《中国古代服饰研究》还是郭沫若写的序言。让郭沫若写序言是谁的意见？沈龙朱说："大概是周总理的意思。爸爸始终没有把它叫作服装史，因为谈不上是服装史，只能是服饰研究，是他自己的一些研究成果。他对工艺美术学院的服装史做过很多工作，几次校对课本他都参与了。周总理提出要用有点文化品位的东西送洋人，就是国礼。文化部部长说'沈从文搞这个，你看能不能用'。当时周总理就定下来由爸爸来完成。爸爸尽心尽力去做，按自己的想法努力去做，一直盯着，总算做完了。请郭沫若写序言，爸爸不反对，他没有说不同意。"

　　郭沫若把沈从文从文学界掐死，沈从文转身到物质文化史研究领域，写出了最重要的著作，结果又是郭沫若写了序言。序言不长，全文如下：

> 工艺美术是测定民族文化水平的标准，在这里艺术和生活是密切结合着的。
>
> 古代服饰是工艺美术的主要组成部分，资料甚多，大可集中研究。于此可以考见民族文化发展的轨迹和各兄弟民族间的相互影响。历代生产方式、阶级关系、风俗习惯、文物制度等，大可一目了然，是绝好的史料。
>
> 遗品大率出自无名作家之手。历代劳动人民，无分男女，他们的创造精神，他们的改造自然、改造社会的毅力，有着强烈的生命脉搏，纵隔千万年，都能使人直接感受，这是值得特别重视的。

郭沫若的这个简短的序言写于1964年6月25日。这一年的2月10日，《人民日报》刊发通讯报道《大寨之路》，发表社论《用革命精神建设山区的好榜样》。劳动人民创造历史改造自然的思想，是当时的主流思想。所以郭沫若把序言落脚点押到"改造社会"上，是有特殊历史背景的。不过，这个序言今天看来，也不算太过时，总还说得过去。老实说，郭沫若的书法很漂亮，《中国古代服饰研究》中就影印了郭沫若的手迹。在简短的文字里，郭沫若说得非常概括，第一段两句，说"工艺美术的价值和工艺美术的特点"；第二段说研究古代服饰的意义有三；第三段说了解古代服饰的不仅仅是美术问题，而是了解古代劳动人民创造精神和生命意识。

我个人认为，这个序言不能说写得没有价值。几个月之后，郭沫若写了一首诗：

> 传统作风雪里梅，大寨精神从此来。
> 已见黄河清澈底，要教宇宙共春回。

在这首诗里，改天换地的意思就更加明确。

就是这个郭沫若，以一篇《斥反动文艺》，葬送了沈从文的文学前程。换来了一个《中国古代服饰研究》。郭沫若写这篇序言的时候，心里是什么滋味呢？

沈从文坦然了，沈龙朱坦然吗？我问沈龙朱："家人恨郭沫若吗？"沈龙朱说："没有恨呀。相反，我觉得郭沫若很惨，我很同情他。"为什么这么说呢？沈龙朱说：

> 许多人认为他在解放后很得意，但我觉得他也不得意。他随机应变得太厉害了。他位高权重，在领袖身边，领袖写一首诗，他就在《光明日报》发一个整版。所以说很可怜。应该怎么说呢？也可惜，毕竟郭沫若非常有才华。
>
> 郭沫若在那个特殊环境下，要适应环境，做很多实际上是令他很难受的事。他会觉得很舒服、很愉快吗？不太可能。他要做得很自然，他能很愉快吗？很难说，我不大相信。真实的人到底是什么样，他心里头真实的想法到底是什么样，现在已经很难知道了。

是啊，沈从文的许多作品在写作的年代是不合时宜的，今天却被证明是正确的；郭沫若的作品在写作的时候绝对正确，今天看来不少是有失偏颇并且是令郭沫若汗颜的。这就是一个作家、学者，是本着良知写作，还是附庸权势写作的差别。北京郭沫若故居纪念馆很大，在北京却找不到沈从文的纪念地，但是，轻重在读者心里。

那么，一样对沈从文有过一些伤害的丁玲呢？

沈龙朱说：

> 在20世纪20年代，丁玲和胡也频是父亲很重要的朋友。父亲以前也很热情地跟我们谈过他们两个人，谈过一些事。在云南的时候，他谈起过丁玲是共产党。解放以后，他对丁玲仍然抱着很大的期望。他从来没有说过她的坏话。
>
> 父亲非常尊重丁玲和胡也频两个人。人们猜测说沈从文对丁玲有点好感，或者有想法。我判断，应该没有。父亲认识丁玲也是胡也频带着丁玲去的香山。丁玲和胡也频虽然没有正式结婚，但是已

经在一起了。后来还有了孩子。

爸爸说到三个人的时候，用了一个容易引起误会的词："住在一起"。父亲跟丁玲和胡也频确实是住在一起的。什么意思呢？就是住在一个公寓。到了上海也是。他们共同编《红黑》时，为了互相之间有个照顾，是住在一起的。但有些人就把"住在一起"理解成别的意思了，好像沈从文对丁玲有想法。其实我感觉父亲对丁玲没有男女感情上的东西，他对丁玲是非常尊重的，觉得她能写东西。他们是笔友，在写东西上共同语言很多。

后来，丁玲参加革命了，胡也频让父亲去，父亲不去。父亲可能也听过一次两次人家介绍革命的思想，但他都没详细说过。他要把工作重心放在把自己的东西弄好。他的想法是："我自己的事情还早着呢。我要能够用五十年的时间，赶上契诃夫那样的成就。要干五十年，也很难赶上。"父亲的意思就是他专注于自己的事，已经干上这行了，一定专注干成。

1936年，张兆和带着两岁的沈龙朱，由沈从文护送回苏州。这是沈从文婚后第一次到老丈人家里去。他们来回两次路过南京，都专门去苜蓿园看望过丁玲。沈龙朱对这次见面没有印象，因为还没有记忆。半年后，沈从文又到苏州去接张兆和母子回来，又去南京看过丁玲。沈龙朱说："从这些细节看，父亲对丁玲、胡也频两个人一直都是很尊重的。"

《记丁玲》和《记胡也频》是沈从文传记作品中很重要的两篇。《记胡也频》丁玲应该看过。而《记丁玲》，丁玲自己说没看过，也真有可能。沈龙朱说："写《记丁玲》的时候，我父亲认为她已经被国民党害了。其实丁玲是被关起来了，很可能没看到。"

与丁玲、胡也频生活上事业上接触来往得多，所以沈从文有内容可写。对他们两个人间的谈话、两个人的性格，沈从文都能够有比较深的理解。沈龙朱说："爸爸的理解是不是很准确，我不知道，我也不可能知道这些事。爸爸写得到底准确到什么程度、是不是添油加醋了？但他一定是按照自己的理解来写的。他可能认为丁玲和胡也频很浪漫，又革命又浪漫。革命嘛，他认为，就应该是这样的。"

很多年之后，丁玲看到《记丁玲》，不太乐意了。沈龙朱说："这里涉及一些历史背景。早年，说自由恋爱是时髦的事，是革命的事。我不结婚，同居了，这是打破传统，是一种革命行为。虽然比较幼稚，但体现着革命理想和革命激情，在当时是被左翼人士推崇的。我父亲仍然也是以这样一种观点来看待，直不笼统地记下了丁玲、胡也频的这些事情。而解放后，尤其是经历了多年社会主义教育之后，丁玲可能又觉得有点不对头了。"

1949年后，在20世纪50年代，沈龙朱已经知道父亲与丁玲有来往。沈龙朱说："丁玲先是作家协会领导，又变成了坏人，下放到什么地方去。这些家里头还是很关心的。爸爸谈这些事时还会说到。妈妈当然知道了。他们当年是真正的好朋友。"

《太阳照在桑干河上》，这可是父亲好朋友的代表作，沈从文看过，而且还让孩子们看。看了，沈从文没有在家人面前评价这部小说。他只是说："是新小说，是热门东西。"沈龙朱觉得跟看苏联卫国战争小说似的，跟大部分解放区的小说相似。至于家里的《太阳照在桑干河上》是怎么来的，沈龙朱不知道。他说："可能是买的。"

1980年1月，丁玲写了一篇《也频与革命》，在当年《诗刊》第三期上刊登出来。文章说：

> ……《记丁玲》……最近我翻看了一下，原来这是部编得很拙劣的"小说"，是在1933年我被国民党绑架，社会上传说我死了之后，1933年写成、1934年在上海滩上印刷发售的。作者在书中提到胡也频和我与革命的关系时，毫无顾忌，信笔编撰……
>
> ……这样的胡言乱语，连篇累牍，不仅暴露了作者对革命的无知、无情，而且显示了作者十分自得于自己对革命者的歪曲和嘲弄。
>
> ……贪生怕死的胆小鬼，斤斤计较个人得失的市侩，站在高岸上品评在汹涌波涛中奋战的英雄们的高贵绅士是无法理解他（指胡也频）的。这种人的面孔，内心，我们在几十年的生活经历和数千年的文学遗产中见过不少，是不足为奇的。

沈龙朱说:"丁玲写了那篇文章之后,对爸爸的伤害很大,但也没有公开来回应。后来是徐迟把信抖搂出来了,爸爸自己是绝对不会去公开这件事的。在给徐迟的信中,爸爸抱怨"为什么要这么对我"。徐迟把信公开了。一公开,就好像变成两个人争论的性质,其实爸爸是不想争论的。"

沈从文给徐迟的信究竟写了什么?今天在《沈从文全集》中有。沈从文说:

> ……《诗刊》三月份上中国"最伟大女作家"骂我的文章,不仅出人意外,也为我料想不到。真像过去鲁迅所说:"冷不防从背后杀来一刀",狠得可怕!乍一看来,用心极深,措辞极险。但是略加分析,则使人发笑,特别是有人问及她这文章用意时,她支吾其词,答非所问,无从正面作出回答。她廿年来受的委屈,来自何方,难道自己不明明白白?嚷也不敢嚷一声,自有难言苦衷。却找我来出气,可见聪明过人处。主要是我无权无势,且明白我的性格,绝对不会和她争是非。自以为这一着够得上"聪明绝顶",事实上,卅年代活着的熟人还多着。(即或过去和我不熟,也骂过我,但从近卅年种种印象,都会明白这文章用意的。)我对他们夫妇已够朋友了,在他们困难中,总算尽了我能尽的力,而当她十分得意那几年,却从不依赖她谋过一官半职……可料想不到,为了恢复她的"天下第一"地位,却别出心裁,用老朋友来"开刀祭旗"……①

沈从文说大家不必为他"抱不平",可以"一笑了之",说得很有道理。但是,学界为此也写了不少东西,尤其以李辉《恩怨沧桑——沈从文和丁玲》②为著名,这本书详细地描述了沈从文与丁玲的恩怨沧桑。同情和受尊敬的天平,向沈从文倾斜。

---

① 《沈从文全集》(第26卷),第114页。
② 李辉:《恩怨沧桑——沈从文和丁玲》,百花文艺出版社1992年版。

12 爸爸最欣赏汪曾祺·忘年交王予·《沈从文晚年口述》

沈从文非常欣赏汪曾祺。在沈龙朱印象中,父亲真的非常喜欢汪曾祺。沈龙朱叫汪曾祺"汪叔叔"。在汪曾祺面前,沈龙朱和弟弟算小一辈,但直接接触不多。

沈龙朱说不清楚父亲给汪曾祺最大的影响是什么,他记得父亲始终关心汪曾祺的进步,甚至为汪曾祺的消极骂过一次汪曾祺。沈龙朱说:

> 父亲非常喜欢汪曾祺,非常欣赏汪曾祺,绝对的。
>
> 汪曾祺在上海,黄永玉也在上海,汪曾祺和黄永玉认识了。汪曾祺写信给我爸爸,觉得生活不得意,一切都没意思了,学习不太带劲,说去教书算了。爸爸就骂他。一面有训斥的味道,一面又是鼓励。爸爸说:"你不用你这个笔太可惜了!"
>
> 汪曾祺调到北京以后,倒霉,下放,又让回来。我知道爸爸一直都很关心他。汪曾祺常常和爸爸来往,爸爸不受重视,他也无所谓。只要汪曾祺在不倒霉的时候,就是家里的常客。
>
> 爸爸和汪曾祺有很多共同的东西,不光是文艺上东西,还有文

沈从文和汪曾祺。

物上的东西。爸爸愿意说，汪曾祺也愿意听，而且很有兴趣。汪曾祺能吸收很多东西。

评论家们说，汪曾祺是沈从文学生里，最像沈从文的一个。但是，沈龙朱说，两个人完全不一样。

我爸爸就是这么一个人，蔫儿咕叽的，人邋遢，不太讲究。
爸爸是烟酒不沾。他小时候当兵，人家喝酒他不喝。而汪曾祺烟酒都很厉害，常常弄得自己晕头晕脑。他有一种文人的豪放劲。他饮酒太厉害了，大概很懂酒。

汪曾祺喜欢京剧。"文革"时期，汪曾祺突然受重用，参加了京剧《沙家浜》的创作,沈从文很高兴。沈龙朱说:"爸爸知道汪叔叔忽然被用了。本来不太可能用他的,怎么会用他呢?这么重要一个东西都用他!爸爸高兴地说:'还是有才嘞。'意思是说汪曾祺在戏剧上还是有两下子,还是懂呐。"在没有看到《沙家浜》之前,沈从文就确信汪曾祺有本事,能够做好。

沈龙朱记得是一次政协活动,沈从文和家人都去看了《沙家浜》,很认真地看。不是汪曾祺请,是买票去的。看完就看完了,沈从文没有说什么,也没有和家人进行交流。所以,沈从文对《沙家浜》的意见我们不得而知。但是沈从文对汪曾祺的态度不仅留下深刻的印象,而且在沈从文的书信中也流露了出来:

>……汪曾祺改编《芦荡火种》文字方面成就值得注意,昨《人民日报》有专文介绍,说得恰当得体。同时上演剧本不下廿种,似乎还少有能达到汪作水平。可知剧改由笔下较好作家(甚至于由第一流作家)来参与是极合理的。因为观众多,阶层广泛,改得好,教育意义也大!①

>一个汪曾祺在老舍手下工作了四五年,老舍就还不知道他会写小说,幸而转到京剧团,改写《沙家浜》,才有人知道曾祺也会写文章。②

除了文学,沈从文用了更多的精力来研究物质文化史。在沈龙朱眼里,沈从文研究文物的方法、思路,与别人不一样。沈龙朱简单地概括了父亲的研究方法、思索方法,用了两个字:"比较"。他认为,父亲能够把上下五千年的历史线索贯通地连串起来,然后又横向四面八方铺伸开去。沈从文有兴趣在当讲解员、整理库房、清检古董文物等所有接触文物的机会中,学

---

① 写于1964年7月25日,致程应镠,见《沈从文全集》(第21卷),第429页。
② 写于1965年11月18日,复程应镠,见《沈从文全集》(第21卷),第489页。

习知识，摸索出很多东西，积累了非常多的经验。沈龙朱说："爸爸的积累多，视野自然开阔。他的研究便纵向、横向扩展，形成了自己的特点。"

沈从文在服饰研究上的最好助手王㐨，沈龙朱叫"王叔叔"。沈龙朱说：

> 王㐨和爸爸真是忘年交。王㐨是抗美援朝的文艺兵，休假回国去故宫、历史博物馆参观，刚好爸爸在。爸爸连着给王㐨讲了三天。王㐨知道了爸爸的名字，两人就成了好朋友。他只要到北京来，就和爸爸联系。他是山东人，后来要转业了，问爸爸干什么合适。
>
> 王㐨到了考古所，长期做文物修复工作，而且做了很多研究。王㐨在文物修复、古墓考察等方面有很高的建树，开创性地拓展了工作。爸爸能完成《中国古代服饰研究》，跟他绝对有密不可分的

沈从文与王㐨。

关系。王㐨在沈从文写作《中国古代服饰研究》过程中发挥了无可替代的作用。

  令我感动和羞愧的是，我们家人不理解、不支持的事，王㐨全心全意地支持爸爸。

  沈从文另一位助手是王亚蓉，沈龙朱说："王㐨我是认真叫叔叔的，而王亚蓉岁数跟我差不多，比我还小，见了面，哈哈点一下头就完了。"王亚蓉有能耐，画得非常好。她在沈从文比较困难的时候，做了很多工作。沈从文、王㐨、王亚蓉在社科院形成一个班子。

  沈从文的一些东西，留在了社科院，尤其是沈从文的一些录音资料。沈从文去世后，王㐨约龙朱和虎雏到他办公室。王㐨说："这柜子里头都是沈先生的东西，要给你们，先把那个录音给你吧。"王㐨叫王亚蓉拿钥匙，王亚蓉找不到钥匙，没拿出来。

  2002年，沈从文一百周年诞辰，王亚蓉独自在香港商务印书馆出版了《沈从文晚年口述》。

  王亚蓉是《沈从文全集》的编委，沈从文家人是希望这部分内容编入全集的，但王亚蓉没有拿出来。到《沈从文全集》出版了，由她署名的《沈从文晚年口述》也出版了。两个东西都出版后，王亚蓉把一部分录音复制品了沈虎雏。

  随《沈从文晚年口述》附赠一张光盘，是声音文件，精选了六十分钟沈从文演讲。沈龙朱说："我看书里的光盘也不完整。王亚蓉听父亲谈话应该不是问题，但是形成书稿后，还有不准确处，有些字和用词满不是那么回事。虽然说重新整理是需要的，但什么时候整理只能另说。"

13 流鼻血·高血压·心脏病·临别对夫人说"对不起"

流鼻血，是沈从文年轻时候起就有的一种病。沈从文在1929年10月19日给朋友的书信中说："我身体太坏了，一上学校，见学生太年青就不受用，打主意班上凡是标致学生令其退课，则上课神清气爽矣……一面教书一面只想死……我流鼻血太多，身体不成样子，对于生活，总觉得勉强在支持。我时时总想就是那样死了也好，实在说我并不发现我活的意义。"半年后，他在给同一位朋友的信中又描述道："几天来一连小小的流了两次鼻血，心中惨得很，心想若是方便，就死了也好……我有时是很清楚我自己，因为体质的不济，以及过去生活的放肆，性情特别坏，是已经极不适宜于同女人周旋了的。"

1930年5月31日，沈从文这样写道：

现在一点不明白，未来的情形，就是我鼻子血管破了，打针失效，吃药不灵，昨天来流了三回，非常吓人，正像喷出。我现在自己打算，若再流三次就完了。若不流，有一个月可以动作了。医生要我一个月内莫动莫作事，才无危险。我自己因为有了经验，总想一个礼拜不是死，就一定是爬得起来作事……

为什么缘故血又流了？是因为做文章，两天写了些小说，不歇息，疲倦到无法支持，所以倒了。今天因为冰包头，头反而清楚了许多。不敢爬起，爬起就流了。

今天同昨天不同，昨天因为打过针的医生走去，血还从口里浸，我以为一切完事了。今天流了一回，这时冰住了，我觉得你说的"气概强"使我感到要活下去。

几天后，沈从文又说："当真又爬起来了，不过在半个月内若再发，一切都完事了。现在只能坐在床头，医生打完针摇头走了，我又来写信。血流多了只觉得头昏。"到6月28日，他说："流了点鼻血是又爬起来了的，在女人方面的损失可无法补充了。"到7月18日，他继续和朋友交流鼻血问题："我是又要流鼻血了的，这怪病，这由于生理的无办法的病，总是要同我计划捣乱。既不能同任何女人好，也不敢去同娼妓住，结果总是一到某种时节就流鼻血。可以放心的是流了又会好。"

二十七岁到二十八岁的沈从文，一方面为女性所困扰，一方面为鼻血所困扰。

一个人为什么总是会流鼻血？在一本普及性的医学读物上，我看到了几种病因：一是局部受伤或受到刺激，二是鼻肉、肿瘤、慢性过敏症，三是高血压，四是血液方面的问题，五是头部受伤。[①] 我从沈从文自己的记述比照医学博士给出的病因推断，难道沈从文那时候就血压高？或者是血液有问题？

沈龙朱说："爸爸很容易流鼻血，这是很长时间的问题，可能就是血小板少。当时感觉很狼狈，做事情就感觉他很累，比如说感冒以后和感冒前期他都会流鼻血。"

---

① 〔美〕伊沙多尔·罗生福：《注意！身体的警讯》，张慧、柳红良、原晨译，新世纪出版社1998年版。

从1929年起，甚至更早的时候，沈从文就流鼻血。1938年到云南后已经三十多岁了，还经常流鼻血。沈龙朱过了十岁，记得爸爸还在流鼻血。沈龙朱说："按道理说，血小板的问题是有药可以治疗的，主要就是凝血不好，鼻膜不好就特别容易破。他的这个情况不分季节，因为云南季节也不太明显，冬天不是太冷，夏天也不是太热，多半是因为工作劳累，晚上看稿子、改稿子导致的。"

那时候没有卫生纸或者纸巾之类，在云南有当地草纸，但是不会用草纸塞鼻子，一般是用写字用的毛边纸，吸水性好。沈龙朱说："当然我小时候也流过鼻血，不小心因为碰撞，也会突然流。但是父亲是经常流。在云南，记得他去医务室拿点药，我也不知道，也不关心那是什么药。反正我晚上和他一起睡，我睡了，他还工作，突然流鼻血了，到处是，他就用脸盆接冷水洗。"

流鼻血对年轻沈从文的身体有什么伤害呢？沈龙朱说："直接的没什么大影响，主要就是看见他很狼狈。有时候做事情，鼻子里塞的两长条纸卷跟象牙一样。一旦流血两个鼻子都得塞着。"

到了1946年抑或1947年，沈从文回到北京，鼻血就流得少了。沈龙朱说："50年代好像也流过。他也没有专门去治疗，因为别的地方没有毛病，不是说别的地方蹭一下就流血了，只是鼻子流血，这也是他比较特殊的一个情况。"沈龙朱很少遇见像沈从文这种情况的人。他说："后来就好了，也没记得治疗。好像是到了四五十岁以后，四十多岁后就流得少了。"

1948年到1949年，经历过心灵上的巨大创痛以后，沈从文平静了下来。1950年9月5日，在革命大学做学员的沈从文说："晚上头极痛。可悯。"进入历史博物馆工作后，1951年5月16日，沈从文说："头昏沉之至，可悲。"两天后，依旧说"头昏昏"。

国家进入大建设时期，沈从文从阵痛中出来，"头昏"成了一个标志，失眠在这个时期也伴随而生。在北京可能没有来得及看医生，随单位工作队到了四川内江，不得不上医院了。他说："医生看了看，可能血压高些，心脏不大好。"

1951年11月30日,沈从文给家人信中说:"头总是不大好……弄了些药,未见好。得了瓶酵母维他命,吃过不少,无效果……心总是不大好,心脏影响或由之而来。"12月12日再次在家信里说:"夜里总是咳醒,醒即心跳。走动会会即觉得累,心动脉或有毛病。"十天后又说:"……恐得事先到医院去检查一回,躺个十来天,把心脏和血压毛病弄好,不然照着过去那么工作方式写,血管怕支持不住……头脑一用久就昏昏的。"过了年不久,沈从文又说:"我胸部左心血管已不甚好……"

沈龙朱说:"爸爸五十多岁血压就比较高了,到北京以后可能是五几年。在家是否需要每天吃药降血压,我记不得了。但是知道杂七杂八的药,他吃得很多。"

在20世纪50年代到60年代,整个国家最动荡的日子里,疾病缠身的沈从文在夹缝中艰难生存,但以无比坚韧的毅力,在刻苦工作。与他同时代的人比,早已经被边缘化了的沈从文,并没有卷进多少漩涡中,幸运地活了过来。沈龙朱说:

> 应该说,爸爸从来没有认真倒霉过,好赖还有个行动的自由。最坏也就是在牛棚里待着。他认为让他扫女厕所是对他信任,他就认真扫。但是不止他一个人扫,其他好多人扫,他是其中一个,他自己很得意。他回来和我们说起。
>
> 他在天安门里头也待过,但扫厕所是在天安门东边历史博物馆新馆里头,是馆里的厕所。他自己认为很干净,他说:"我很仔细,有些多年的积垢我都给刮掉了。"他那时已经六十多岁,不到七十岁。

1968年3月,沈从文给在四川的沈虎雏信里说:"我血压仍在二百间,心痛已加剧,每晚醒来必痛,白天也常痛。生活若无大变化,不会忽然恶化,若大冲击一来,就说不上了。"到了十月,"我血压已上升二百卅,脑子经常沉重,心也常是隐痛,照这么下去怕不易维持,好在不出门,吃东西极其谨慎小心,隔日梅溪来为注射碘剂一次(唯一软化血管,溶解心血管沉积脂肪药物)。别的药也还不缺少,一时或不至于出意外事故。但是,照近半年发展看来,总是在逐渐升级……"就在这样的处境中,就在不宜动而需要保养的情况下,张兆和却被下放到干校去了,沈龙朱第一次请事假回来帮忙。1969年9月26日,张兆和走后,沈从文血压在二百一十五。他说这一天"医生建议全休一星期"。他自己"头重脚轻,心脏不好受"。

1969年11月,重病在身的沈从文,不得不离开北京"下放"湖北。沈龙朱将送父亲到湖北,行前,沈从文给远在四川的虎雏写信说:"我并没有什么舍不得北京处,只是心脏麻烦。大致将老死新地。"这是何等悲凉的事情!

沈龙朱说:

"老死南方",那是很困难的时候了。父亲和母亲都已经下放到干校,确实很困难。

在湖北,母亲不在父亲身边,几十里地要赶过去,一趟就要多半天。而且,联络也不方便。母亲一个礼拜要赶过去看父亲一趟,还要换车,星期六过去,第二天还要回来,所以时间都花在路上了。

有一次父亲病危,我母亲赶过去,把他送到县医院抢救。那次真的是有点悬。我们都离得远,消息也都是后来才知道的。母亲送他到医院的时候也来不及通知我们,也来不及给我们写信。而且我们还是各自一方,弟弟在自贡,我一个人在北京。也不是说他那时候的身体最差,但是那时候他确实是有过危险的。

这样的一个沈从文,大约就是为着《中国古代服饰研究》而活着的。他没有在南方倒下,在南方继续思考问题,回到北京完成了这部巨著。1981年9月,《中国古代服饰研究》在漫长的十七年后,最终由商务印书馆香港分馆出版,凝聚了沈从文后半生主要心血的著作问世了。接着,《边城》电影也在紧张酝酿中。这时候,八十岁的沈从文病倒了,偏瘫了。沈龙朱说:

《中国古代服饰研究》出版。

"到了1980年以后,他的身体就不好了,中风以后,一个是半身不遂,再一个就是说话不利索了,生活质量就差得多了。"

沈龙朱说:

> 偏瘫之前也有过几次危险,紧急到了医院,不管怎么样,后来还是脱离了危险。突然送医院抢救多半都是心脏的问题,再有他的血压也是很高的。有一段时间他的血压到了二百多。爸爸住院的时间都不是太长,在阜成门外心血管医院住过,协和医院也住过。
>
> 爸爸不是太厉害的病,就不会兴师动众,妈妈也怕耽误我们的事,我们各自在单位还有事做。妈妈有时候有点急事不一定马上就抓我们去,我们后来知道就赶紧去,她能自己处理就不麻烦我们。妈妈那时候身体还可以,一个人走来走去照顾爸爸,就是瘦,黄瘦黄瘦的,皱纹也比之前多。
>
> 我到了现在才体会到"头昏",以前一点都体会不到。我自己

有了头晕的感觉才知道什么是"头重"。那时候,爸爸就老说自己"头重"。但是爸爸还想抢着做点事情,他只要是忘乎所以了,就什么也不管,使劲干,最后去世也是因为心脏病。

我血压高主要是前几年出现的,我七十岁以后才出现的。我和爸爸不是一个类型的,我是喜欢运动的,喜欢跑的,爸爸是一直待在家里干活,不运动。爸爸血压高的时候才四五十岁。

1988年5月10日那天下午,有好几个朋友到家里看望沈从文,沈龙朱到父母家看了看,就在这前一天,沈虎雏还牵着爸爸的手,沈从文便走给客人们看。沈龙朱说:"爸爸走得很好,还很高兴。我从那儿回家不久,黄永玉来电话说爸爸不行了。他开车过来,让我在路上等他,我们赶快赶到崇文门。爸爸已经去世了。"

沈从文去世就是因为心脏不工作了。沈龙朱不知道抢救了多长时间,他赶到的时候,爸爸已经永远地走了。沈龙朱说:"是晚上,大概六七点钟。"

向成国在《他静静地走了》一文中这样描写道:

……他突感不适,只觉眼睛昏花,慢慢地看不见东西,……张先生扶沈先生上床休息,给他服用硝酸甘油片,然后迅速打电话请医生,通知儿女和沈先生的几位助手。很快,沈先生的助手王㐨、王亚蓉赶到,孙女沈红赶回,医生带着氧气袋和其他急救药品、器械迅速赶到,救护车也及时守候在楼下。在医生们全力抢救中,沈先生一直很平静。六点左右,沈先生对夫人张兆和先生说:"我不行了。"张先生安慰他说:"不要紧,我们送你到医院。"沈先生说:"送医院也不行了。"沈先生紧紧地握着夫人的手说:"三姐,我对不起你。"这是沈先生留给家人最后的话。慢慢地,他神志模糊,下午八点三十五分,心脏最后停止了跳动。

沈从文和张兆和（1981年夏）。

沈龙朱说："当天晚上，爸爸就被送到同仁医院冷冻房。是社科院来人处理的。"

沈龙朱记得从去世到遗体告别，就十一二天时间。而有文字记载的告别是在18日举行的。沈龙朱说："是我跟着灵车从医院到八宝山的，因为是社科院办的，我家不希望搞得大，但是社科院还是通知了一些人。范围不大，但很认真。当时有一个很大的灵堂，照相是冰心的外孙子陈刚照的，我们后来有的一些照片也都是从他那儿来的。因为我在月季花公司做事情，所以用花方便，全部用了月季。没有只用白色月季，什么颜色的都有。"

因为父亲后事主要是由单位操办，沈龙朱记不清楚通知了谁，也不知道用什么方式通知的。他记得的是，女儿沈帆对自己意见大极了。他说："沈帆坚持要到那儿去，好像要考试了，我就把她哄回来。火化，没让她去拿骨灰。"

沈龙朱和弟弟沈虎雏、侄女沈红收拾好父亲的骨灰，放到母亲那里去。

"我对不起你"的声音依稀还在，沈从文已经只剩骨灰了。这样的形式，父亲又陪了母亲四年，才回到湘西凤凰的泥土里。

沈从文(1954年)。

第六辑

鸿沟
说裂

SHEN CONGWEN JIASHI

1 1949年春，父亲的惶恐招致他自杀了一次

季羡林1946年夏天回国，秋天进了北大教书，成了沈从文的同事。季羡林曾这样记述自己与沈从文的相处："当时我住在翠花胡同，他住在中老胡同，都离学校不远，因此我们也相距很近。见面的次数就多了起来。他曾请我吃过一顿相当别致、终生难忘的饭，云南有名的汽锅鸡。锅是他从昆明带回来的，外表看上去像宜兴紫砂，上面雕刻着花卉书法，古色古香，虽系厨房用品，然却古朴高雅，简直可以成为案头清供，与商鼎周彝斗艳争辉。"①

席间需要解开一段麻绳，沈从文"硬是用牙把麻绳咬断"，这个举动让刚刚从海外回来的季羡林感到沈从文这个"乡下人"的粗劲、蛮劲、野劲、土劲。

作为一个有个性、有独立主张的作家，沈从文遭遇批评或者遭遇批评后的反批评，都是正常的。沈从文的学生汪曾祺记得沈从文遭遇的三次"挨骂"。

---

① 季羡林：《悼念沈从文先生》；载自马相武编《季羡林散文选集》，百花文艺出版社2004年版。

一次是抗日战争时期，约在1942年间，从桂林发动，有几篇很锐利的文章，我记得有一篇是聂绀弩写的……

第二次是1947年，沈先生写了两篇杂文，引来一场围攻。那时我在上海，到巴金先生家，李健吾先生在座。李健吾先生说，劝从文不要写这样的杂论，还是写他的小说。巴金先生很以为然。我给沈先生写的两封信，说的便是这样的意思。

第三次是从香港发动的。1948年3月，香港出了一本《大众文艺丛刊》，撰稿人为党内的理论家。其中有一篇郭沫若写的《斥反动文艺》，文中说沈从文"一直是有意识地作为反动派而活动着"。这对沈先生是致命的一击。可以说，是郭沫若的这篇文章，把沈从文从一个作家骂成了一个文物研究者。①

沈从文、季羡林等一大批学者，共同经历着北平解放。季羡林说："在这个关键时刻，我并没有听说，从文先生有逃跑的打算。他的心情也是激动的，虽然他并不故做革命状，以达到某种目的，他仍然是朴素如常。可是厄运还是降临到他头上来。"就是郭沫若的文章，"把沈先生'瞥'成了粉红色的小生"。"沈先生好像是当头挨了一捧"。

1949年，大家认为沈从文得了精神上的疾病。对于父亲经历的精神上的折磨与真实的内心处境，沈龙朱上小学的弟弟似乎多明白一点点。但沈龙朱说："其实明白什么？我们到后来真是不明白了。"

北平临解放的时候，沈从文去了清华大学，在金岳霖家休养、梁思成家吃饭。1949年1月末，沈从文在极度痛苦中陆续写道：

我应当休息了，神经已发展到一个我能适应的最高点上。我不毁也会疯去。

---

① 汪曾祺：《沈从文转业之谜》；转自《随遇而安》，江苏文艺出版社2018年版。

我很累，实在想休息了，只是为了你，在挣扎下去。我能挣扎到多久，自己也难知道！我需要一切重新学习，可等待机会。

"我"在什么地方？寻觅，也无处可以找到。

我"意志"是什么？我写的全是要不得的，这是人家说的。我写了些什么我也就不知道。

……

给我不太痛苦的休息，不用醒，就好了，我说的全无人明白。没有一个朋友肯明白敢明白我并不疯。大家都支吾开去，都怕参预。这算什么，人总得休息，自己收拾自己有什么不妥？学哲学的王逊也不理解，才真是把我当了疯子。我看许多人都在参预谋害，有热闹看。

我有什么悲观？做完了事，能休息，自己就休息了，很自然！若勉强附和，奴颜苟安，这么乐观有什么用？让人乐观去，我也不悲观。

……完全在孤立中。孤立而绝望，我本不具生存的幻想，我应当那么休息了！

我十分累，十分累。闻狗吠声不已。你还叫什么？吃了我会沉默吧。我无所谓施舍了一身，饲的是狗或虎，原本一样的。社会在发展进步中，一年半载后这些声音会结束了吗？

……你的爱，你的对我一切善意，都无从挽救我不受损害。这是夙命。我终得牺牲。我不向南行（当指台湾），留下在这里，本来即是为孩子在新环境中受教育，自己决心作牺牲的！应当放弃了对于一只沉舟的希望，将爱给予下一代。

幻念结集，即成这种体制，能善用当然可结佳果，不能善用，即只作成一个真正悲剧结束，混乱而失章次，如一虹桥被新的阵雨击毁，只留下幻光反映于荷珠间。雨后到处有蛙声可闻。杜鹃正为翠翠①而悲。

灯熄了，罡风吹着，出自本身内部的旋风也吹着，于是息了。一切如自然也如夙命。②

文字中充满的是"无限幻灭"的情绪。一个对新社会抱了热情的真诚的人，看不到新体制对自己的一丁点儿的包容。从清华大学回到家里，沈从文自杀了两次。

第一次，沈龙朱亲身经历了。他看到消沉的父亲用手反复去触摸插座，觉得不对头："啊？是要中电的呀！"龙朱顺手把插座拔了就走了。

一两天之后，沈龙朱的舅舅张中和到家里来，沈从文一个人在家，从里面顶着门。中和情急之下破窗而入，一进屋发现：沈从文用很锋利的刀片，把手腕、脖子都割了，血到处都是。家人马上把沈从文送到了医院。沈龙朱记不清有没有缝针，但处理了伤口。包扎好伤口，沈从文就被送到精神病医院——安定医院了。

沈龙朱说：

这时候，我们认为他精神不正常了，只要自杀就认为有精神病的倾向。没有人直接威胁你，虽然外头的政治压力肯定有，并且也确实有恐吓信，后窗还有人住里边看。但父亲总是觉得有人在监视他，有人要逼他。他可能就是有点问题了。事实上，我们认为没有人要他怎么样。很容易转变的事情，为什么转变不过来？我们觉得

---

①《边城》中的主人公，寄托着沈从文的理想。
②《从文家书》，上海远东出版社1996年版，第147—158页。

没什么了不起。

沈从文两次寻短见的时间间隔很短，怎么没人专门看着他？沈龙朱说："没有想到他会频繁做这些事。"

我追问："那家人没发现父亲情绪有变化？"

沈龙朱说："反正那几天他一直就很低落，老是唉声叹气的。头一次之后，我们还照样去上学，妈妈也忙。第二次之后，妈妈就不去了，回来照顾爸爸了。第一次的时候大家都没在意，没意识到问题的严重性。直到他割了手腕才让大家警惕起来。"

我问："爸爸自杀这件事对你触动大不大？"

沈龙朱说："那当然大了，家里头很大的一个事了。"

沈从文自杀发生在阳光即将普照大地的时候，虽然后来自杀的文人学者很多，但是在新中国即将到来的日子里自杀，这一行为多少让当时的人不能理解。他的朋友们是后来逐渐明白的。沈从文1949年5月30日写道："世界变了，一切失去了本来意义。"这是一句多么有预见性的话啊！这句话却被那时的人认为是"疯话"！

季羡林说："一个惯于舞笔弄墨的人，一旦被剥夺了写作的权利，他心里是什么滋味，我说不清；他有什么苦恼，我也说不清。然而，沈先生并没有因此而消沉下去。文学作品不能写，还可以干别的事嘛。他是一个精力旺盛的人，他是一个闲不住的人，他转而研究起中国古代的文物来，什么古纸、古代刺绣、古代衣饰等等，他都研究。凭了他那一股惊人的钻研能力，过了没有多久，他就在新开发的领域内取得了可喜的成绩。"汪曾祺说："沈先生为自己找了一条出路，也可以说是一条退路，改行。"

巴金于1949年从上海到北平参加"首次全国文代会"，他很感动，也很兴奋。沈从文因为不是大会的代表，所以没有能够参加这个会议。巴金和几个朋友到沈从文家里去。巴金说："表面上看不出他有情绪，他脸上仍然露出微笑。他向我们打听文艺界朋友的近况，他关心每一个熟人。"后来巴金回想：

巴金等看望病后沈从文。

沈从文的老乡朱早观,对沈从文的
境况一直很关心。

他在围城里，已经感到很孤寂，对形势和政策也不理解，只希望有一两个文艺界熟人见见他，同他谈谈。他当时战战兢兢，如履薄冰，仿佛就要掉进水里，多么需要人来拉他一把，可是他的期望落了空。他只好到华北革大去了，反正知识分子应当进行思想改造。

　　不用说，他受到了不公平的待遇，不仅在今天，在当时我就有这样的看法，可是我并没有站出来替他讲过话，我不敢，我总觉得自己头上有一把达摩克利斯的宝剑。从文一定感到委屈，可是他不声不响、认真地干他的工作。

沈龙朱说："刚解放的时候，大家还是高兴的。从整体来看，跟国民党时期不一样了。我们看到国民党特务打到北大的宿舍里去，东斋西斋被打得稀巴烂。因为学生运动，他们抓学生，学生躲到中老胡同32号院教授们的宿舍里。"

　　沈龙朱感觉过去社会太糟糕了，能够改变一下真是太好了。沈龙朱满怀热情地去迎接解放，那时的年轻人差不多都一样。从王蒙的《青春万岁》里，我们可以感受到他们的情绪。

　　而沈从文是过来人，他的思考比大家更超前。但他的观点被朋友、家人视为落后的，包括张兆和在内，也不能完全理解沈从文。

沈龙朱说：

　　我妈妈也是希望这个社会变化的，这是很自然的。我爸爸其实也是希望社会变化的，他并不是向往着国民党，他从来就对那个不感兴趣。他大概看的东西太多了，所以认为不能轻易表态。

　　父亲一个是不轻易表态，一个是他觉得照这样下去，自己做不了什么事情。"我本来是写东西的，要这样的话，我就没法写了。"这笔没法写了，只好放弃。

沈龙朱说："当时确实有些吓唬人的东西。因为我们家住在中老胡同

32号院北大宿舍，后墙外就是小胡同。当时后窗是木头格子，很细的木头格子，就好像现在的铁栅栏一样。夏天开窗的话，外头的声音、东西都能进来。有人就爬在窗子上往里头看。而且，父亲确实也收到过恐吓信，不知道是谁写的，我都没看到过那些东西。"

沈从文精神上有很大压力，尤其是郭沫若的文章，沈龙朱说："那就是先下个定论，那等于先行划到那边去了。"

我问："自己进步着，肯定不希望看到爸爸这样。"

沈龙朱说："当然不愿意看到。父亲的这个举动，后来被叫作'自绝于人民'。当时还没有这个词，实际上就等于是这个。你这么对革命是怎样一个态度呢？我当时有这样一个想法。"

有这样的想法，但又没有办法和爸爸交流。沈龙朱说：

> 有些东西没有办法交流。我们的交流好像都是讲革命道理。我们觉得还说得通，但是父亲不理解啊。我们之间简直就没有共同的说法。
>
> 爸爸的思路，我们不太好想象。我觉得：你凭什么？这有什么了不起的？人家一个检讨就过去了，写个文章登报声明一下就完了。国民党那么大的官都没事。你既不是国民党，也没有杀过人放过火，绝对到不了那个程度啊！你连个国民党的兵都不是啊，你当的是老军阀的兵，对不对？
>
> 所以，我们对爸爸的举动太难想象了。而且当年也确实有很多人关心他，老早去解放区的湖南老乡也很关心他。

2 父亲不争气·政治还不好懂？
表示拥护就是革命了！

沈从文只能以沉默向现实学习，和家里人还比较和谐，落后归落后，他不生气，而是努力适应新的生活。但是他内心的不甘，还是留在了文字里。他说："看看十年前写的《昆明冬景》，极离奇，在一切作品上我的社会预言大都说中，而一些知识分子改造问题，弱点及其相互关系，以及在新的发展社会中的种种，我什么都想到说到过，可是自己不意却成了一个冻着了生命活泼性，发展性的知识分子……我成于思毁于思。思索能力亦因之而毁，真是一种奇事。能够好好的来真正为人民工作多好！能够作的因头受伤而失去思索和用笔能力，根本无什么思想的，在技术上还不能毕业的……各以因缘在那里浪费纸张篇幅，能作最高宣传的笔在手上冻着，什么都无法写。这就是人生。"

1948年11月18日，沈从文在像日记的文字里这样说：

和孩子们谈了些话。恰如一幕新式《父与子》。两人躺在床上，和我争立场，龙龙还一面哭一面说。

很可爱，初生之犊照例气盛，对事无知而有信，国家如能合理发展，必可为一好公民，替人民作许多事！

这一年,沈龙朱才十五岁。他不能理解爸爸的"落后",力图说服爸爸。因为自己有"信"而爸爸一定说"思"。这使得十五岁的沈龙朱很委屈,很着急,所以哭着还辩论。很多年后,七十七岁的沈龙朱对我说:

> 初中的时候,我"左"得很嘛。有时候从学校回来,几个人在家里是要辩论的,要讨论的。但不一定每次都针对父亲,我们也争论一些其他的问题。
>
> 关于父亲,我们总觉得,那么多人因为写了篇文章,马上就被"解放"了——后来才叫解放,以前不叫解放。我们和父亲这样说:"写篇文章从报上登出来这件事,对你怎么就那么难呢?"
>
> 我们理解得很简单,拥护党,拥护社会主义,拥护毛主席,这就行了。他不说。他告诉我们说:"我不懂政治。"他老是用这个词。
>
> 我们说:"政治还不好懂?拥护党,拥护毛主席,拥护新的政权,这就是革命,这就已经是革命了!你就站过来,立场转过来,你就可以放开干了。"
>
> 现在想来,当时我们的头脑非常简单。

沈从文于1949年12月25日完成了一篇题为《政治无所不在》的文章,写出了自己的困惑和迷惘:

> 我家中有两个孩子,都上了中学。
>
> 第二孩子虎虎,初中一年级学生,因请求加入少年儿童队,把自传写成给我看时,读到"父亲在解放时神经失常,思想顽固,母亲从学校回来,就和他作思想斗争。"我告他说:"这个措词不大妥。等妈妈回来看看好些。斗争像打架,不是我的长处。正如妈妈,即再进步些,也不相宜。"孩子就说:"大家都要求加入,明天得交去!我一个人若耽误了,下一期还不知什么时候再招,怎么办?"说时大眼泪已挂在眼角,恰像是十个月前到医院来看我情形。我发现孩子眼泪

外小嘴上还长了些细汗毛。他已十三岁。"政治"到了孩子生命中。我记起鲁迅"俯首甘为孺子牛"诗句,赶忙说:"好好,把你自传意思写得更具体些,就交给学校中老师吧。希望你得到许可入队,向妈妈哥哥看齐,我再向你们看齐。"就这样,孩子和其他上千中小学生,加入少年儿童队,宣誓日并说:"要作毛泽东的小老虎。"

大孩子龙龙,是初中三学生,一个青年团员。入团以后,五个月中开的会,比我大半生参加的还多。一天总有事忙着。提起工作干部,照例充满尊敬和崇拜,只想学干部忠诚刻苦为人民服务。我知道,政治浸入了孩子生命已更深。

新中国有万千青年,都将这样在中国共产党正确而严肃领导下受教育,成为新社会的健全公民。新的时代原是为年青一代而准备的。前人艰难奋斗开了路,奠下基,却由他们一代来接手,担当历史创造的快乐和幸福。

有天晚上,孩子们从东单劳动服务归来,虽极累还兴奋。上床后,我就坐在旁边,和他们讨论问题。

"爸爸,我看你老不进步,思想搞不通。国家那么好,还不快快乐乐工作?"

"我工作了好些年,并不十分懒惰。也热爱这个国家,明白个人工作和社会能够发生什么关系。也长远在学习,学的已不少。至于进步不进步,表面可看不出。我学的不同,用处不同。"

说进步不同,显然和孩子们所受教育不合。两人都说:"凡是进步一看就明白。你说爱国,过去是什么社会,现在又是什么社会?你得多看看新书,多看看外面世界。你能写文章,怎么不多写些对国家有益的文章?人民要你工作得更多更好,你就得做!"

"我在工作!"

"到博物馆弄古董,有什么意思!"

那也是历史,是文化!你们不是成天说打倒封建?封建不仅仅是两个字。还有好些东东西西,可让我们明白封建的发展。帝王、官僚、大财主,怎么样糟蹋人民,和劳动人民在被压迫剥削中又还创造了多少文化文明的事实，都值得知道多一些。我那么一面工作，一面学习，正是为人民服务！"

"既然为人民服务，就应该快快乐乐去做！"

"照我个人说来，快乐也要学习的。我在努力学习。这正是不大容易进步处。毛主席文件上不是说起过，学习并不简单，知识分子改造、转变，要有痛苦吗？痛苦能增加人认识……"

于是我们共同演了一幕《父与子》，孩子们凡事由"信"出发，所理解的国家，自然和我由"思"出发明白的国家大不相同。谈下去，两人都落了泪，不多久，又都睡着了。政治在千万万孩子心中脑中如何生根发芽，我懂得很清楚。有了信仰也就有了力量。年青人和年青国家，是逐日在发展壮大的。在病中，在单独中，我体会出当真落后了好一段路。年青人跑得太快了，许多作父母的，大致都落了后，不急起直追，越来越不济事了。

读沈从文的这段文字让我心碎，社会教育和家庭教育发生冲突的时候，我们应该怎样坚持？毕竟孩子成人后要做社会人。家人，尤其是两个儿子在学校接受的教育，和沈从文脑子里固有的思想，发生了严重的冲突。两个儿子的行为，让沈从文经受着心灵上的巨大创痛。十三岁的儿子沈虎雏不理解爸爸，沈从文不主张把自己和妻子的讨论说成"斗争"。

沈龙朱说："家里头怎么谈得上斗争的问题呢？但那个时候是有这个问题啊，受到的教育就是这样：即使是家里头，有阶级斗争的问题，也有思想斗争的问题。我们当时受的教育就是这样。"

沈龙朱说：

> 我们不光是认为爸爸很落后，甚至抱怨，他怎么这么不争气啊？他怎么搞的呢？看看人家，表个态，写个东西，或者稍微写个检讨，不就解决了？那没什么了不起的嘛？就那么难啊？我们对爸爸的态度理解不了。

3 父亲的硬与软·我完全没有因为父亲的原因而产生压力

1949年夏天,沈龙朱已经是中学生了。他说:"我那时候很积极,是积极分子。1949年暑假,我入团了。那时候不叫共青团,叫新青团,新民主主义青年团。"他记得:

> 那年暑假,学校说,交多少斤小米,就可以去参加学习团。妈妈支持我,爸爸也不反对。我就去了。住在育英中学,集体睡地铺,然后一人发一个小马扎,每天唱着革命歌曲,到北大民主广场去听报告,彭真的,刘宁一的,还有好多有名的政界人物都去做报告,讲从猿到人的进化过程,讲最基础的革命道理,我们好像马上就接受了。
>
> 所以,我们回到家来就觉得爸爸落后。我说:"你看人家一讲就很明白嘛,挺清楚嘛,你怎么就跟不上趟呢?"还算可以,直到他到革命大学学习后,总算进步了。

与此同时,弟弟沈虎雏考进了北京男四中。在课堂上,老师讲到"第三条路线的文人"，其中有这个有那个。最后，老师瞟了沈虎雏一眼，说："还有沈从文。"

沈虎雏告诫自己："沉住气，千万别脸红！"

> 我目光低垂，整个脖子脑袋连头皮在内，一个劲儿不可抑制地发热膨胀，更糟的是我坐头排，人人都能看清这张不争气的红脸。老师明白我的狼狈，课下表示关切："你父亲近来好吗？"唉呀！老师不问还好点，同学这时都了凑过来。"挺好！正在革大学习。"我故作轻松，但老师的一个问题勾起了同学的好奇心："你爸是辞职还是给北大解聘的？"这事我真说不清，还没想出词，向来熟悉文坛的一位同学抢着说："是被解聘的。"窝囊死了！

沈虎雏认为，党"安排爸爸学习，是爱护和关怀，爸爸的确应该认真学习，彻底改造思想，才能跟上形势"。而作为党的后备力量，沈虎雏觉得，自己应该"耐心帮助"爸爸。

沈虎雏在《团聚》中写道：

> 爸爸学得别别扭扭，不合潮流。他不喜欢开会听报告，不喜欢发言和听别人发言，讲政治术语永远不准确，革命歌曲一个也不会唱，休息时不跟大家伙打成一片，连扑克牌都不肯玩，总是钻进伙房，跟几个一声不吭的老炊事员闷坐，还把我一只好看的狮子猫抱给他们。
>
> "爸，你不参加扭秧歌，同志们一定会批评你。要不我在家教你行吗？"
>
> "我不扭。我给他们打鼓。"
>
> 这真稀奇！我也是司鼓，比扭的那些人神气，怎么不知道爸爸会打鼓？我马上找来一面小扁鼓，把鼓槌塞过去。
>
> "要考考我？好！"

鼓很差劲，他试试音，半闭起眼睛，开始了。

好像是蹄声，细碎零落，由远及近，时而又折转方向远去。我以为它会逐渐发展成千军万马壮烈拼杀的战场。没有，他不这样打。轻柔的鼓点飘忽起伏，像在诉说什么，随意变幻的节奏，如一条清溪，偶尔泼溅起水花，但不失流畅妩媚品性。他陷入自我陶醉。

我听过京戏班子、军乐队、和尚们以及耍猴打鼓，熟悉腰鼓和秧歌锣鼓点，那都是热热闹闹的，从没听过这种温柔的打法。

"爸，你的确会打鼓。可你的调子与众不同。秧歌要用固定的锣鼓节奏，才能把大家指挥好，扭得整齐一致。你这么自由变化，人家一定不允许。"

"休息时候我才打一会。他们承认我会打鼓。"

尽管十二岁的沈虎雏很努力，也试图在作文中为爸爸洗刷一下，但是爸爸在历史上的错误可是太多了。又一次，老师在课堂上讲鲁迅的战斗精神，鲁迅"勇敢地怒斥张三李四……鲁同志还怒斥过爸爸同志"。沈虎雏说："孙悟空很值得羡慕，他可以向唐僧求饶，沙和尚会帮他说情，师父念紧箍咒时，他可以翻筋斗竖蜻蜓，可以威胁八戒……我却不能，连把头低一低都怕吸引更多的注意。"

仅仅比弟弟大两岁，沈龙朱却没有这样的压力。他更多的是学校生活。虽然他也曾带着弟弟一起去秦皇岛参加夏令营。那时候，只要学生交多少斤小米，就可以参加夏令营，部队带着，射击、演习、打靶。沈龙朱总是带着弟弟一起去。但是弟弟在学校里感受到的压抑，沈龙朱却没有。他说："我中学的时候根本就不考虑这些事。我周围没有人批沈从文。弟弟在家跟爸爸的接触比较多，我已经完全融入外面的社会活动中了。我参加革命了，已经是革命者了。我是这样一种状态。社会上的压力，跟爸爸有关系的压力，我是一点没有。"

沈龙朱说：

我没有遭受过这种挫折。从中学起，我就一直觉得自己很进步，高中我也很积极，非常积极。

其实初中时我的功课并不算太好，还蹲过一次班，玩的，解放以前啊。

解放以后，我妈妈在师大附中教书。她先参加革大，革大以后分配就分到师大附中教书。她本来应该是教英文的，但那个时候不讲究英文，她就改教语文，当班主任。妈妈在师大附中威信挺高的，我上高中就转到师大附中去了。

四中是不错的中学，师大附中的环境比四中又好一些。在四中上学时还是抗美援朝时期，上了高中也还是，就报名参军了。年龄尽管很小，但我还是想当兵。

那个时候，我当团员已经好几年了，已开始考虑申请入党的问题。

高中的时候，我跟爸爸已经接触得不算太多了，除非是周日回家。平时，他上他的班，我们上我们的学。他的文章和他的书，高中我就没有机会读了。

张兆和在北师大附中赢得好的声誉，儿子龙朱也在师大附中更加积极地向党组织靠拢。沈龙朱记得："师大附中的一批学生对母亲非常尊重，后来母亲岁数大了以后，还来看过她。"

沈从文没有影响到沈龙朱，相反，倒是沈龙朱影响了沈从文。前面已经说过，"文化大革命"第一次真正抄家，是沈龙朱单位的红卫兵，押着沈龙朱抄了沈从文的家。因为沈龙朱在工厂里是劳动改造的摘帽"右派"。

红卫兵要抄爸爸妈妈的家，沈龙朱觉得不是对自己的沉重打击。他说："我当时还想撇开一点，还有这种思想。我觉得去就去吧，反正我跟他又不是一样的，我是我，他是他啊。结果回到家里，红卫兵还是把我和爸爸排到一起，低着头。尽管如此，我觉得好像还是不太一样啊，我比爸爸进步得多呀！"

4 父亲去世,母亲和弟弟反省,我慢慢理解了父亲

父亲是需要帮助的人,父亲是需要划清界限的人。包括沈虎雏,尽管他选择了尽快离开家上了国立高工。父亲仍是需要孩子们同情的人,他只是一个长者,尊重是有的,但是孩子们认为爸爸是被淘汰了的旧时代的一个人。

沈龙朱说:"不光是当时不理解,就是后来也不理解。"

几年前,中国现代文学馆在海南举办了一次座谈会,邀请了冰心、吴文藻的孩子参加,沈龙朱也被邀请去了。在座谈会上,沈龙朱有一个发言,就是讲自己对父亲的理解过程。他说:"一直到爸爸去世以后,我们才能够更多地理解他。这是事实,没办法的,是历史造成的。"

沈龙朱说:

> 我不到二十岁就看爸爸的书,小时候还给他写过《边城》书皮上的书名,很认真地写,但很难看。《边城》在小学就看了,没什么感觉,看完就完了。父亲叫我们看书,什么书都可以看,我们逮住什么书就看什么书。
>
> 小时候我看不懂他的书;长大了以后,又不怎么爱看他的书

老版本《边城》书影。

早期《边城》书影。左起第一本的封面题字为沈龙朱题写。

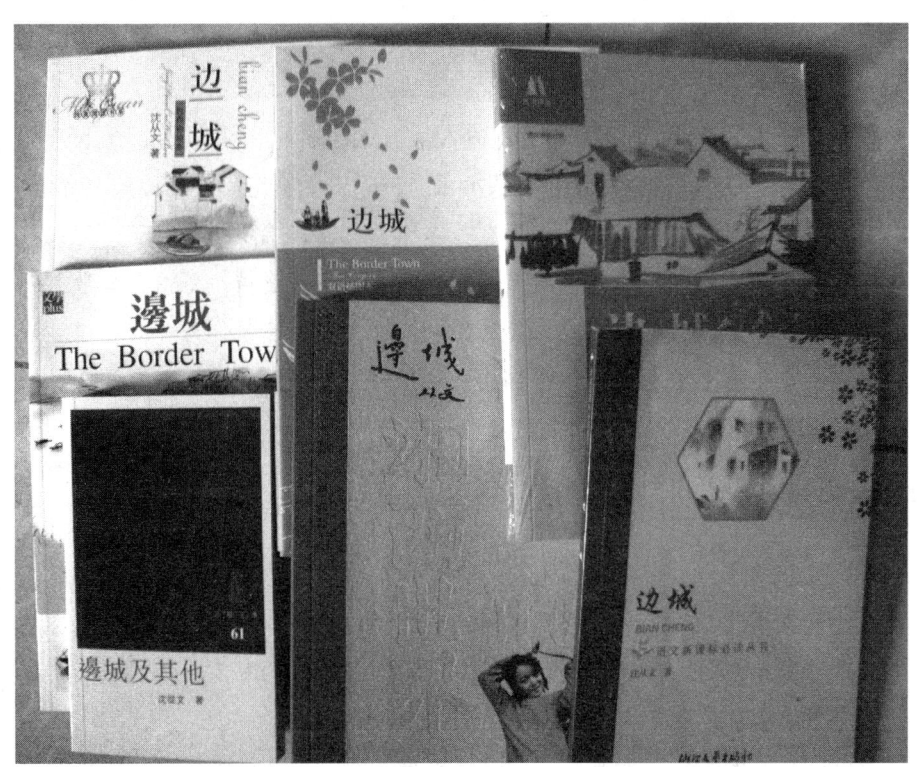

不同版本的《边城》书影。

了。我们看的都是苏联小说，关于"卫国战争"的。托尔斯泰的书家里都有，但都看得很少。

1999年8月23日，张兆和在为自己和沈虎雏共同编选的《从文家书》写"后记"时，沈从文已经去世十一年了。张兆和说：

> 六十多年过去了，面对书桌上这几组文字，校阅后，我不知道是在梦中还是在翻阅别人的故事。经历荒诞离奇，但又极为平常，是我们这一代知识分子多多少少必须经历的生活。有微笑，有痛楚；有恬适，有愤慨；有欢乐，也有撕心裂肺的难言之苦。
>
> 从文同我相处，这一生，究竟是幸福还是不幸？得不到回答。我不理解他，不完全理解他。后来逐渐有了些理解，但是，真正懂得他的为人，懂得他一生承受的重压，是在整理编选他遗稿的现在。过去不知道的，现在知道了；过去不明白的，现在明白了。他不是完人，却是个稀有的善良的人。对人无机心，爱祖国，爱人民，助人为乐，为而不有，质实朴素，对万汇百物充满感情。
>
> 照我想，作为作家，只要有一本传世之作，就不枉此生了。他的佳作不止一本。越是从烟纸堆里翻到他越多的遗作，哪怕是零散的有头无尾，有尾无头的，就越觉斯人可贵。太晚了！为什么在他有生之年，不能发掘他，理解他，从各方面去帮助他，反而有那么多的矛盾得不到解决！悔之晚矣。
>
> 谨以此书奉献给热爱他的读者，并表明我的一点心迹。

张兆和的这点文字，黄永玉说："写得很好。"沈龙朱说："这实际上反映我们家里人，对父亲同样有理解的过程。这个过程很重要的部分是在后来整理他的东西时，尤其当我们真正看到他很多原始的书信、检讨以后。这就是后来的事了，非常后来了。"

阅读父亲的文字，尤其是在父亲去世后，沈龙朱才感觉更亲切。由此，他也对父亲有了更深一些的理解。

沈从文说"照我思索",是把"思"和"信"两个概念放在一起思考的。沈龙朱后来仔细琢磨,发现别人很少说"思"和"信"是一对矛盾体。两者怎么能够合在一起去说呢?但是父亲早就这么说了,在临解放前他已经预见到这一点了。——现在沈龙朱终于理解了父亲。

沈龙朱说:"我是靠信仰,满怀热情地去参加革命。他是琢磨着来的。自己先想透了才去做。弟弟和我差不多。因为刚解放,希望社会能够有所改变,有所改善。而且宣传都很好啊。"

沈龙朱说:

> 沈从文也希望改善,要不他早走了。飞机票都送到了,他不走,下决心不走。他觉得新社会是会好的,也应该好的,不会是老样子了。
>
> 在自己做事上面,可能就要按照信仰来办事了!而按信仰办事,他做不下去。
>
> 我们是充满了想象的,信仰觉得好像是第一位的。而爸爸他要先琢磨琢磨,确认是对的他才会信。
>
> 在经过了很多事情之后,过了半辈子感受下来,唉,爸爸是有道理的。

活着的时候"落后",去世后逐渐被人们发现他其实不落后。包括盛名一直在沈从文之上的巴金,到晚年回忆起来自己的老朋友,写下这样的话:

> 我还记得兆和说过:"火化前他像熟睡一般,非常平静,看样子他明白自己一生在大风大浪中已尽了自己应尽的责任,清清白白,无愧于心。"他的确是这样。我多么羡慕他!可是我却不能走得像他那样平静、那样从容,因为我并未尽了自己的责任,还欠下一身债,我不可能不惊动任何人静悄悄离开人世。那么就让我的心长久燃烧,一直到还清我的欠债。有什么办法呢?中国知识分子的悲剧我是躲避不了的。

5 我和弟弟只是生物性地延续了父亲的生命

整理沈从文遗留下来的各种各样的文字，母亲张兆和是带头人。

起初，广东花城出版社要出版十二卷本《沈从文文集》。为此，张兆和下了很大功夫，还亲自到肇庆去看校样。最早编《沈从文别集》时，吉首大学几位老师虽然参与了，但主要工作都是由张兆和完成的。

沈龙朱说："我妈是我和弟弟的领导。"

沈从文走了之后，尤其是经历了那么多年的风雨，张兆和对沈从文的理解与爱是越来越深了。沈龙朱说："妈妈在《从文家书·后记》里的那几句话，包括最后在整理工作中发现的一些问题、她自己的一些感受，这些给我们很多教益。"

弟弟沈虎雏从四川回到北京后，和父亲沈从文接触的时间长，退休后专门从事沈从文资料的整理。沈虎雏和沈从文谈的机会很多，问题也谈得很详细，都录了音。沈虎雏意识到父亲年龄大了，就提了很多问题，比如"当时是什么情况""你是怎么想的"……沈虎雏把爸爸的意见全部保留了下来。沈龙朱说："这个工作的重要性在于，至少维护了历史的真实。"

与弟弟不同，沈龙朱后来是推迟了退休。他说："没有办法，我那儿一摊人、吃的、奖金、往税务所交钱、应付工商局检查……行政的这些事，真是啰唆极了。我开始只是觉得，种花多好玩啊，美丽的田园，都是自己弄。后来发现，完全不是这么回事。行政事务交给你了，只好推迟退休。所以，我真正投入家里的工作比较晚（尽管在退休以前就开始了），实际上也没有弟弟做得多。我做得确实非常少。没办法。"

沈龙朱评价弟弟道：

> 做一样算一样，赶快完成。——我是这么一种工作方法。而沈虎雏是最下力气的，而且头脑清晰。他很细致地筹划，几件事情的前前后后、左左右右、互相之间的联系。弄不准确的，他都要核实，并弄准确。一个注解，到底应该怎么注？前头有的，后头还要不要注？他都要考虑。

即使这样，沈龙朱谦逊地说："我和弟弟都不是沈从文专家。从来不是。我们读父亲的书并不认真。专家们都是学这行的，而我们也不是研究这个的。我们没有像样的著作写出来，所以没有评价的资格。评价沈从文，还是留给时间吧。现在说得再好，将来又怎么样？现在说得再不好，将来又怎么样？我们只是留下来一些真实的东西，一些让大家能够有点用处的东西，那就不错了。"

沈龙朱从来不片面化夸大沈从文的影响。因为他知道：自己拼命说好，没有任何用处。实际上，沈从文也是有毛病的。而拼命说沈从文坏，也没用，更没有道理。

沈龙朱说：

> 每一个人都有自己的优点，也有缺点。有些优点这辈子不见得能够让人发现，而是后来的人才能发现。同样，我们对沈从文也有个理解的过程。他有他的毛病，他有他的优点，他有好的影响，可能也有不好的影响，我们现在说这些都不算数。

不管肯定也好，否定也好，或者捧得很厉害也好，或者贬得很厉害也好，都没必要。要看历史，看将来。照爸爸自己的说法，就是："我的文章本身它能不能存在得久一点，它如果能存在得久一点，它就符合这个需要。"

爸爸认为作品是自己生命的一个延续。——他自己是这样认为的。

我说："你和弟弟也延续了沈从文的生命。"

沈龙朱平静地说："我们的延续，只是生物性的延续，不具有文化和艺术价值。"

6 遗憾，
《沈从文全集》没有让母亲看到

1993年11月7日，在沈从文去世五周年之后，已经八十三岁的张兆和在北京人民大会堂，与北岳文艺出版社和中国版权代理总公司签署了《沈从文全集》出版合同。有媒体说："这是我国第一套正式按照版权法有关规定签约出版的文学大师全集。"

在这之前，现代作家中能够在大陆出版全集的主要是鲁迅、郭沫若、茅盾、巴金。其中，由于鲁迅特殊的地位，《鲁迅全集》的出版也最早，1938年就有《鲁迅全集》行世。而1949年后，一直到1973年，《鲁迅全集》才有新版出版。而"文革"结束后，被官方排定座次的现代作家陆续由人民文学出版社推出了非"文革"味儿的全集。1981年《鲁迅全集》出版，1982年《郭沫若全集》开始面世，1984年《茅盾全集》开始出版，1986年《巴金全集》开始出版。这些"文学大师"的全集，都由官方组成阵容庞大的编辑委员会。比如《郭沫若全集》的出版，就是由周扬领衔，三十四位委员组成了身份不一般的"郭沫若著作编辑出版委员会"。尽管这些委员可能不直接参与编辑工作，但他们的身份表明了《郭沫若全集》的国家意志。

今天看来，沈从文在这个作家群中不仅不逊色，而且可能还有更多的价值。但是，给沈从文编辑全集，似乎没有进入行政序列。多年前采访沈虎雏的时候，他说，当时山西的北岳文艺出版社主要领导找到沈从文的家人，希望由北岳社出版《沈从文全集》。这位领导之所以有这样的冲动，是因为他在欧洲学习时发现，沈从文被那里的人捧为世界级的文学大师。因此，从欧洲回来后，他连山西都没回就找到了沈家。

《沈从文全集》也成立了自己的编辑委员会，但其中没有位高权重的人物。

  顾问：汪曾祺 王 予
  主编：张兆和
  编辑委员：凌 宇 刘一友 沈虎雏 王继志
        王亚蓉 向成国 谢中一 张兆和

这些人都是实实在在研究沈从文作品的专家，多数来自高校。他们和出版人共同经历了漫长的九年苦战，终于在2002年沈从文百年诞辰前夕，把三十三卷本《沈从文全集》奉献给了沈从文的爱好者。

三十三卷本《沈从文全集》第一版总字数达一千万字。文学部分印了三千套，而物质文化史印了一千五百套。沈龙朱说："《沈从文全集》是按着原稿编的，如果没有手稿，就找最早的版本。当年搞的时候比较仔细。编辑们找各种各样的版本进行比较，最早的版本和之后的版本有什么区别，如果爸爸改的话，可能会怎么改。"

张兆和在生命的最后十年，主持了《沈从文全集》的编辑工作，沈龙朱、沈虎雏自然是全力支持。这个编辑过程也是他们重新认识父亲、逐渐理解父亲的过程。

2002年，印刷好的第一批《沈从文全集》送到了北京，先送到了中国现代文学馆。这时候，张兆和还在。但是，就在《沈从文全集》躺在现代文学馆的时候，张兆和走了。书到了北京张兆和却没看上，这是《沈从文全集》

《沈从文全集》（沈龙朱 收藏）。

很大的遗憾。

沈龙朱说："文学馆纪念沈从文一百周年诞辰进行筹备时，北岳文艺出版社专程送来《沈从文全集》，但是家里还没有。如果家里要有的话，首先应该我有。我的意思是说，合同是由我来办的，我要征订多少册，样书要给多少，都是我来确认。但当时没人通知我，我不知道什么时候书出得来呀！其实，《沈从文全集》真正拿到我们家来，是在现代文学馆展览以后了。"这时，张兆和刚刚离开，并且永远回不来了。

读者买账吗？沈虎雏说：

> 《沈从文全集》第一版早就销完了。物质文化史部分估计购买的人少，所以定价非常贵，印得也少。确实，刚开始很少有人买那个。后来，最先缺货的就是物质文化史部分。还有一些人想要全套的，就买不着了。这时候，出版社提出来第二次印刷，可是授权期过了，家里就给了一次二印的特殊授权。跟第一印比，多了的只有勘误，第二印改正了一百多处错误，其他都没动。

第二次改了封面。第一次印刷有很长时间,有正式的一套编委会在运作,所以封面也考究。第二印是藏青色的封面,出版社定的,改完了他们也觉得很难看。

沈龙朱说:"《沈从文全集》第二版比第一版准确点,但是否绝对准确,难说。因为后来重新印刷的时候,我们提出来需要修改的地方,是否都改了,我没全翻一遍。虎雏可能会翻,但是他现在顾得上顾不上,说不清楚。"

附:新中国现代作家全集的出版大略

书名	卷数	时间	编辑·出版
《鲁迅全集》	20卷	1938年印行	鲁迅先生纪念委员会编辑
《鲁迅全集》	20卷	1973年12月	人民文学出版社
《鲁迅全集》	16卷	1981年	人民文学出版社
《鲁迅全集》	18卷	2005年	人民文学出版社
《郭沫若全集》	文学编20卷	1982年出第1卷	人民文学出版社
	历史编8卷		人民出版社陆续出版
	考古编10卷	2002年10月出第1卷	科学出版社陆续出版
《茅盾全集》	43卷	1984—2006年陆续出版	《茅盾全集》编辑委员会编辑,人民文学出版社
《巴金全集》	26卷	1986年起陆续出版,在1994年出齐	人民文学出版社
《老舍全集》	19卷	1999年	人民文学出版社
《曹禺全集》	7卷	1995年2月	花山文艺出版社
《赵树理全集》	5卷	2018年10月	北岳文艺出版社

7 国内沈从文研究·
不同意吉首大学搞沈从文博物馆

国内沈从文研究,凌宇应该是第一人了。记得1988年我就买到了凌宇的《从边城走向世界》。沈龙朱说:"凌宇算老的了。凌宇影响更大一点,是因为他的传记先出来了。他在北大进修的时候,和我父亲直接接触了好多次。后来谈的机会都有。"

凌宇当时是湖南师范大学中文系教授,我于1989年初给凌宇去信,希望考他的研究生,他回信说:

感谢你对我研究的认可与肯定,你对有关沈从文的一些问题的认识也颇有自己的见解。巴金、施蛰存二先生纪念沈从文先生的文章,均是应邀为沈从文先生逝世一周年所出的纪念文集而作的。这本纪念文集由湖南文艺出版社出版,书名《长河不尽流》,收入这本书中的文章大都不错,可以说,篇篇见真情。巴金最近写信给沈夫人,说是很久未见过这样的好书了。我的《沈从文传》也得到巴金先生的褒扬,这于我,是很引为光荣的。

沈从文是中国近现代历史上极其重要的文化现象之一,是值得更多的人研究的。我的研究,只不过如我在《从边城走向世界》一书的题词中所说:"这仅仅是开端,而远非终结。"这不是自谦,而是事实。

我不记得自己说了些什么。但有一点可以肯定,我不仅希望考凌宇的研究生,还希望到吉首大学工作。

我终于没有考凌宇的研究生,也没有被吉首大学看中。一直到1998年,凌宇到北京参加母校北京大学百年庆典,我第一次与他见面。我在北三环五福茶艺馆一边和凌宇老师喝茶,一边听他聊有关对沈从文的认识。后来我发表的文章标题是《凌宇:重铸民族文化品格》。

> 在世纪之交的今天回过头来看沈从文的文化人格就特别具有一番意义。表现在沈从文身上的民族忧患意识,复兴民族文化、重构民族文化的历史使命感,构成了他人格中最重要的一面。
>
> 在"民族文化重造"这一"世纪主题"的思考中,中国一大批知识分子投身其中,沈从文是其中非常重要的一个。他继承了20世纪初陈独秀、鲁迅的传统,在三四十年代继续这样一种思考,成为那个年代最引人注目的一个文化现象。
>
> 在中国文化如何现代化的问题上,五四先驱破多于立,而沈从文更看重文化的传承,他是在中国人自己的精神领域里,呼唤新的文化人格的建立。他在批判传统的同时,又分别充分肯定了儒家积极进取的精神、道家准乎自然的生命形式、佛家人性向善的追求。从大的思路来看,沈从文所主张的是一种"新道家思想",是对人的自然生命形态的呼唤。与其说"边城"在湘西、湘西在湖南,不如说它们尽在沈从文的心里。
>
> 沈从文应该算是20世纪中国思想家中的一个,他对中国问题思考所达到的深度可以证明这一点。
>
> 作为纯粹的知识分子,沈从文同政治、商业经济,始终保持着距离。他虽然试图向群体认同过,但他独立判断事物的理性使他完

成不了这种认同,当政治运动不断袭来时,沈大彻大悟了,一辈子坚守自己为人为文为艺的良知,没有退让,没有出现人格分裂。他是言者,更是行者。他活下来就是要对国家、民族尽责,老老实实,不断努力,在复兴民族文化事业上求得进展。

沈从文在20世纪的命运与遭际、光荣与屈辱,都与他对理想人格的追求连在一起。他的思想总给人以新的思考,对我们今天确立21世纪中国人文化生存方式,具有启示意义。

我记录下的文字很短,但今天看来依然意味深长。沈龙朱说:"凌宇后来当了文学院院长,做行政工作去了。这样,学术上很难有时间保证。我这么理解。"

当年我为什么向往吉首大学?是因为那里有一批沈从文的研究者。其中主要的是刘一友、向成国等,他们与凌宇是同时代的一批学者。沈龙朱说:

在宝靖的沈从文笔迹。

"吉首大学起步比较早，好几个人投入了《沈从文全集》的编辑工作。除了刘一友、向成国，还有几个也都参与了，只是没有挂名。《沈从文全集》小说部分就是请吉首大学干的。"至于《沈从文全集》的物质文化史部分，沈龙朱说："我们自己不懂，也交给吉首大学来做，他们进行了整理。"

吉首大学起初成立了一个叫"沈从文研究室"的机构，后来变成文学院下面的"沈从文研究所"，比研究室规模大了一点。

沈龙朱、沈虎雏送母亲张兆和的骨灰回凤凰，吉首大学的几位沈从文研究者听说了，赶到凤凰。沈龙朱说："他们几位老师过来，专门陪我们走了一圈父亲当兵走过的路。一路上都是父亲走过的几个地方，小说中写到的地方。这一行，理论上，也算学术考察。我们也愿意去看一下，可以把父亲的文字跟实际情景联系起来。"

刘一友退休好几年了，向成国还在做事，但也到了退休年龄。吉首大学图书馆有个展览室，沈龙朱和沈虎雏捐了一些实物和沈从文的书，并且凡有沈从文的书新出版，都要寄过去。

吉首大学气势很大，还举办过好几次沈从文国际研讨会。起初，沈从文还活着的时候，他是不赞成的。他认为浪费资金，还担心研究者没准会因此倒霉。沈从文去世后，吉首大学就搞了个研究室。沈龙朱说："吉首大学架势是有的，确实也做了不少工作，但是后来成果不算多。"作为一个沈从文研究学术群体，吉首大学的成长势头不及复旦大学。沈龙朱说："复旦的几位老师，他们不声不响地做了些事，做得挺好，有味儿。"

黄永玉在吉首大学搞了一个博物馆。全部是黄永玉捐赠，实物和他的收藏品都放了进去。沈龙朱说："黄永玉出钱盖的，他大量的东西放到那儿了。他的作品和收藏品，包括一些比较名贵的陶俑。"

吉首大学提出，想另外搞一个"沈从文博物馆"。沈龙朱说："我们坚决反对。"沈龙朱认为，这个博物馆和沈从文根本没关系。他说："沈从文的东西觉得有用的，可以展出。博物馆里的展品大多是黄永玉的东西，就应该叫'黄永玉博物馆'。在黄永玉博物馆里有一个沈从文展室就够了。"不过，如果那样，黄永玉又可能觉得不合适了。

附：沈龙朱收藏的研究沈从文的著作（刊物）

序号	书名	作（编）者	出版单位	出版时间
1	《沈从文传》	凌宇	北京十月文艺出版社	1988年10月
2	《联合文学·沈从文专号》（27期）		台湾联合文学杂志社	1989年
3	《怀念沈从文》	凤凰县（编）	凤凰文史资料	1989年12月
4	《沈从文传》	金介甫	湖南文艺出版社	1992年2月
5	《楚天凤凰不死鸟——沈从文评论》	贺新安	成都出版社	1992年10月
6	《沈从文笔下的中国社会与文化》	金介甫	华东师范大学出版社	1994年7月
7	《沈从文谈人生》	关克伦（编）	中国青年出版社	1994年11月
8	《边城圣手——沈从文》	彭晓勇（编著）	中国青年出版社	1994年12月
9	《沈从文史诗》	金介甫	台湾幼狮文化事业公司	1995年
10	《沈从文印象》	孙冰（编）	学林出版社	1997年1月
11	《回归自然与追寻历史——沈从文与湘西》	向成国	湖南师范大学出版社	1997年7月
12	《星斗其文，赤子其人》	湖南政协（编）	岳麓书社	1998年2月
13	《沈从文生平年表》	糜华菱	北岳文艺出版社	1998年7月
14	《湘西秀士——名人笔下的沈从文·沈从文笔下的名人》	凌宇（编）	东方出版中心	1998年10月
15	《酉水文化与沈从文》	保靖县政协（编）		1998年11月
16	《边城飞出的凤凰——沈从文》	王明辉	湖南少年儿童出版社	1999年9月
17	《超越模式——沈从文小说的文化批评》	滕小松	作家出版社	1999年10月

续表

序号	书名	作（编）者	出版单位	出版时间
18	《沈从文素描》	安国鹏	中国文联出版社	2000年12月
19	《倾听沈从文（朗诵）》		中国广播电视出版社	2002年1月
20	《报刊情缘——沈从文投稿与编辑探迹》	李端生	中国文联出版社	2002年4月
21	《沈从文·福克纳·哈代比较论》	杨瑞仁	中国文联出版社	2002年5月
22	《沈从文研究专题目录集》	杨瑞仁	中国文联出版社	2002年5月
23	《湘西》（4）		日本《湘西》刊行会	2002年10月
24	《沈从文和湘西》	刘一友	青海人民出版社	2003年7月
25	《沈从文传》（修订版）	凌宇	北京十月文艺出版社	2003年7月
26	《〈边城〉牧歌与中国形象》	刘洪涛	广西教育出版社	2003年8月
27	《湘西》（5）		日本《湘西》刊行会	2003年10月
28	《品读湘西——走进沈从文的家乡》	龙迎春	广东旅游出版社	2003年
29	《沈从文——评说八十年》	王珞	中国华侨出版社	2004年2月
30	《沈从文和他的湘西》	卓雅	上海文艺出版社	2004年3月
31	《湘西》（6）		日本《湘西》刊行会	2004年10月
32	《从文学刊·第1辑》	吉首大学（编）	中国文史出版社	2004年12月
33	《沈从文与丁玲》	李辉	湖北人民出版社	2005年1月
34	《沈从文小说新论》	刘洪涛	北京师范大学出版社	2005年1月
35	《走近沈从文》	糜华菱	知识产权出版社	2005年1月
36	《从文学刊·第2辑》	吉首大学（编）	中国文史出版社	2005年6月
37	《沈从文的最后40年》	李扬	中国文史出版社	2005年7月

续表（一）

序号	书名	作（编）者	出版单位	出版时间
38	《沈从文精读》	张新颖	复旦大学出版社	2005年9月
39	《湘西》（7）		日本《湘西》刊行会	2005年10月
40	《东方神韵——东方文学与文化视野下的沈从文研究》	杨玉珍	中国文史出版社	2006年3月
41	《从边城走向世界》	凌宇	岳麓书社	2006年4月
42	《沈从文年谱》	吴世勇（编）	天津人民出版社	2006年6月
43	《沈从文图传》	李辉	长江文艺出版社	2006年8月
44	《从文学刊·第3辑》	吉首大学（编）	中国文史出版社	2006年10月
45	《与自然为邻——生态批评与沈从文研究》	覃新菊	湖南师范大学出版社	2006年12月
46	《沈从文的凤凰城》	糜华菱	中华书局	2007年8月
47	《沈从文的生命诗学》	吴投文	东方出版社	2007年12月
48	《从文学刊·第4辑》	吉首大学（编）	光明日报出版社	2008年4月
49	《从文学刊·第5辑》	吉首大学（编）	光明日报出版社	2008年4月
50	《沈从文作品研讨会论文集（中国三河）》	老巢（主编）	中国戏剧出版社	2008年7月
51	《都市里的乡下人——沈从文论》	任葆华	陕西人民教育出版社	2008年9月
52	《湘西》（8）		日本《湘西》刊行会	2008年10月
53	《星月皎皎水边城——沈从文与张兆和的情爱世界》	止戈（编著）	东方出版社	2009年7月
54	《我的老师沈从文》	汪曾祺	大象出版社	2009年10月
55	《沈从文的那条河》	吴恒忠	广东教育出版社	2011年7月
56	《浪漫沈从文》	高维生	团结出版社	2012年1月

第七辑

"右派"说悟

1 和家里划清界限，自己却成了"右派"

沈龙朱上大学，念了军工专业。本来他对美术感兴趣，并且跟着黄永玉学了几天素描，准备考美术学院了，可为什么又要转向军工了呢？

沈龙朱说：

> 学军工是党的号召。既然党号召去学军工，我就把志愿改了，报考了北京工业学院，现在叫北京理工大学。在当时，北京工业学院、航空学院、哈尔滨工大，这三所大学是号召党团员带头报考。所以，我改了志愿，到那儿去了。

那时讲究出身，沈龙朱觉得自己出身也不是很次。父亲虽有问题，但沈龙朱自认为已经做到了在思想上和父亲划清界限。他一心向最主流的方向迈进，从高中起就争取入党，到了大学，继续争取。功夫不负有心人，1955年，多少年坚持争取之后，他被吸收加入了中国共产党，成为预备党员，担任了团支部书记。

在党号召的大学里学了四年半，预备党员做了不到一年，沈龙朱的人生正在上升期，反右运动开始了！运动一开始，沈龙朱还是领导小组成员。班上反右虽非常热闹，没有涉及沈龙朱。

但没隔几天，沈龙朱就被要求停职反省，脱开了领导小组，被孤立了起来。沈龙朱说："我们学校1957年是按照百分之五的坏人来抓的，我就是那百分之五里头的一个了。"到了暑假，在党内反右，全系四五年级，抓出三个人集中起来批判，沈龙朱是其中之一。

1958年初，沈龙朱被正式定成"右派"。他多年后回忆说："我还光荣地被我们院长在大会上点名。"点名干什么？宣布开除沈龙朱党籍、团籍、校籍！

一个一心向党、全心全意改造自己成为建设国家人才的沈龙朱，在被定成"右派"的时候，才二十四岁。因一顶"莫须有"的帽子，他的人生就此转折。如果说1948年他的父亲沈从文的人生发生转折有遗憾的话，那么沈龙朱的遗憾是不是更多一些？毕竟，沈从文还在自己喜欢的文学创作上搞了一些年，而沈龙朱放弃了个人爱好，全力以赴投入军工学习，还没进门就被整到了一边。二十四岁，一生就此毁掉了。

沈龙朱1958年正式戴上"右派"帽子，到1959年国庆前摘了，被定性为"摘帽右派"，但所有的政治歧视还是照样存在。一直到1979年，"摘帽右派"的帽子才彻底被摘掉。这时候，沈龙朱已经四十五岁了。和他父亲从文学界转行到文物界的年龄相当。父亲在转行前，还干了二十多年自己的事业，而沈龙朱平反前，一直在普通工人的岗位上以"摘帽右派"的身份，接受改造。

沈从文在1949年说："世界变了，一切失去了本来意义。"

2 压力大，不回家，父亲叫我回去，请人来为我减压

沈龙朱"右派"的获得，与沈从文作品的颜色，与家里各种背景，没有丝毫关系。他没有可抱怨的，默默地承认了这个现实："我倒霉我是我啊，是我自己啊！"

但是，即使人生遭遇重创，沈龙朱在父亲面前依旧有政治优越感。他说：

> 在最艰难的时候，我始终认为，我是党内反右的，不是外头反右，不能随便和你们说。总是还有点那个特殊的感觉。

政治上摔了跟头，沈龙朱好像无法和父母一起面对残酷的现实。于是，他就一直在学校待着，住在集体宿舍，也不回家。实在熬不住了，沈龙朱便用书信的方式，向父母透露了自己的遭遇："我被这样的事缠上了。"

实际上，沈从文也一直关注着政治风向，反右斗争也使他对政治更多了层警惕。他说：

> 反右斗争日益深刻，许许多多人都已卷入其中，唯绝大部分

> 是和民盟、农工民主党、九三等有关，是想从整风中对共倾覆的人物。知名人士相当多。周总理在月前曾在中南海庆宵楼召集过在京人大代表、作家，和高级文化干部谈过一次话，致辞的有周总理、康生、陆定一、周扬等，要大家明大是大非，站定立场过社会主义这一关。大致因为到处是日常接触的熟人，斗争集中在各民主党派中有意放火活动分子，怕一般知分在情绪上难于适应，且恐牵连及本身，不免形成一种恐怖不安空气，因一再谈及问题在明大是大非，不在个别小处。①

> 国家处理"右派"分子极严，丁玲等或已开除党，萧乾恐将到乡下管制劳动，许许多多场面上人物，如罗隆基、章伯钧等，大致都从此要退出场外。做了"右派"真可怕！我们不会是"右派"，可是做人、对事、行为、看法，都还得改的好一些，才不至于出毛病。②

沈从文和张兆和获得了儿子的真实信息，心里有想法，但没有明确表态。他们写信给儿子说："你还是得回来。"

沈从文终于把因为要"进步"而与自己划清界限却又沦落成"右派"的儿子叫回了家。沈龙朱记得，那是个星期六。到了家里，沈从文也不问到底是怎么回事，沈龙朱也不说。二十四岁的儿子沈龙朱身上还有一点自以为不错的劲头儿，而在人生路上历练了数十年的沈从文，怎么能不理解呢？

沈龙朱说："爸爸是非常理解我的，不仅没有讽刺、挖苦，而且很关心，从很深的地方关心。"

沈龙朱记得最重要的一次，也是星期六。沈从文叫儿子一定回去，同时沈从文约了另一个人。这个人是谁呢？刘祖春。

刘祖春和沈家算是湖南老乡。抗战前在北京读书，以写作谋生；抗日

---

① 写于1957年8月3日，复沈云麓。参见《沈从文全集》（第20卷），第181页。
② 写于1958年3月4日，致沈云麓。参见《沈从文全集》（第20卷），第234页。

战争开始后到延安去了，投身革命，后来就在陶铸手下的中南局做宣传部部长。调到北京后，刘祖春在北京市委宣传部任部长。那个时候，他被下放到昌平县委，去代职做县长。

刘祖春一直对沈从文非常好。沈从文知道刘祖春是什么样的人。

沈龙朱和我说：

父亲把刘祖春邀了来，把我弄回家。给我们创造一个机会，让我跟他吐出来，你懂吗？我觉得这是个党的干部，应该是能够倾心说话的，而且刘祖春又与父亲有那么多年的交往，于是，我就真是把什么东西都抖出来了，一下子有很多东西都放开了。

在这之前，说我很纠结也谈不上。我大大咧咧的，就那么回事。没辙了，就这样吧。不过心里还是有点包袱。

这个时候，我觉得父亲为了我，精心筹划了这一招。那真是对我帮助非常大。

沈从文至少为自负又自责的儿子，找到了一个倾吐对象。谈话中，刘祖春耐心倾听，然后对党内过去进行的斗争做了一些介绍，把历史上发生过的一些情况说给沈龙朱。沈龙朱说："我一下子就放下很多东西。现在也说不清楚到底放下些什么东西，有什么必要那样。但是确实是帮助很大。"

从这个事情，沈龙朱懂得父亲对自己非常关心，尽管表面上父亲什么也没说。

1958年8月23日，沈从文给妻子张兆和的信，似乎就是在说对沈龙朱遭遇的认识。沈从文写道：

小龙龙这么工作学习，正是党给他的教育，对他一定有极大好处。我想有好些地方，我们也真应当向他学习。学有许多学不到处，但极明显他这么工作锻炼是极有用的。我们也得对他进行一点教育，就是做人生硬硬的，好事也不易办通。得改进！……那倒不如傻傻的干活好。虎虎有应向龙龙学的地方。

3 二十年当钳工,二十年靠边站,最后恢复党籍,成了老党员

二十四岁成了"右派",政治前途基本上就毁掉了。接下来的二十几年,沈龙朱一直在工业学院的学校工厂干活,当钳工。他说:"我是普通钳工,手艺还可以,到最后还四级工……我干了十几年才混了个四级工。"

我问:"四级工算最高级别了吗?"

沈龙朱说:"不不,八级工才是最高级别的。"

我说:"那你还差得远呢!"

沈龙朱说:"可是当年能够到四级工的也没有几个,十几年才长到。出徒是二级工,而我一开始就被定级为三级工,隔了几年就定了四级工。在当时就算不错了,干活至少还可以了。"

上大学的时候,沈龙朱就到工厂实习过,虽然时间很短。学校在西郊,学生要到城里的禄米仓工厂里去实习。沈龙朱说:"大卡车上载满学生,带到工厂,干两个钟头再回去。经验谈不上,但操作都要做一下。比如钳工、车工、铣工,每个工种都要知道一点。"

沈龙朱真正到了工厂,虽然政治上有问题,但工人里关心他的人比较多。因为他干活很好,而且带学生也很认真。不过,学生就是学生,不能叫

徒弟。为什么呢？

沈龙朱说：

因为我没资格做"师傅"。"师傅"是尊称，我呢，只能被叫"老沈"。学生叫别的工人是师傅，叫我只能叫"老沈"。但是我要带学生，要给他讲课，给他操作。

工业学院的学生，被带来工厂实习，也是各个工种都要过一遍。这时的实习似乎更正规一点，恰值"文化大革命"时期，整个风气上对劳动也格外抓得紧。大学生在每一个工种上的时间，加长到一个星期。一批学生，沈龙朱就要带一个星期。他给学生准备基本工具，告诉学生操作方法。

学生们也不知道沈龙朱是沈从文的儿子，他们甚至连沈从文是谁也不知道。不仅学生不知道，沈龙朱的同事也不知道沈从文是什么人。

回忆起动荡中在工厂里的生活，沈龙朱认为当时大家都是在"一切不明白"的情况下，疯狂跟风。沈龙朱说："反右也是，先是引你出来说，说完以后再扣你。实际上，'引'人的人，被'引'的人，'扣'人的人，也都不明白。然后，他们两派相互打去了，顾不上我了。我所在的三车间是好大的一个车间，有六十台车床。只我在的钳工班，就有十四个人。但当时干活的，整个车间里就剩我一个人了。"

因为有头上压的帽子做提醒，沈龙朱在后来的运动中，再没沾上什么事。沈龙朱说：

"右派"是政治问题，"右派"得好好劳动，只许干活，不许乱说乱动。真正到"文化大革命"，我早已经老实得不得了了。因此"文化大革命"当中，没有触及我。

我的态度是，爱怎么怎么，我已经不管了。你们互相之间爱怎么吵怎么吵，爱怎么打怎么打，反正我不吵不打。一开始，还叫我抄大字报，后来我连大字报也不抄了。别人停工了，车间里就我一个人在干活。

一次，我在钻床上打孔，两个造反派在旁边看着我。我就问了一句："你没活了？"这话大概有点刺激。造反派就把我叫去他们总部谈话："你什么意思？"我说："上班时间，你没活儿才有工夫跑到我这儿来看我打眼啊。"他们说："不行，写个检讨。"我就写检讨。他们说："不对。"我反问："怎么不对？你光说'抓革命，促生产'，我这就是生产！我在这儿创造财富！"我就是这么理解的。——我大概也有点像我父亲那犟劲儿。

一边干活，一边对党的向往不动摇、改造思想不动摇。沈龙朱说：

戴上"右派"帽子了，我那检讨是把自己检讨得一塌糊涂。挖思想根源，什么东西都写，什么都说，包括家庭影响。有点什么东西都往自私自利、私心杂念上头牵扯。我不知道写了多少检讨。

我诚心诚意地在那儿劳动，觉得至少劳动能够出成果。我相信劳动创造世界，我相信劳动能够改造我自己，我相信总有一天我还能够入党，我还想再入党。

你看，我"左"到什么程度！

很可惜，这些检讨书都不在了。在给沈龙朱平反的时候，人家问："你这检讨还要不要？不要的话，我们就帮你销毁了。"沈龙朱没有多想，说："随便你们怎么处理吧！"这样，他的检讨书就可能被销毁了。

那二十一年在工人岗位上盼望重新入党有结果吗？沈龙朱说："后来不是入党，是恢复党籍啊。这二十一年，还算你党龄。这有点开玩笑不是？这二十一年是断了的，既不交党费，也不参加组织生活。现在老党员一个，不过我的思想恐怕早已经不是曾经追求的党员标准了。"

4 创办月季花公司·
给国防科工委领导写汇报材料难极了

父亲沈从文喜欢坛坛罐罐，儿子沈龙朱喜欢花花草草。

在工厂里，当别人拉帮结派搞斗争时，沈龙朱在车间外的空地上种花草美化环境。他在与自然界的植物对话，感受生命的脆弱与美丽，并愿意用自己的力去浇灌生命，催生美丽，留驻芬芳。

1979年，沈龙朱获得平反。笼罩在头顶二十多年的阴霾一朝被风吹散，政治上的压抑一朝扫光。沈龙朱被调到了学校电子厂担任技术员。之后，工程师、技术副厂长，他都干过。1984年，一样戴过"右派"帽子的同事，拉他一起种起了月季花。

动员沈龙朱去种花的，是当年的车工陈于化。陈于化和太太杨百荔，都是沈龙朱的同学。两个人和沈龙朱一起成了右派。杨百荔脊椎做了手术，行动不便，陈于化希望爱人手术后能多点活动，就种起了月季花。陈于化是冰心的邻居，冰心很支持他种花，他就常常把自己种的月季花送给冰心。

冰心把自己的学生、月季花专家、有"中国月季夫人"美誉的蒋恩钿介绍给陈于化。种月季，传统方法是插苗，蒋恩钿采用嫁接法，不仅品种更丰富，而且发展繁育迅速。据说，人民大会堂刚建成时，门前的月季花就是蒋恩钿从家里搬去的。

陈于化种花种出点感觉来时,沈龙朱的母亲张兆和正好要从干校回来。作家协会给了两间房,院子里有一块小园地,沈龙朱也就跟着学起了种花。沈龙朱说:"我想办法让妈妈能够在院子里生活得愉快一些,她自己动手干,过得很快乐。我冲这个目的出发,转向种花。"沈龙朱鼓动母亲在院子里种了一片月季,母亲积肥种花蛮有劲的。孙女沈红说:

沈从文、张兆和与两个孙女在"奶奶的花园"里。

> 奶奶在"花农"岗位上兢兢业业，日日早起弓腰曲背在园子里忙碌，主攻月季并且颇得章法。爷爷称赞道，"一大清早起，照旧在花朵间剪枝。看来花很不少……以为比故宫御花园的还好。""这里下地深、土气足，今年雨水又好，所以特别旺盛。大的如牡丹，如牡丹好看。""花特别茂盛，真可说'花团锦簇'，或许有三百来朵同时而开。"其实我家园子只有巴掌那么大。①

张兆和带动周边其他邻居跟着种起了月季花。而沈龙朱有时间回家，就帮助母亲料理花园。但更多的时候，沈龙朱把种花当成了事业。他说：

> 冰心介绍来了蒋恩钿，蒋恩钿把英文花卉书籍借给我们。公司未成立，杨百荔就动手翻译，我们油印成册在月季花协会会员之间交流。在此基础上，形成了专著《月季花》。这本书把月季花的品种、种植和栽培，讲述得非常清晰。

1983年，陈于化看到不少理工大学教师子弟初中毕业没事干，就向学校建议：是不是可以利用学校里的空地种花，解决一部分教职工子弟就业？

这个建议获得了学校支持。陈于化需要人手，就叫沈龙朱入伙。沈龙朱说："我在技术副厂长的位置上，被拉去种花。为了动员我，陈于化还游说我爱人，跑去我爸爸妈妈那里做工作。那时候他蛮有劲的，最后把我拉过去了。"

沈龙朱给我普及了一点花卉知识：

> 中国是月季原产地。但现代的月季品种多是国外培植成功的，是杂交的结果。在以色列、法国、美国，都有很好的月季品种。月

---

① 沈红：《奶奶的花园》，载于《华夏时报》2004年2月16日。

早就有缘。沈从文早就认识蒋恩钿,凌淑华回国时三人合影。

季虽然从中国起步,但早已经走向了世界。

　　西方在引进中国月季之前,他们的玫瑰花每年只开一季或只开两季,最多是春天开一季,秋天开一季。这是蔷薇科的性质。中国叫月季,西方叫玫瑰。其实玫瑰是玫瑰,月季是月季。月月开花就是月季,开一次就是玫瑰。而且玫瑰花还小,只有紫红色。

　　西方玫瑰与中国月季杂交的结果是,玫瑰花可以季季开花。可以这样说,中国古老月季频繁绽放的基因,美丽了整个世界的所有季节。

　　沈龙朱和几个曾经一起倒霉过的同事,组建了北京理工大学服务公司下属的一个小企业,专门种月季花,希望能够把国外的品种引进来推广。单位拿出二十九万元给他们,利用学校里闲置的一块土地,他们动手盖了一面坡的土温室,招收了十几个初中毕业生。于是,他们有了自己的事业。

　　拿着国家的钱去种月季花?

　　兵器部一位退休部长听说这个事情以后,非常恼火,写了个报告向上级机关告状。告什么呢?他说:"目前,国防工业资金那么紧缺,兵器系统都没有钱,很多厂子日子都不好过,我们怎么还有钱去支持种花?"

　　退休部长一张状纸把刚刚起步的月季花公司搞得很狼狈。沈龙朱说:"其实我们小得很,小极了,根本与上边沾不上。但结果呢?妙就妙在报告给到了国防科工委,而科工委这个头,就是后来的国防部长张爱萍。"

　　张爱萍接到状纸后,一看,回过头来问下级:"这是怎么回事啊?了解一下!"

　　了解"花国防资金种花"的任务下达到学校,学校党委再次下达给服务公司,服务公司就放在了月季花公司。到了月季花公司,任务又落到了沈龙朱头上。上面说:"你们这是什么意思啊?把这个过程写个报告吧。"

　　沈龙朱说:"好,我就吭哧吭哧写——为什么建立,怎么建立,怎么利用土地,如何解决知识青年就业问题,而且种花美化环境是需要的。"

　　沈从文的儿子还写不了这个?沈龙朱说:

不，难极了。一会儿嫌我太长了，砍砍砍；一会儿又嫌我太短了。还嫌我字大小不合适。给领导看，大小不合适。这都是底下人乱出主意。

成稿写得很长。最后，交到张爱萍那儿去了。他把这个事批给了科工委秘书长邹家华。

张爱萍是什么意见呢？他的意思是，普遍发一个正式文件到国防科工委下属和全军各单位。不是要求讨论，而是说：军转民，军民结合这个办法，可能是解决很多军工企业生产不足的一种办法。有条件办的，都可以这么办。

心怀忐忑的沈龙朱和他的同事们，一块石头落了地。本来是差点就要挨批，甚至被掐掉了，结果这下活了。他们不仅踏实了，而且企业一下子兴旺了。张爱萍亲自到月季花公司来视察，亲笔题字：北京北方月季花公司。

到这个时候，沈龙朱们还没来得及正经登记注册，他们就把部长的题字做成牌子，端着牌子去登记。登记的人不干，说："你这名字叫得太大了。你怎么能叫作北方呢？北方这个范围多大？你这么一个小小集体企业，还敢叫这么一个名字？"

沈龙朱和同事们辩解道："国防部长都这么写了，你看人家领导也不是随便题的，我们改也改不了。"那人一看，得了，就这样吧。于是就注册上了。

5 月季花火起来·
冰心、邓颖超、钱学森等都来赏花

张爱萍为企业题名成了企业成长的尚方宝剑。北京理工大学属于兵器部，兵器部的领导马上就关心起这件事来了。兵器部说："小汤山干校有块地，你们用不用？"

沈龙朱说："当然用啊！白用还不用啊。"那块地原来让干部去种麦子、种水稻，产不了多少，没几天就完蛋了。种花的积极分子们去圈了一块，四十亩，多的也不用，盖温室，挖排水沟，大面积种起月季，育起苗来，准备嫁接蔷薇苗。

兵器部刚给了地，马上又问："钱够不够？不行给你们钱！"

沈龙朱回忆说：

都抢着给钱了，北方公司就活了。而在公司挂名经理的是谁呢？部里办公厅主任，他不干这里的事，但是挂名。我们使劲干。既然有那么好的条件，我们为什么不干呢？

每年开月季赏花会，除了国防部长张爱萍以外，我们接待了一大堆官员。为此，学校领导也很愉快，他们借此机会和上级领导联络感情。

理工大三个曾经的"右派"带着一群年轻人种花,确实轰动了。每年一到五月份都要举办几天赏花会,不少人被请来赏花。陈慕华来了,冰心来了,邓颖超来了,邹家华来了,钱学森来了……

沈龙朱回忆说:

> 每年五月份,月季开得最好的时候,我们举行赏花会。结果是,不仅学校里领导、部里领导来看花,后来市长焦若愚来了,陈慕华来了,冰心来了,邓颖超来了,邹家华来了,钱学森来了,作家刘白羽来了,黄苗子、郁风来了……
>
> 有一年,冰心要来。冰心一说要来啊,邓颖超也要来,邓颖超还想在我们那儿看看冰心。上级机关听说邓颖超要来看花,立即派了许多保卫人员来,并对我们说:"你们工作人员都退出!"我们不干,我们种的花,干吗把我们赶走?后来邓颖超听说了这种做法,说:"你要让工作人员走,我就不来了。"邓颖超说不来了,冰心已经到了。最后,保卫人员撤了,邓颖超却还是来了,没辙了。她带给冰心一大把自己院子里开的白色芍药花。我们也都在她身边。冰心就在我们花圃里见的邓颖超,两个人花前握手,地里头照相。那时候我们的设备都很土,大棚很普通,就是在泥地里铺几块砖方便参观者进入。但是花非常好。我给大家介绍,也不请客人吃饭,泡点清茶给大家喝。愿意写点字的,就给我们留点字、画个画。
>
> 陈慕华是全国花卉协会主席,非常支持花卉事业。她当时又是银行行长,在我们非常小的客厅里紧挨着坐在一起,她问我们:"给你们两百万无息贷款,够不够啊?"我们不敢要啊。

种花获得社会效益的同时,经济效益也体现了出来。那时,长城饭店刚刚建起来,美籍华人老板沈坚白要求天天给长城饭店送鲜花。满车鲜花,有些花还事先用不同的造型插好。饭店前台要用,餐厅要用,客房要用。沈龙朱说:"沈坚白跟我们合作,给我们很大的支持。"但不光是长城饭店一家,西苑饭店一开,也要他们大量送鲜花。

除了高档酒店的插花,月季花公司还搞植物租赁和养护。花呀,树呀,各种耐阴植物……许多大公司、机关的办公楼、饭店大堂、前厅、重要的会议室都有需要,就出租,并派人管理。沈龙朱说:"节庆或者特殊庆典的时候,专门派人布置会场大堂,不行就换。根系不太好的就又回温室养护。当时是创业性质的,都在摸索自己的发展之路。"

红火了几年,要搞政企分开。部里的领导不再兼任公司经理,那些头儿一下子都撤了,怎么办呢?沈龙朱就被任命为经理。他说:"在月季花公司,最后我当了头。"

沈龙朱说:

> 当了头,自己就做不成园丁了,事情就不是花的问题了,没有那么好玩了。
>
> 我担任了主要领导,主要任务就是奔饭碗了。解决税收问题、工商局问题、孩子们的工资问题、奖金问题。还有20世纪90年代一开始搞劳动保险,我们一下子就上了劳动保险。所以最原始的劳动保险我们人人都有,每一个成员都有。

6 没有抓住机会，月季花公司没能壮大

"那个时候条件非常好，如果抓住机会发展下去会很好。但我们真的没做好。"沈龙朱多年后回想当年一再这样说。银行行长陈慕华给他的机会，他没有抓住。两百万无息贷款，他不敢要。沈龙朱不知道用什么方法能够赚到钱，还回这两百万。毕竟，公司总资金不到六十万。

说到企业没有发展壮大，沈龙朱似乎有遗憾。他们不能壮大的原因，一个在体制，一个在自身。沈龙朱说："我们也算下海了，但又没有真正下海。我们还是官办延伸下来的一种企业。而我们这些人，又是臭知识分子，没有经济头脑，木得很，不灵活，不敢干。如果说我们敢干，是敢干什么？有头脑，是技术上的头脑，很认真，就是认真服务，这可以做到，做得很好。但是更宏大的想法没有。真正发展经济，说实在的，不怎么样。"

我说："如果当时你接下来那两百万，可能就成了柳传志式的人物了。"

沈龙朱说："对。不过也不会。如果干成那样，一定是后来人干的，不会是我干的。"

沈龙朱试图寻找与国外合作的机会，并且跟以色列、美国、法国的花卉公司都谈过合资问题，目的是引进技术，引进品种，做好了，还可以输出产

品。但是，申请合作的过程就让沈龙朱不胜其烦。加上自己不是善于在上层跑动的人，所以合作流产。

沈龙朱说：

> 我不止一次地做过可行性报告，几十页，大量的图表，大量的资料，大量的计算，很费事。写可行性报告是很啰唆的事，要算账，实施的与尚未实施的都要算。还要把将来发展的可能性市场都要搁到里头。
>
> 我的可行性报告是一个一个往上递，很费劲。递上去以后，这儿盖章，那儿盖章，左盖一个图章，右盖一个图章，盖到后来就不了了之了。不给我结论。
>
> 如果能够咬住了，我也就干成了。我们尽管去了，但不敢去找领导，不敢请人家帮我们解决问题。我就不会这手，所以最后就维持在那个状态。尽管以后生意做得还不小，在北京还算有点名气。

北方月季花公司根本不能算北京第一家花圃。因为花圃在北京早就有了，林业局、园林局下面都有很大的花圃。不过，从经营角度讲，北方月季花公司创造性地开拓了一个市场，这是纯粹国有的园林局企业所想不到的。在20世纪80年代中期，花卉产业是未被广泛认可但已经显示出强劲前景的朝阳产业。沈龙朱说："你看我们傻就傻在这儿了！"

沈龙朱和他的同事从美国引进现代化的玻璃钢的温室，自己想尽办法把图纸做出来，交给兵工系统的工厂去做，工厂靠这个项目赚钱。而沈龙朱不懂得要回报，只让人家送一个温室就行。而温室也是给在兵器部系统的干校，而不是给月季花公司。

沈龙朱没有赢利的目标，或者说赢利的目的性不强。他说：

> 我光想着正正经经、扎扎实实地干，能挣回点钱来养活这些人就行。我用我的努力和劳动解决这些问题。我缺少投机的思路，只知道死干具体的活。

过去北京从广东进菊花、剑兰，从上海进康乃馨，石竹、月季这些在本地种，但是冬天不好养护。所以我拼命找地方种月季，那地方不仅能够种花，而且能够在冬天供应北京市场。

　　为了发展月季，我们要引进国外苗艺向全国推广。目的不一定是要挣钱，只想把品种推广以后，全国的月季就发展起来了。

　　云南气候条件好，西昌气候条件好，我们去云南动员人家种月季。我去找有土地的单位，都是兵器系统的，也有关系。结果，人家的概念是什么呢？认为不行。为什么呢？运不到北京来。鲜花得空运，昆明到北京的飞机，一星期才有两班，而这个飞机常常要为输往日本的蘑菇让路。你不空运的话，鲜花剪下来就坏了。这样的话，你种的花就有可能完蛋。云南的部队不干。一直到花博会在昆明举办，云南部队才意识到他们具备这个条件。

　　我到西昌去，西昌气候条件好。这里也是飞机的问题，需要到成都转机才能到北京，这样一下就耽误了。

面向全世界的花博会在云南一开，当年沈龙朱找过的那个部队才醒悟过来。现在，他们那里成了全国花卉工艺基地。但是，当年沈龙朱去动员，却怎么也动员不了。自己胆子不大，只想与他人一起受益，沈龙朱说："所以我们很惨，最后到我退休的时候，还有地，还有七十几个人……"

　　后来，原来部里头的地要收回，要盖房子挣钱，学校里面的地，也盖了宿舍。土地没有了，办公室也没有了，只好到外头去租。沈龙朱说："现在城里没有空地可种了，到通县去租地方，租农民的温室，很费事。要是有地，现在就不得了了。"

　　北京最早开辟五星级酒店用的花用植物，都是北方月季花公司干起来的。之后，园林局才跟沈龙朱他们认真地学这个方法，一度还合作过。北京花卉市场百分之二十到百分之三十的蛋糕是北方月季花公司的，最后越缩越小。沈龙朱说："现在虽没完蛋，一位女经理还在维持着，也非常艰难。我六十五岁离开那里，现在关系还是在这个企业里。那个时候我们没有抓住机会，说实在的是没有抓住机会。"沈龙朱反复说，"这也是中国官办企业的一个结果了。"

7 "高级工程师"只是挂了个名儿，假的

企业没干大，沈龙朱自称是个"挂名工程师"。他说："挂的还是高级工程师的名！"

沈龙朱上大学期间学的是电子专业、国防雷达，因为特殊的政治原因，并没有学完，也没从事雷达工作。后来平反补发了毕业证，是电子专业的毕业证。虽然重新回到电子行业，但是二十多年经历中接触最多的是机械。

当全国开始大规模正式评定职称的时候，拉沈龙朱出来种花的陈于化，就力主沈龙朱也申报职称。沈龙朱说："我什么也不是，我报什么报？我又没论文！"陈于化说："不要紧，把你那个可行性报告就当作论文。"

沈龙朱写那些报告虽然费了不少劲，毕竟是个合资可行性报告。他要申报的是电子专业的高级工程师，而电子专业，一辈子干的机会很少，更不用说高级工程师了。但是，沈龙朱用一份花卉公司合资可行性报告参加了职称评定，材料报上去，居然就被认定为合格了。我想，这一定不是评委不专业，而是考虑到沈龙朱遭受二十多年不太公正的待遇，给予他的一种补偿。不过沈龙朱说："我承认这是假的，技术方面就是假的。"

要是评园艺师，沈龙朱是不是更心安理得一些？

沈龙朱说:"园艺,干了点,还谈不上园艺师。我也就是爱好,多钻研了一点,因为我们没有基础,生物基础知识并不多。只是在月季方面,深入探讨了一下。"

沈龙朱他们在北京园艺界的名气来自几个方面。其一是机遇,好多人重视。其二是开辟了新的业务领域。长城饭店开业时的花篮是沈龙朱他们公司做的,当年长城饭店里面的室内植物全部都是沈龙朱他们公司培植、养护的。一个月几万、十几万的营业额,对沈龙朱来说是个很大的挑战。沈龙朱他们公司多次给人民大会堂送花篮,曾有一次送过八百个,每个高达三米多。那是中石化的活动,租用了十几辆保鲜车,一下子全部送到。最后人民大会堂还要求沈龙朱他们把花撤出会场。沈龙朱说:"这些事情别人没干过,我们干了。"

北京用鲜花多的还有八宝山。不过,那儿有当地的花店把持。即使这样,沈龙朱也经常到八宝山送花。因为联系密切的机关还是愿意用沈龙朱他们来做。

二十多人的插花队伍,维护团队又是一拨人。沈龙朱说:"植物到了用户那儿以后,天天有人去管理、检查,叶子脏了要擦亮,要浇水,不行了要更换。这些工作,北京市里我们是头一批开始做的。这样就开辟了一些门径。公司规模最大的时候有八十人。"

母亲张兆和不仅在自家小院子里做儿子沈龙朱的学生开始种花,还到沈龙朱的花圃去赏花。而沈从文在儿子开始种花的时候就生病了,身体不行,没有能够去看花。但他知道儿子在种花,家里因为儿子种花也便鲜花不断。

沈龙朱说:

> 这花不剪了也不行。花长到一定程度要开,但很快就会凋谢,剪下来的花要放到大冷库保鲜。花从冷库拿出来后,要马上布置,然后马上送给用户。有些用户是一次性用花,几天就完了。有些用户是天天换,天天要摆花,比如前台,有时候要在接待台布置一个扇形的花,有时候是在接待客人的茶几当中摆一个花篮……

因为儿子种花,沈从文晚年在家里每天也能看到鲜花,并沉浸在鲜花营造的美好氛围里。那时和沈从文生活在一起的孙女沈红回忆说:

> 白天,园子边是爷爷的写作间……早早晚晚空气新鲜,爷爷喜欢搬个椅子在院子里看书,端个小桌子在篱笆旁写作。爷爷关于古代服饰的部分稿子就是在篱笆边修改的。我上学放学的时候,看见那张小面板桌子上堆着稿子,在走廊和花架之间端过来移过去,好避一避太阳。这个"御花园"写作环境较之于东堂子斗室好得多……①

在小羊宜宾自己家的花园内,沈龙朱给父亲拍过照片。特别是爸爸妈妈跟两个孙女在一起时,沈龙朱愿意拍下花丛中长幼同乐的幸福。

---

① 沈红:《奶奶的花园》,载于《华夏时报》2004年2月16日。

8 让《水》继续流下去·授权父亲作品也很无奈

2012年，沈龙朱七十八岁了。他每天游泳，沈龙朱说："现在就纯粹玩了，一切都当作玩。"而太太马永暐不仅不能游泳，出去散步都困难。沈龙朱说："我俩不是一回事，她腿不好。我是到处蹦跶，到处跳跶。没事就骑个车乱窜。"

张家有一本很有名的家庭杂志《水》，因为老人们故去的多了，健在的身体也不很好了，所以，《水》流了一个世纪，流到了沈龙朱手里。

在2009年安徽文艺出版社出版的《水——张家十姐弟的故事》一书序言中有这样的话：

《水》是一本家庭刊物，仅限于亲人友好传阅。从1929年创刊到1996年复刊，经历了半个多世纪。

20世纪20年代，元和大姐、允和二姐、兆和三姐、充和四姐、大哥宗和、二哥寅和、好友窦祖麟等在苏州九如巷创办了《水》社，那时大家都年少，喜欢水的德行，正如沈二哥说的："水的德行为兼容并包，从不排斥拒绝不同方式、侵入生命的任何离奇不经

《水》的封面。

事物，却也从不受它的影响。水的性格似乎特别脆弱，极容易就范。其实，柔弱中有强韧，如集中一点，即涓涓细流，滴水穿石，却无坚不摧。"

《水》社出版了《水》，每月一期，发表自己的作品，大家一起组稿、编辑、刻版、油印、装订……后来，随着年岁增长，姐妹兄弟们先后外出求学、工作，流散各地，《水》停刊了……1995年10月26日，允和二姐为了加强血脉相连的亲情，搜集先辈们的事迹，让后代更多地了解他们，向海内外亲人们发出倡议信，决定重新复刊《水》，此举得到了亲人们一致的支持和响应。1996年2月，《水》复刊第一期在北京出版，允姐任主编，兆姐任副主编。从十三期起由寰和任编辑，改在苏州出版。复刊初仅发行二十五份，现增至近三百份。

葛剑雄写的后记中说:

《水》是一份家庭杂志,从这三期里,我分明看到了中国的百年巨变在这个大家庭的投影……从中我看到了一向被忽略的知识的力量和人文精神的价值。

……愿《水》长流!

2009年还是苏州老家的张寰和在做,后来,这个编辑的工作传到沈龙朱手上。曾经因为有一群可爱的作者而显得那样不同凡响的一本杂志,到了只学过理工的沈龙朱手上,会不会质量下降?上一辈多数已陆续去世,现在沈龙朱组稿都有困难,但他尽力在做。沈龙朱说:"舅舅把《水》塞给我,我就一段时间动脑筋给他拼凑上。电子版,传到网上,获取一个密码就可以看到。年轻人各自就在网上去找去,去下载,然后打印给老年人。"沈龙朱也打印装订一部分,这部分他亲自给在北京的舅舅、姨父寄去或者送去。负责《水》的编辑、发行,占用了沈龙朱不少时间。

游泳和编辑《水》,是沈龙朱的生活常态。到了游泳馆,身体在水里;回到家中,心在《水》里。这基本可以概括沈龙朱现在的生活。

其余的呢?这便是远足和摄影。但是远足的劲头不及年轻时候了,摄影的主要对象是花卉。沈龙朱有时候会有写作的冲动。他说:

我知道自己没本事做大事,而且人老了,就懒了。其实想做的事情很多、要做的事情,很多。即使是玩,也有事情可做。比如,网上写些东西,把摄影作品搁到网上。我有博客这个地盘,等于有那个自留地了。但是,今年夏天,简直懒得一点都不想动,没心思动。

北京有不少花,骑车去找,看,拍。睡莲从开始生长,一直到最后开放,整个开放的过程,我拍了很多。虽然质量不高,但我喜欢,就是这样。

看到不公的东西,我就有想写的冲动。哪怕不是社会不公,比如北京堵车问题。

我从前向往过汽车,但到现在还是骑电动车,到哪儿都是骑电动车,去香山也一样。单程就可以比乘坐汽车节约四十分钟,道路经常拥堵。但怎么会那么堵啊?我们门前这条马路,自行车道被限制缩小为三米宽了。三米也好,你别再往里头塞汽车了,对不对?汽车停到自行车道上,自行车只好走快车道,行人也就被挤到自行车道或快行道。怎么个治法儿,我都不明白。老在说堵车堵车,却老把GDP往汽车上塞,好像得意得很似的,实际上既毁了空气,又毁了管理。管理不过来了,还造成好多的不便。

沈龙朱看上去非常健康,而且比实际年龄年轻得多。从他身上看到的唯一不足是双手全都染上了灰指甲。本来这个病是能看好的,他没有下决心去看。说到病因,沈龙朱说:"当工人时,整天在柴油里头洗零件,冬天怕冷,需要把柴油加热,这样就造成指甲开裂、受伤,再后来,越发展越严重,所有手指头都染上了。"不过,这种病不影响沈龙朱的正常生活,仅仅是不美观而已。

一方面是自己的生活,一方面还需要管理父亲的著作权。《沈从文全集》是沈从文研究的一个里程碑的成果,倾注了母亲张兆和与家人的心血。《沈从文全集》出版后,弟弟沈虎雏继续搜集沈从文的文字,十多年来陆续发现了百万字的新材料。新材料采用什么样的方法收入《全集》里?这是困惑沈龙朱和沈虎雏的事情。

沈家给北岳文艺出版社的版权授权早到期了,考虑到书出得晚,特意延长了五年。到了2004年,出版社说没有赚回钱来,沈龙朱又延长了五年。即使这样,出版社获得的授权也过期了。但是,沈家并不着急找出版社来出新版《沈从文全集》。其中的原因,用沈龙朱的话说:"因为我们要考虑,新发现的东西到底按怎样的顺序编排,比如书信,塞到里头去?还是单独来一个'集外卷'。"

要出《沈从文全集·集外卷》,按现在这个尺寸、容量,一册恐怕容纳不下,而且新材料不断被发现。如果往书信里塞,那个工程就比较麻烦一点。要重新安排版式，但沈虎雏现在已经按原来版式，把要加的东西打出来了，而且还做了版，但用得上用不上就很难说了。弟弟花大量的时间在做这事。

沈虎雏在做《沈从文全集》的后续工作，主要从事新发现的沈从文文章的收集、整理和鉴别。他说：

> 这项工作是不可能有具体计划的，无法按时按量进行，有时只能靠机遇了，逮着机会我就收集下来。你不可能说，上班时收集，下班时要完成多少，这个是没有进度的，其中有些因素是自己不能把握的。这项工作要靠各方面的人去发掘，不可能只靠我。全国各地都有人在做收集工作，读者啊，或是有心人，或是搞研究的人，他们都会发现一些新东西。能得到原本，确定的，我就把它纳入收集。
>
> 但是，往往已经发表出来的史料也是有差错的，所以找到原始的文本是比较麻烦的事。比如说有人在《新文学史料》或其他什么杂志上发了两篇新发现，可那都是抄录下来的，且都转换成了横排本，用的是新的标点。那么，史料上的文字是不是都能认清，是不是有排版错误，或者如果找到的是手稿，抄录史料的人认不认得，这都是存疑的，也很麻烦。要找到原始文本，比较讨厌的是，有时候找不着，很困难。
>
> 不能说国内做这个工作的就我一个人，只是我关心更多一些，也更方便一些，因为我容易汇集这些东西。其他人可能也在做，总有些新发现，一发现就是好几篇，但落实到鉴别上，很细地去翻过去的那些刊物，像大海捞针一样。即便如此，也不能保证每天都有收获，大量的工作好像都是无效的。
>
> 很注意的一些人常常视野比较开阔，研究现代文学或者那个时代的文化现象时，并不单盯着沈从文一件事。若在研究过程中，哎，偶然看到了，或涉猎过这些东西，他们便会敏感些。细心的人就记下一笔，回去一查《全集》，没有。做这件事需要很多人的努力，但不一定专门为了补遗。

身后的书柜里都是授权出去的书。

未收入《沈从文全集》的文字，经过十年的发现，又有了三十万字。沈虎雏说："反正一卷的量肯定是超过了，但是杂，什么内容都有，不是一类东西。"

除了全集，零星需要沈龙朱授权的出版社也很多，但是，真正让沈龙朱感兴趣的不多。许多出版社都是简单地策划一个现代作家系列，有冰心、鲁迅、茅盾，他们认为没有沈从文不行，非得来一个沈从文，每个出版社都搞这么一套，有什么意思？沈龙朱说：

> 我不赞成这种出版方法。凡这样的，我基本上都拒绝。还有一种，弄了半天，就是《边城》《湘行散记》。他们连《湘西》都不感兴趣。《从文自传》好玩啊，也不感兴趣。他就是认《边城》《湘行散记》。这很抱歉，我只好说抱歉了。

沈龙朱认为，书出得要有特色，他不希望重复来重复去。这个经典，那个文库，选来选去选到沈从文，就是《边城》《湘行散记》《长河》《从文自传》，别的没有了。沈龙朱拒绝了好多，但还是有些实在挡不过去，三天两头磨，就给一个，给出去的，又是《边城》，又是《湘行散记》。

附：沈龙朱收藏或授权的沈从文著作

序号	书名	出版单位	出版时间	备注
1	《沈从文小说》	中国文学杂志社	1982年	法文版
2	《沈从文文集》	花城出版社，三联书店香港分店	1982年1月第1版	全套12卷
3	《沈从文选集》	四川人民出版社	1983年6月第1版	共5卷
4	《龙凤艺术》	香港商务印书馆	1986年5月第1版	
5	《凤凰》	文化艺术出版社	1986年10月	
6	《从文自传》	重庆出版社	1986年12月	
7	《从文小说习作选》	上海书店出版社	1990年9月	竖排影印版
8	《沈从文美文精粹》	作家出版社	1992年4月	
9	《沈从文别集》	岳麓书社	1992年12月	含《湘行集》《凤凰集》《丈夫集》《雪晴集》《长河集》《柏子集》《龙朱集》《泥涂集》《边城集》《贵生集》《萧萧集》《自传集》《友情集》《新与旧》《顾问官》《七色魇》《记丁玲》《月下小景》《阿黑小史》《抽象的抒情》共20册
10	《乡土小说》	上海文艺出版社	1993年7月	
11	《大山里的人生》	湖南文艺出版社	1993年8月	
12	《花花朵朵 坛坛罐罐——文物与艺术研究文集》	外文出版社	1994年	
13	《沈从文散文》	中国广播电视出版社	1994年2月	共4集

续表

序号	书名	出版单位	出版时间	备注
14	《沈从文散文全编》	浙江文艺出版社	1994年7月	上下编
15	《沈从文谈人生》	中国青年出版社	1994年11月	
16	《中国近代名家著作选粹·沈从文卷》	香港商务印书馆	1994年	
17	《沈从文卷》	陕西人民出版社	1995年3月第1版	
18	《水中情》	安徽文艺出版社	1995年3月	
19	《中学生文学精读——沈从文》	香港三联书店	1995年5月第1版	
20	《从文家书——从文兆和书信选》	上海远东出版社	1996年2月第1版	
21	《沈从文散文精编》	浙江文艺出版社	1996年3月	
22	《中国二十世纪散文精品——沈从文卷》	太白文艺出版社	1996年3月	
23	《无从驯服的斑马》	中国青年出版社	1996年3月	
24	《沈从文人生哲言》	中国国际广播出版社	1996年4月	
25	《湘行散记》	法文版	1996年	
26	《沈从文笔下的湘西》	湖南美术出版社	1997年12月第1版	收录有《黔小景》《神巫之爱》《雪晴》《边城》《萧萧》《新与旧》《丈夫》《贵生》《湘西》《长河》《阿黑小史》《从文自传》共12册
27	《沈从文评论文集》	珠海出版社	1998年10月	
28	《西山的月》	吉林摄影出版社	1999年9月	

续表（一）

序号	书名	出版单位	出版时间	备注
29	《边城》	人民文学出版社	2000年1月	新文学碑林
30	《阿丽斯中国游记》	南海出版公司	2000年1月	
31	《沈从文作品精选》	广西师范大学出版社	2000年1月	
32	《淳朴人生》	中国戏剧出版社	2000年5月	
33	《沈从文经典》	南海出版社	2000年7月	
34	《我所生长的地方》	香港三联书店	2000年7月	
35	《湘行散记》	作家出版社	2000年7月	
36	《沈从文和他的湘西》	上海文艺出版社	2001年1月第1版	卓雅摄影
37	《沈从文短篇小说选》	天地图书（香港）有限公司	2001年5月第1版	
38	《边城及其他》	香港三联书店	2001年8月	
39	《沈从文名作欣赏》	中国和平出版社	2001年10月第2版	
40	《沈从文小说》	浙江文艺出版社	2002年2月	
41	《大山里的人生·沈从文人生随笔》	湖南文艺出版社	2002年2月第2版	
42	《沈从文散文集》	上海古籍出版社	2002年4月第1版	
43	《边城》	北岳文艺出版社	2002年4月	卓雅插图
44	《长河》	北岳文艺出版社	2002年4月	卓雅插图
45	《湘行散记》	北岳文艺出版社	2002年4月	卓雅插图
46	《龙朱·虎雏》	北岳文艺出版社	2002年4月	卓雅、姜怡插图
47	《湘女萧萧》	北岳文艺出版社	2002年4月	卓雅插图

续表（二）

序号	书名	出版单位	出版时间	备注
48	《沈从文作品精编——小说》	漓江出版社	2002年5月第1版	上下两册
49	《沈从文作品精编——散文》	漓江出版社	2002年5月第1版	上下两册
50	《花儿朵朵　坛坛罐罐——沈从文谈艺术与文物》	江苏美术出版社	2002年8月第1版	
51	《中国古代服饰研究》	上海世纪出版人集团	2002年8月第1版	黑白图，简体版
52	《沈从文的湘西》	香港三联书店	2002年12月第1版	
53	《沈从文全集》	北岳文艺出版社	2002年12月第1版	全套32卷
54	《边城》	浙江文艺出版社	2003年6月第1版	语文新课标必读丛书
55	《点击大师——沈从文主页》	浙江文艺出版社	2003年6月第1版	
56	《边城》	人民文学出版社	2003年7月第1版	
57	《边城·湘行散记》	人民文学出版社	2003年7月第1版	对装版
58	《边城·湘行散记》	漓江出版社	2003年8月第1版	
59	《沈从文文选》	香港世界出版社	2003年12月	竖排版
60	《沈从文作品精选》	长江文艺出版社	2004年1月	
61	《解读沈从文》	花山文艺出版社	2004年1月	
62	《沈从文文萃》	文化艺术出版社	2004年1月	
63	《沈从文卷》	蓝天出版社	2004年2月第1版	
64	《沈从文小说选》	人民文学出版社	2004年3月	上下集
65	《沈从文散文选》	人民文学出版社	2004年3月	

续表（三）

序号	书名	出版单位	出版时间	备注
66	《无从驯服的斑马》	中国青年出版社	2004年4月第1版	
67	《边城》	湖南美术出版社	2004年4月第1版	
68	《沈从文小说选》	香港中文大学出版社	2004年4月	中英文对照
69	《沈从文小说选》	人民文学出版社	2004年7月第1版	上下两卷
70	《瞥见沈从文》	内山书店	2004年7月	城谷武男日文译著集
71	《抽象的抒情》	复旦大学出版社	2004年8月第1版	
72	《边城·雪晴》	复旦大学出版社	2004年9月第1版	
73	《沈从文博古春秋》	万卷出版公司	2005年1月	含《玻璃史话》《扇子史话》《螺钿史话》《铜镜史话》，共4册，图册
74	《野人献曝——沈从文的文物世界》	北京出版社	2005年5月	
75	《凤凰于飞——沈从文卷》	文汇出版社	2005年5月	
76	《沈从文小说卷》	台湾洪范书店	2005年5月	1—2集
77	《沈从文小说》	吉林文史出版社	2005年5月	
78	《沈从文散文》	吉林文史出版社	2005年5月	
79	《边城》	北岳文艺出版社	2005年6月第1版	黄永玉、卓雅插图
80	《湘女萧萧》	北岳文艺出版社	2005年6月第1版	插图本
81	《龙朱·虎雏》	北岳文艺出版社	2005年6月第1版	插图本
82	《从文自传》	香港商务印书馆	2005年7月第1版	
83	《生之记录》	京华出版社	2005年7月第1版	

续表(四)

序号	书名	出版单位	出版时间	备注
84	《沈从文家书》	凤凰出版传媒集团	2005年7月第11版	
85	《边城》	越南文译本	2005年	人民文学出版社转让版权
86	《沈从文小说》	内蒙古文化出版社	2006年1月第1版	
87	《沈从文小说——王谢子弟》	浙江文艺出版社	2006年1月	
88	《沈从文小说》	内蒙古文化出版社	2006年3月	
89	《沈从文散文》	内蒙古文化出版社	2006年3月	
90	《边城》	中国对外翻译出版公司	2006年5月	名家导读版
91	《沈从文自述》	河南人民出版社	2006年6月第1版	
92	《从文自传》	湖南美术出版社	2006年6月第1版	
93	《沈从文散文》	吉林文史出版社	2006年6月	学生版
94	《沈从文小说》	吉林文史出版社	2006年6月	学生版
95	《沈从文作品选》	香港三联书店	2006年7月第1版	汪曾祺(编)
96	《边城》	北京燕山出版社	2006年7月第1版	插图本
97	《沈从文小说精编》	漓江出版社	2006年8月第1版	
98	《沈从文散文精编》	漓江出版社	2006年8月第1版	
99	《沈从文集》	中国社会科学出版社	2007年2月第1版	

续表（五）

序号	书名	出版单位	出版时间	备注
100	《沈从文散文》	人民文学出版社	2007年3月第1版	
101	《沈从文散文——怯步者笔记》	浙江文艺出版社	2007年4月	
102	《沈从文小说选译》	日本明海大学	2007年9月	小岛久代（日文译本）
103	《沈从文随笔·生之记录》	北京大学出版社	2007年11月第1版	
104	《湘行散记》	日本株式会社好文出版	2008年1月	小岛久代（日文译本）
105	《边城》		2008年6月	马可（意大利译本）
106	《边城》	北京十月文艺出版社	2008年7月	
107	《沈从文代表作·边城·阿丽思中国游记》	华夏出版社	2008年8月第2版	
108	《从文赏玉》	百花文艺出版社	2008年10月第1版	
109	《湘行散记》	北京十月文艺出版社	2008年10月	
110	《从文自传》	北京十月文艺出版社	2008年11月	
111	《萧萧》	北京十月文艺出版社	2008年11月	
112	《长河》	北京十月文艺出版社	2008年11月	
113	《沈从文作品选》	岳麓书社	2008年12月第1版	
114	《阿丽思中国游记》	人民文学出版社	2009年1月第1版	
115	《边城·神巫之爱》	人民文学出版社	2009年1月第1版	

续表（六）

序号	书名	出版单位	出版时间	备注
116	《虎雏》	中国盲文出版社	2009年1月第1版	
117	《月下小景》	凤凰出版传媒集团	2009年3月第1版	
118	《沈从文小说集》	时代出版社	2009年6月第1版	
119	《沈从文散文》	浙江文艺出版社	2009年6月第1版	
120	《边城》	凤凰出版传媒集团	2009年6月第1版	
121	《湘西散记》	凤凰出版传媒集团	2009年7月第1版	
122	《边城》	长江文艺出版社	2009年7月第1版	
123	《边城》		2009年	江苏文艺转让版权（韩文译本），韩国
124	《边城》	Harper Collins Publishers	2009年	金介甫（英文译本）
125	《边城·长河》	天津人民出版社	2010年1月第1版	
126	《边城》	中国青年出版社	2010年1月第1版	
127	《沈从文家书》	人民文学出版社	2010年1月第1版	
128	《神巫之爱》	中国工人出版社	2010年1月第1版	
129	《龙凤艺术》	北京十月文艺出版社	2010年2月	
130	《沈从文精选集》	北京燕山出版社	2010年3月第1版	
131	《边城》	浙江文艺出版社	2010年3月第1版	
132	《鄂行书简》	日本三惠社	2010年5月	山田多佳子（日文译本）
133	《边城》	同心出版社	2010年6月第1版	
134	《长河》	花城出版社	2010年11月第1版	《沈从文集散文·小说集》

续表（七）

序号	书名	出版单位	出版时间	备注
135	《边城》	岳麓书社	2011年1月第1版	
136	《从文自传》	岳麓书社	2011年1月第1版	
137	《边城》	北京燕山出版社	2011年2月第3版	
138	《沈从文的文物世界》	北京出版社	2011年2月第2版	
139	《边城》	凤凰出版传媒集团	2011年3月第1版	
140	《小学生沈从文读本》	浙江少年儿童出版社	2011年6月	
141	《沈从文妙语录》	新星出版社	2011年7月第1版	刘红庆编
142	《中国人的病》	新星出版社	2011年9月第1版	
143	《古人的胡子》	新星出版社	2011年9月第1版	
144	《沈从文作品新编》	人民文学出版社	2011年10月第1版	
145	《沈从文作品精选》	浙江少儿出版社	2012年1月第1版	

1981年
长沙

SHEN CONGWEN JIASHI

第八辑
凤凰说真

1 六十多岁第一次回凤凰，是看墓地来的

沈龙朱的籍贯，应该像他的父亲一样，写"湖南凤凰人"。但是，生命里流淌着凤凰的水，却在他乡漂泊了一生，如沈从文说，北京成了他真正意义上的老家。对沈龙朱、沈虎雏而言，更是这样。在这兄弟俩看来，凤凰是个遥远的属于父亲笔下的故事发生地。

沈龙朱第一次踏上凤凰的土地时，已经六十多岁了。他绝对不会有"少小离家老大回"的感觉，凤凰是个熟悉又陌生的地方。熟悉是因为常在耳边，陌生是因为第一次在眼前！

1988年5月10日，沈从文在北京去世，骨灰一直放在家里。当时的凤凰县旅游局局长田世烈策划了沈从文回乡。沈龙朱说："这个人非常热情。他一到我们家，趴下就给我妈妈磕个头。他说：'我就做你的孩子了。'"沈从文墓地是田世烈一个人策划建成的。田世烈说动了县里，县里要把沈从文接回去，沈龙朱受妈妈委派，一个人回到了这个陌生的故乡。

沈龙朱说：

> 1992年，县里已经买下了一块地，希望我们家里头有人能去看一

看。妈妈还在,但去不了。妈妈说,看看嘛,以后再去吧,以后送骨灰回去的时候她再去。这样,我先去看了一次,那是第一次回凤凰,好极了。

田世烈选的从文墓地在沱江畔的听涛山,距古城东门约三里路。这块地原来是田兴恕修建的"杜母园"遗址。1911年,黎元洪曾刻"兴废周知"四字于此。田世烈记得:"1992年1月2日,龙朱冒着严寒从北京来到凤凰。他一个劲地问花了多少钱……"

田世烈说到那次沈龙朱给他的印象:

> 龙朱在凤凰共停留了七天,除掉两天我陪他去参观凤凰的名胜黄丝桥古城和齐梁洞外,他只身五次去到墓地,带着米尺详细地测绘了一个墓地平面图。他说,回京后好向妈妈他们详细地介绍,把事情弄准确一点。见他这种细致认真的工作精神,我也很感动。每当入夜,我就去他的住处闲聊,聊各自的人生曲折。从龙朱的身上,我又一次清楚地看到了沈老先生人品的再现。[①]

安葬沈从文,只选择了一块不规则的高一米九的天然五彩石。沈龙朱说:"选那块地方,搬那块石头过来,都是田世烈做的。"然后,由沈从文的侄女婿、中央美术学院雕塑家刘焕章带着当地石匠唐友权师傅加工而成。

石头正面是沈从文自己的话:

> 照我思索,能理解"我";
> 照我思索,可认识"人"。

石头背面是张兆和妹妹张充和撰写的:

> 不折不从,星斗其文;
> 亦慈亦让,赤子其人。

[①] 田伏隆主编:《星斗其文——忆沈从文》,岳麓书社1986年版,第306页。

沈从文墓园。

"从文让人"四字,尤其明确。这里想引用一下张中行在《负暄琐话》中说到的一件事。抗战时期在昆明跑警报,"一位新文学作家,早已很有名,也在联大任教,急着向某个方向走"。学者刘文典"看见,正颜厉色地说:'你跑做什么!我跑,因为我炸死了,就不再有人讲《庄子》。'那位作家尊重他是前辈,没还言,躲开他,或者说'逃之夭夭'了。"这个被老学者羞辱的正是沈从文。不过后来,沈从文在刚到昆明的张中和引见下,去拜访了刘文典,并认了一门表亲。

田世烈以政府的名义,在距离沈从文墓地有一点距离的山下,立了一块碑,讲述墓地的缘起。碑文说:

> 先生一生中,著有五百万字的著作文章,《边城》《长河》《从文自传》是他的代表作。他晚年专著《中国古代服饰研究》一书,填补了我国物质文化史上的一页空白。先生从凤凰走向世界文坛,为家乡为民族争得了荣誉。
>
> 家乡人民非常崇敬他,县委、县政府与其家属商议,决定将先生骨灰安葬在"听涛"山下。沈家主动自理安葬费。
>
> 杜田村"听涛"山距离县城中心一公里半,远则积山万丈,争气负高,含霞饮景,参差岱雄;近则圭壁联植,环美幽丽,沱水通脉,清滢秀澈,岩泽气通,如珠走镜,似仙境也!
>
> 先生碑,采天然五彩石,状如云茹。碑石正面,集先生手迹,其文曰:"照我思索,能理解'我';照我思索,可认识'人'。"背面,为先生姨妹张充和撰联并书,联曰:"不折不从,星斗其文;亦慈亦让,赤子其人。"由中央美术学院著名雕塑家刘焕章教授镌。
>
> 先生一生,淡名如水,勤奋、俭朴、谦逊、宽厚、自强不息。先生爱祖国、恋故乡,时刻关心国之安宁、乡之勃兴、民之痛痒、人之温爱,堪称后辈学习之楷模,特立墓地,以示永远怀念!

遗憾的是,这段文字把墓地五彩石背面张充和的文字,引用乱了……

2 原则·为墓地扩容的冲动始终存在,今天或未来

1992年,沈从文去世四年后,他的骨灰回到了故乡,一半撒入沱江,一半埋在山上。亲历了这一切的田世烈描述道:

> 5月9日夜,小县城下了一场小雨,10日清晨,雨过放晴,使这小城的石板路显得分外光洁可爱。沈从文先生的儿子虎雏捧着骨灰盒,孙女沈红拿着一束鲜花,儿媳张之佩搀扶着沈夫人张兆和老人的手,一道护送沈从文的骨灰回到中营街24号沈从文旧居。他们在挂着沈从文素描、安放着沈从文汉白玉半身雕像的堂屋中默哀。沈红轻轻说了一声"爷爷回家了"。
>
> ……
>
> ……沈先生的亲属把沈老的骨灰一捧骨灰、一捧鲜花地放进他生前魂牵梦绕的故土,融进了家乡的青山绿水……
>
> 在最后一捧泥土覆盖完毕,沈老夫人、虎雏、之佩、沈红及王亚蓉再也抑制不住一路上克制已久的悲伤,失声哭了。
>
> 他们去采来沈从文生前喜爱的"虎耳草",后来大家都去采了

来，小心翼翼地把它栽在墓碑石下的周围。

……

在这里没有任何俗气的花圈，没有回肠荡气的哀乐，没有噼噼啪啪的鞭炮声，只有一朵朵顺手采来的山花、一束束随地折取的小草和大自然发出的天籁之声，倾诉着人们的无限哀思。①

……

十五年后，2007年5月20日，张兆和的骨灰来到了沈从文身边。两个患难一生的情侣，一个只爱过一个最好年纪的人的沈从文，永远和这个最好年纪的人在一起了。

张兆和活了九十二岁。她的骨灰回到凤凰，是孩子们送回去的。"父亲的骨灰在家里放了四年，母亲的也放了四五年，都未在八宝山放过，火化完就拿回家了。"张兆和回凤凰，也是县里提出来的，问："愿不愿意放回故乡？"沈龙朱和弟弟商量后，就拿回去了。

母亲骨灰入葬的那天早上，沈龙朱早早去了墓地，借了铁锹和镐，在埋放父亲骨灰的地方挖了两尺左右的坑，因为安葬父亲也就那么深。他们再把母亲的骨灰倒下去，上边砌的小石子只用土糊着。放母亲骨灰的时候，只通知了黄家老五黄永前表哥。沈龙朱说：

关于墓地，从一开始，家里头——从妈妈那时候——定下的原则就是：比较宁静，不要弄得很花哨，而且不要影响周围老百姓的正常耕作生活。

因为那条路是一直通到后山去的，常常有牛群上上下下。我说，不要拦人家，不要挡住人家，这是人家正常生活的道路。因为山上头、山后头还有田坎，人家干活去呀。哪怕是拉了牛粪在这儿，也没有什么了不起的。这些都很好嘛。

---

① 《星斗其文，赤子其人》，岳麓书社1998年版，第308—309页。

实际上，这个原则县里头并不完全理解。

不完全理解，就不能完全遵守。县里认为墓地太小，不能供很多人同时瞻仰，就要扩建。扩建，就要把堡坎拆除重来；往外延伸，道路也就势必重修。县里一定要重新做台阶。沈家坚决反对，希望保留土坡，维持原样。可是有一次，县里还是把坝子拆了，想扩大，但后来也只好按原样恢复了。

沈家一再声明原来提出来的原则：不要东搞一块碑，西搞一块碑，不要挂很多东西，这里就是一块很普通的墓地。沈龙朱说："我们自己都不在上头刻什么东西，也没有专门写点什么，然后列一大堆名字在底下，我们都不想搞这样的。所以再加什么，这儿加一块，那儿加一块，不赞成！"

黄永玉在沈从文墓地立了块碑，写着："一个士兵不是战死沙场；便是回到故乡。"沈龙朱说："妈妈不喜欢这样，但那块东西没动。后来《家书》出来以后，黄永玉又把家书'后记'刻了块碑。放得太正，我就移动了。"

沈龙朱说：

  我们主张不要搞乱七八糟的东西，包括人家建议在底下请书法家搞个碑林，写点东西刻上。我们认为绝对不要搞。

  墓地后来还是搞了，增加了一些碑刻，但都在外侧，不在主路上。

即使母亲回到父亲身边，沈龙朱也希望县里不要做任何改动，也不要刻什么东西。但是县里重新做了一块碑，田世烈草拟文字的那块碑被取代了。沈家反复强调："不管占多大地方，都不要干扰老百姓的生活，不要影响老百姓的生产劳动。"沈龙朱说：

  妈妈骨灰回去，我们就把她埋在那儿，和爸爸埋在一起就完了。我们认为，什么也不用说，说它干什么呢？

我们回去的时候，会思念这个事，会纪念那个事，可能会送花，花上我会写上点东西，但是没必要非要给大家都说明白，非要刻在石头上，没必要，不要那些。

沈从文给当地带来一些好处，我们绝对不反对，这是好事。生意上好了，生活上好了，有些旅游估计还开发得挺好的。但不光是它呀，当地原来风景确实是很好呀。

因为以不恰当的方式纪念沈从文而毁掉凤凰，太可惜了！

与沈从文故居相比，墓地改动得少。难道是因为没法卖票没人承包才保留了一些沈从文的精神吗？沈虎雏说："不是。有人是想卖，实在不便于卖票。"倘若圈上围墙，就可以卖票了。但沈虎雏说："弄围墙绝对要受到谴责，所以这事他们没做。把墓地当赚钱的东西，这事绝对通不过。能维持现状也很不容易。总有一些人觉得这不像样，太破烂，太简陋，不够气派，总想让它符合世俗眼光的衡量。这些人就是不明白这个墓地的人的风格。保持这个风格，保持原来的这个状态，比较妥当。是吧？总想画蛇添足，加这个加那个，这种冲动始终是有的，以后也会有的。"

但是沈龙朱、沈虎雏也有管不了的无奈，毕竟哥儿俩不能守在那儿。但他们始终坚持："不能够建围墙，不要公园化，维持它原来的风格。"尽管他们理解这种按捺不住的冲动充满好意。和故居拼命抬高门票的意图是不同的。但是好意总是想让风格改变，就令沈氏兄弟无奈。

沈龙朱说："真正保持原样已经不可能了。过去在坡下头、口外头是一个旧的水车、碾坊，但是这块地现在盖起了三层楼，看不见河了。老百姓私下乱建，县政府也没办法。"

沈虎雏说："河道本来很幽静，两边柳树很好的。结果现在沿河都抢着盖出来旅馆，三层的几层的，几个月他就能赚回钱来，而且都是违章建筑。违章建筑一直逼近墓地，堵着墓地的进口，全都盖满了，而且高度把从墓地往外的视野都挡住了。去了墓地，原来的感觉也没有了。盖房子的是当地的居民。盖房速度非常快，几天房子起来了，政府去制止，制止不了。你管

2011年,沈龙朱、沈虎雏在凤凰父母的墓园。

我,那家你怎么不管?沿河几里路都盖上了,那就难办了。"

迁墓有可能吗?沈虎雏说:"没有这个打算,任何人都没有提过这事。墓地跟城区之间,原来很好的沱河自然风光全没了,变成两边全是房子,非常狭窄的一条小过道。本来凤凰有规划的,这一段完全没有车,是步行的。从规划进入无序竞争,都是为了追逐利润。政府没有约束住,这一个管不住,其他的就都来了。为什么会造成无法控制的局面?从动机来说,都是为了赚钱,但是行政上头没有办法去约束这个,我就说不清楚怎么回事了。"

好多去过凤凰的人对凤凰很失望,看了沈从文的书,再看凤凰,没法看了。从沈龙朱第一次回乡到今天,仅仅过去了二十年,沈龙朱说:"那个地方不灵了,没有以前那个味道了。"

3 你到凤凰看到的
不是沈从文的凤凰

许多人是冲着沈从文去的。沈虎雏说："去了，看到的是变了味的东西啊，看到的都不是沈从文作品里的凤凰了，现在都已经改头换面了。变化反正越来越厉害了。"

2011年秋天我去看沈虎雏的时候，他刚刚从凤凰回来不久。他说："现在一年到头是持续的旅游，大概客房床位已经两万张了，到高峰时还不够用。沈从文离开的时候几千人都没有。而今那么多人挤在那个地方，完全就是另外一种味道了，是吧？这是没办法的事。"

回凤凰，沈龙朱和沈虎雏兄弟都不进沈从文故居。因为沈从文故居已经承包出去了，承包期是五十年。就是说，开发商一下买断了五十年经营权。五十年之后，熟悉沈从文的这些人都没了，故居里的东西还是不是原来的东西？故居被改造来改造去，有多少真实留给五十年后的人？

沈虎雏说："故居如果是凤凰县在管，我们关注，提供这样那样的一些东西。归商业运作了，我们就不去管了。这个事没办法，商业运作仅仅是要打沈从文这个牌子招揽生意。"

据说，原来捐的很多东西也有了变化。沈虎雏说："有些肯定不是原来的，一开始就不是真的。因为房子早就卖掉了，变成普通民居又几十年了。政府把它弄回来是空的，从民间征集了些地方上的旧家具弄进去，那肯定都是征集来的本地的东西。我们给故居的一些东西，那肯定是真的，可怎么去摆，怎么去说明，那我们就无法控制了。我们也不想跟这些利益单位打交道，没有意思。他们拿这赚钱去了，我们就不去管它了。"

"有一次煞风景的，你说是什么呢？"沈龙朱问我。

我说不出。原来，为了发展旅游，凤凰古城曾经把全城贴遍了瓷砖，各式各样、各种颜色的瓷砖。沈龙朱说："我回去看到，满街的墙都贴上了瓷砖。本来很小的街，墙上到处贴瓷砖，以为是干净漂亮了。本来都是木头房子，他们就在木墙外头挂上瓷砖。你想，多可惜呀，老房子！"

沈龙朱跟从吉首大学调来的一位副县长讲："你看，瓷砖一挂，是不是把原来的风格变了？凤凰千万不能贴瓷砖，贴了之后，多难看！"不知道沈龙朱的话是不是发挥了一点正面的作用，再后来，满城瓷砖就又全被凿了。

现在的凤凰不仅没有沈从文当年的味道了，而且也没有1992年沈龙朱第一次回去时的味道了。沈龙朱说：

> 还有个不好在哪儿呢？我们后来去的时候，找河边的吊脚楼住，为的是河边的感觉。结果，对岸灯红酒绿，夜里头一直到十一点还闪着霓虹灯，迪斯科的音乐遍布全河。你夜里在睡，外面还在那儿闪动着，而且有重音乐。要是优雅点，中国古曲，哪怕西洋古典音乐也好啊！他不，他是那个跳舞的，这就大大地煞风景。
>
> 你想，这已经不知道是什么味道了，完全是另外的一种风情。

沈虎雏也感慨道："凤凰不好看了。凤凰商业气太重了，所到之处看到的都是商业活动。每天去的人络绎不绝，人多，就是观赏的，玩的性质。你看河边卡拉OK，晚上叮叮咣叮叮咣，咖啡什么全来了，都这一套。"

4 不让乱建，凤凰原县委书记拂袖而去

过去，县里领导一再声称，要把那个广场命名为沈从文广场。沈龙朱坚决反对。沈龙朱说："一个县委女书记，来跟我谈，跟我弟弟谈。她提出来，刻一个沈从文的像，命名从文广场，好像很大一个计划。我们坚决不赞成，坚决反对！"

沈龙朱给县里来的领导解释说："父亲自己从来就反对挂名这些事，挂名个这个，挂名个那个，他特别不喜欢，特别反对。"

那位地方干部就是坚持。沈龙朱后来觉得自己说得有点狠，有点伤人心。他问那位女书记："街上还有沈从文腊肉，你将来怎么管理？"结果那位书记很不高兴，拂袖而去。后来广场就没有以沈从文命名。

沈龙朱说："命名权，我绝对不撒手；不符合基本要求的，绝对不同意。这是父亲原来的想法，不是我们的想法。父亲生前谢绝过沈从文基金会、沈从文研讨会之类的东西。我们不是满意不满意的问题，就是谢绝，不要搞，不合适。"

现在广场上耸立的是黄永玉做的巨大的金属雕塑——凤凰造型。

借沈从文名义，真是防不胜防。凤凰县里新建了图书馆，沈龙朱不知道

谁写的字，反正底下落款是"沈从文"三个字。沈龙朱说："图书馆要集沈从文的字，不应该有落款。集的字要落款，就必须经过授权和认可。我得看看合适不合适，是不是那个真字。对不对？"

凤凰县新图书馆建成时，沈从文已经去世了，故不可能题字。沈虎雏从网上看到题字，是从右向左横书的"图书馆"三个字。他怀疑是不是从沈从文为"吉首大学图书馆"所题的字中借用来的？因为长期担任凤凰县领导的张永中曾在吉首大学工作，对吉大图书馆有沈从文写的馆名很清楚。沈虎雏说："我觉得不能肯定凤凰图书馆的馆名题字，是'集字'而成。"

流传在外面的沈从文的字，很多，也有假的。沈龙朱说："爸爸给人写过不少字，他喜欢写，人家起哄，他就写。写得不好，他自个儿就扔了，人家捡上就走了，回过头来再请你给盖个章。这样的，他写过不少字。在网上有些，我一看就知道是假的。尽管做得很像，实际上从笔势一眼就能看出来。"

但是凤凰图书馆的字已经刻在那里了，沈龙朱就没法说了。看见了，也当没看见。

5 边城,不是爸爸的边城·
墓地,其实没有墓地

边城不在凤凰,凤凰不是边城。边城在哪里?看沈从文怎么说:

> 由四川过湖南去,靠东有一条官路。这官路将近湘西边境到了一个地方名为"茶峒"的小山城时,有一小溪,溪边有座白色小塔,塔下住了一户单独的人家。这人家只一个老人,一个女孩子,一只黄狗。
> 小溪流下去,绕山岨流,约三里便汇入茶峒大河。人若过溪越小山走去,则只一里路就到了茶峒城边。溪流如弓背,山路如弓弦,故远近有了小小差异。小溪宽约廿丈,河床为大片石头作成。静静的河水即或深到一篙不能落底,却依然清澈透明,河中游鱼来去皆可以计数。小溪既为川湘来往孔道,限于财力不能搭桥,就安排了一只方头渡船。这渡船一次连人带马,约可以载二十位搭客过河,人数多时则反复来去。渡船头竖了一枝小小竹竿,挂着一个可以活动的铁环,溪岸两端水面横牵了一段废缆,有人过渡时,把铁环挂在废缆上,船上人就引手攀缘那条缆索,慢慢的牵船过对岸去。船将拢岸时,管理这渡船的,一面口中嚷着"慢点慢点",自

己霍的跃上了岸，拉着铁环，于是人货牛马全上了岸，翻过小山不见了。渡头为公家所有，故过渡人不必出钱。有人心中不安，抓了一把钱掷到船板上时，管渡船的必为一一拾起，依然塞到那人手心里去，俨然吵嘴时的认真神气："我有了口粮，三斗米，七百钱，够了。谁要这个！"

……

管理这渡船的，就是住在塔下的那个老人。活了七十年，从二十岁起便守在这小溪边，五十年来不知把船来去渡了若干人。年纪虽那么老了，骨头硬硬的，本来应当休息了，但天不许他休息，他仿佛便不能够同这一分生活离开。他从不思索自己的职务对于本人的意义，只是静静的很忠实的在那里活下去。代替了天，使他在日头升起时，感到生活的力量，当日头落下时，又不至于思量与日头同时死去的，是那个伴在他身旁的女孩子。他唯一的朋友是一只渡船和一只黄狗，唯一的亲人便只那个女孩子。①

沈从文写《边城》的时候，沈龙朱、沈虎雏兄弟都没出生。沈从文去世多年后，沈龙朱、沈虎雏兄弟来到了父亲笔下的边城——茶峒。茶峒在湖南省吉首市西北，在湖南、贵州、重庆交界处，即花垣县的茶峒镇。2005年7月11日《潇湘晨报》报道说："经省政府批准，花垣县原茶峒镇近日更名为边城镇。"

茶峒是湘西四大名镇之一，地处湘黔渝三省（市）交界地区，有"一脚踏三省"的美称。文学大师沈从文曾在名著《边城》中把茶峒优美的风景和淳朴的人情、风俗融为一体，勾画出田园牧歌般的边城景象，引起国内外无数文人骚客前来观光采风。同名电影的问世，更加激发了这里的旅游热潮。

---

① 沈从文：《边城》；载自《沈从文全集》（第8卷）。

2005年7月，茶峒以政府更名的方式，正式成为"边城"。沈虎雏不能理解这种做法，他说："更名'边城'本身就是很可笑的做法。茶峒，很好的名字嘛，改成叫边城，莫名其妙，你改这干什么？很奇怪。"

但为了改名后吸引游客，政府没有少花力气。著名的大手笔，一是投入一千万修建了"翠翠岛"，上面有民间绝技表演场和汉白玉翠翠雕像；二是修建了"中国边城百家书法园"，把六万多字的小说《边城》以书法的形式刻在岩石上。沈龙朱说："花垣县曾征求我的意见，我们家里就明确表示'不要搞'，结果还是搞了。花好多钱，请很多书法家，把《边城》整个用各种字体抄一遍。"

沈虎雏说："完全变了味了。你看了《边城》，再到那儿看，根本找不到那种感觉，完了弄了一个城市公园一样的东西，很丑，你去看看就知道了。去了之后一看，跟文章上看到的完全不是一回事。"

旅游开发的做法，让不熟悉历史渊源的游客，很可能以为是沈从文写错了。

茶峒，这个美丽了中国，美丽了世界，以内在的精神力量感动了无数读者的著名边城，在政府发展旅游的冲动下，已经从世间消失了。翠翠是沈从文有感于边地人生命的美丽而创造出来的形象，当政府把这种创造转化成俗气的景点的时候，翠翠和边城便只能在沈从文的文字里找到。

不过，也有一种观点认为，凤凰就是边城。可是，无论怎么说，由于主持开发的行政人员不能理解沈从文，不能理解沈从文那不凡的气质，不能理解沈从文寄托在"边城"的社会理想与道德主张，以背离沈从文思想的方式开发沈从文的文学遗产；于是，我们看到的今人以大量资金和拙劣手段塑造出来的"边城"，都离沈从文的精神境界越来越远。

翠翠想：这个人也许永远不回来了，也许明天回来。

我想：这边城也许永远回不去了……

沈从文的骨灰融入泥土，那块五彩石上只刻着："照我思索，能理解'我'；照我思索，可认识'人'。"这是沈从文自己的话。把这句话刻在石头上，是全家讨论的结果。

我问："当时有没有别的选择？考虑过写'沈从文之墓'吗？"

沈龙朱说:"没有。就没有'沈从文之墓'这个词,没有这个标牌。后来县里在底下做了个说明性质的东西,说到是'沈从文之墓'。"

张兆和与龙虎兄弟选择了"照我所思"这句话,肯定了沈从文思考的一生,是否也表明了家人对沈从文的理解过程呢?沈龙朱说:"对。我们后来逐渐理解了爸爸,觉得爸爸这个话很重要。他坚持:我不管人家到底认识我到什么程度,我自己该是什么样就是什么样。你别看我爸爸表面软哩咕叽的,但他的性格还是很倔、很犟,非常犟,软硬软硬的,软犟软犟的。有些不想做的事情,他就不做。"

沈从文说:

> 宇宙实在是个极复杂的东西,大如太空列宿,小至虮蟒蝼蚁,一切分裂与分解,一切繁殖与死亡,一切活动与变易,俨然都各有秩序,照固定计划向一个目的进行。然而这种目的,却尚在活人思索观念边际以外,难于说明。人心复杂,似有过之无不及。然而目的却显然明白,即求生命永生。永生意义,或为生命分裂而成子嗣延续,或凭不同材料产生文学艺术。也有人仅仅从抽象产生一种境界,在这种境界中陶醉,于是得到永生快乐的。①

在沈龙朱、沈虎雏身上,沈从文活着;在沈红、沈帆身上,沈从文活着;在更多的似乎和沈从文没有血缘关系而实际上延续了沈从文艺术良知的人身上,沈从文一样活着!沈从文站在中华民族伟大思想家的行列中,用他的思考和爱,温暖昨天,温暖今天,温暖未来!成为我们民族贡献给世界的伟大财富,与人类共享!

沈从文既在凤凰,也在世界各地每一个热爱他的读者的心中,永生!

2012年3月8日

---

① 《沈从文全集》(第24卷),第12页。

主要参考书目

1. 张兆和主编:《沈从文全集》(1—32·附卷),北岳文艺出版社2002年版。
2. 《沈从文文集》(国内版,1—12卷),花城出版社·三联书店香港分店1982年版。
3. 《沈从文别集》(20种),岳麓书社1992年版。
4. 沈从文、张兆和:《从文家书——从文兆和书信选》,上海远东出版社1996年版。
5. 凌宇:《从边城走向世界》,三联书店1985年版。
6. 凌宇:《沈从文传》,北京十月文艺出版社1988年版。
7. 〔美〕金介甫:《沈从文传》,符家钦译,时事出版社1990年版。
8. 吴立昌:《沈从文:建筑人性神庙》,复旦大学出版社1991年版。
9. 彭晓勇编著:《边城圣手沈从文》,中国青年出版社,1994年版。
10. 黄永玉:《太阳下的风景》,三联书店香港分店1983年版。
11. 黄永玉:《这些忧郁的碎屑》,三联书店1998年版。
12. 张允和、张兆和等编著:《浪花集》,新世界出版社2005年版。(张寰和赠)
13. 荒芜编:《我所认识的沈从文》,岳麓书社1986年版。
14. 田伏隆主编:《星斗其文,赤子其人——忆沈从文》,岳麓书社1998年版。(沈虎雏赠)
15. 江丕栋、陈莹、闻立欣等编著:《中老胡同三十二号》,北京大学出版社2011年版。
16. 王亚蓉编:《沈从文晚年口述》,陕西师范大学出版社2003年版。
17. 夏志清:《文学的前途》,纯文学出版社有限公司1974年版。
18. 赵滋蕃:《自由大师》,李白出版社1987年版。
19. 王蒙、萧乾等:《河汉遥寄》,上海远东出版社1997年版。
20. 钱理群:《1948:天地玄黄》,山东教育出版社1998年版。
21. 谢泳:《书生私见》,上海文艺出版社1998年版。(谢泳赠)
22. 陈徒手:《人有病,天知否:一九四九年后中国文坛纪实》,人民文学出版社2000年版。

写在书后

我跑到青岛海边听潮,是在把《沈从文家事》书稿交给老愚之后。大半年间紧张的采访与伏案工作,让我有点头昏眼花,我渴望短暂的休息与放松。

波浪还是八十年前的波浪,游人早已经不知道换过多少代了。在德式矮楼间挺起了几座现代建筑,青岛这片迷人的风景,便有了几处硬伤。好在,这些伤不会伤到沈从文的眼。我走在海边,想象着沈从文眼中没有高楼的青岛与大海的静默的对话。

我是专门来寻访沈从文故居的。虽然临街的大门紧掩着,不能叩响,但在这沉静着的老街上,我依稀听到沈从文琐碎的脚步。他或者上课归来,或者听浪而去……

靠近碧蓝的海,在红色的屋顶下,沈从文年轻着,朝气着,爱恋着,畅想着,这是20世纪30年代的事情,距今过去了八十年。

我在这本书里,没有涉及沈从文的青岛往事。因为叙述故事的沈龙朱老师,没有关于青岛的记忆。可是,事情就是奇巧,在老街不远处的康有为故居,我居然碰到了当地学者、中国海洋大学的杨洪勋先生,他研究"沈从文

1931—1933年间在青岛的文学创作",并形成论文发表。沈从文曾说:"青岛是我一生中留恋的地方,也是我现在向往的地方,我一生中创作最多的地方就在青岛。"而杨洪勋的研究心得是:"青岛无疑是沈从文一生中居住时间较短,而文学创作数量又是最多的地方。"

不远处,还有老舍故居,老舍于此写下著名的《骆驼祥子》。在这里,我聆听了"青岛才子"、文物专家巩升起讲述筹集创办"《骆驼祥子》博物馆"的艰难与不易。那么,青岛"沈从文故居"何时可以从民居开辟成纪念馆,为我们立体呈现出沈从文在这个滨海城市的创作与生活的全貌呢?

海边漫步,感受着海风的吹拂,我仿佛回到了北京城南,来到了沈龙朱老师的书房。下午的阳光从朝西的窗户照射进来,沈从文先生著作的浓香充溢着,我听沈龙朱老师散漫地谈论着关于沈从文的长长短短。墙上,沈从文在一张由黄永玉拍摄的照片里,永远微笑着,好像在听我们聊天……

于是,我感受着紧张的生活里难得的超脱与幸福。

面对大海,面对像大海一样包容的沈从文的故事,我心存感激。感谢沈龙朱老师和他的故事,以及他自以为笨拙实际非常精彩的绘画。感谢苏州张以迪先生补充的照片。感谢我的学长谢泳先生写来热情洋溢的序言。感谢我的太太李晋萍帮助我整理了所有录音并校对了书稿。

当然,对于本书的助产士老愚先生,我一样表达由衷的感谢。

还有许多沈从文的研究者,在我所不知道的地方以沈从文一样的精神默默无闻的工作着,他们的成果今天或者未来将为世界所知道,并感染更多的人去理解沈从文,从而理解我们整个民族,并由此开始,自信地融入世界。如同沈从文从青岛走向北平,开启了新的辉煌一样。

2012年4月7日

再版后记

2012年此书出版时，我有一句话放在书前："谨以此书献给沈从文先生一百一十周年诞辰！"转眼过去了许多年。当《沈从文家事》由家乡的出版社再版时，心里依旧温暖。

北岳文艺出版社是沈从文著作出版的重镇，以《沈从文全集》为天下知晓。几任社长以独有的担当，领中国出版之先，投入人力、物力将已知沈从文著作整装推出。我作为一个沈从文的读者、崇拜者、受益者，一直关注北岳的动静，并以此为骄傲：《沈从文全集》是我们山西出版的！

如同山西的民歌非常丰富，而山西的民歌研究相对贫乏情况相似，《沈从文全集》北岳出版了，那么沈从文研究的优秀成果都在省外。民歌研究跟不上民歌实践的步伐，文学研究跟不上文学出版的步伐，这令我生出对山西学界的一丝担忧。

即便如此，沈从文依旧是阅读界常说常新的话题。一年前，在榆次深巷，有位叫魏永轩的朋友就张罗了十多二十个人，来和我聊沈从文。大家提的问题都很有深度，可见在我们不经意的地方，悄悄地存在着一批沈从文的忠实读者。这是在这个浮躁的世界里最令人欣慰的事情：大家从沈从文那里汲取营养，像沈从文一样思考，像沈从文一样从容地面对苦难，笑迎生活。

这次《沈从文家事》得以再版，要感谢北岳人愿意助力"沈从文研究"。当然，更要感谢沈龙朱、沈虎雏两位前辈，他们和家人对我的持续信赖，才有了这本书的诞生。这次再版要特别感谢虎雏老师，他在张之佩阿姨的鼓励下，带病逐字逐句审读了书稿，并客气地写出自己的意见。沈家人的共识是：哥哥大大咧咧，弟弟仔仔细细。所以，由虎雏老师校订过之后，《沈从文家事》更逼近历史的本真。

写《沈从文家事》是我多年研习沈从文作品的心得，龙朱讲的、虎雏校订的，都是过去，也都可能是未来。因为在一个民族的历史中，伟大作家的心灵属于他的时代，还会超越他的时代，给我们解读历史、解读当下提供一把精致的钥匙。

让我们回到沈从文，独立地行走在大地中，不管是否能留下痕迹，都真诚地拥抱自由，让思想驰骋！

2020年3月15日